Religionsunterricht in der Grundschule

5 Bände, herausgegeben von Klaus Wegenast

Klaus Wegenast
Religionsdidaktik Grundschule

Christine Reents
Religionsunterricht im 1. Schuljahr

Johann-Friedrich Konrad
Religionsunterricht im 2. Schuljahr

Eberhard Sievers
Religionsunterricht im 3. Schuljahr

Bernhard Buschbeck/Siegfried Wibbing
Religionsunterricht im 4. Schuljahr

Eberhard Sievers

Religionsunterricht im 3. Schuljahr

Verlag W. Kohlhammer
Stuttgart Berlin Köln Mainz

CIP-Kurztitelaufnahme der Deutschen Bibliothek

Religionsunterricht in der Grundschule :
5 Bd. / hrsg. von Klaus Wegenast. –
Stuttgart ; Berlin ; Köln ; Mainz : Kohlhammer
NE: Wegenast, Klaus [Hrsg.]
Sievers, Eberhard: Religionsunterricht im 3. Schuljahr. – 1985.

Sievers, Eberhard:
Religionsunterricht im 3. Schuljahr / Eberhard Sievers. –
Stuttgart ; Berlin ; Köln ; Mainz : Kohlhammer, 1985.
(Religionsunterricht in der Grundschule)
ISBN 3-17-008448-8

Stuttgart Berlin Köln Mainz
Verlagsort: Stuttgart
Umschlag: hace
Gesamtherstellung:
W. Kohlhammer Druckerei GmbH & Co. Stuttgart
Printed in Germany

Inhalt

Vorwort 9

Zur Arbeit mit den Unterrichtsvorschlägen 11

Frieden 13

Erzählung: Der Prophet Micha 13
Kommentar zur Erzählung vom Propheten Micha 15
Theologische Überlegungen zum Frieden 16
Der Friede und die Grundschüler 18
Lernziele 20
Unterrichtseinheit 20
Erzählung: Der Prophet Semaja 26
Kommentar zur Erzählung vom Propheten Semaja 28
Erzählung: Jesus und der Sabbat 29
Erzählung: Ährenausraufen am Sabbat 30
Lied: Schalom für Dorf und Stadt 31
Lied: Herr, gib mir Mut zum Brücken bauen 32
Lied: Herr, gib uns deinen Frieden 32
Spiele zum Frieden 33
Literatur 34

Gesunde und Behinderte 37

Erzählung: Jesus heilt einen Behinderten 37
Bibeltext: Heilung eines Kranken am Teich Betesda 38
Kommentar zur Heilung eines Kranken am Teich Betesda 38
Theologische Überlegungen zu Gesunden und Behinderten 39
Die Grundschüler und die Behinderten 41
Lernziele 42
Unterrichtseinheit 43
Erzählung: Am Teich Betesda 48
Lied: Wenn einer sagt, ich mag dich, du 49
Literatur 50

Gleichnisse 52

Pantomimisches Spiel mit Regie-Vorschlägen:
Pharisäer und Zöllner 52
Kommentar zum Gleichnis vom Pharisäer und Zöllner 53
Zur Theologie von Gleichnissen 54
Gleichnisse und Grundschüler 56
Lernziele 57
Unterrichtseinheit 57
Text: Die Pharisäer 65
Text: Die Zöllner 65
Literatur 66

Leben und Tod 66

Foto: Keimendes Korn 66
Meditation zum Bild »Keimendes Korn« 67
Bibeltext: 1. Brief des Paulus an die Korinther, Kapitel 15 68
Kommentar zu 1. Korinther 15 68
Theologische Überlegungen zu Leben und Tod 69
Die Grundschüler und der Tod 71
Lernziele 73
Unterrichtseinheit 73
Erzählung: Johanna und der alte Mann 78
Erzählung: Die Auferweckung der Tochter des Jairus 80
Kommentar zur Auferweckung der Tochter des Jairus 81
Literatur 82

Paulus 84

Bild: Die Bekehrung des Saulus 84
Bibeltext: Die Bekehrung des Saulus 85
Kommentar zur Bekehrung des Saulus 85
Text: Über Paulus 86
Paulus und die Grundschüler 88
Lernziele 89
Unterrichtseinheit 89
Leseszene: Steffi will Pastorin werden (1) 93
Hörspiel: Saulus vor dem Hohen Rat 94
Hörspiel: Christen in Damaskus 95
Text: Verfolgung der Christen 96
Bibeltext: Aus dem Brief an die Galater, Kapitel 1 96
Text: Paulus in Philippi 97
Text: Gefangennahme und Tod des Paulus 97

Bibeltext: Aus dem Brief an die Philipper, Kapitel 1 99
Arbeitsblatt: Paulus verbreitet das Christentum 100
Arbeitsblatt: Paulus verbreitet das Christentum (ausgefüllt) 101
Bibeltext: Aus dem 1. Brief an die Korinther 102
Leseszene: Steffi will Pastorin werden (2) 102
Literatur 102

Reich Gottes 104

Erzählung und Spiel: Das Gleichnis vom großen Gastmahl 104
Kommentar zum Gleichnis vom großen Gastmahl 106
Theologische Überlegungen zum Reich Gottes 107
Die Grundschüler und das Reich Gottes 108
Lernziele 109
Unterrichtseinheit 110
Erzählung: Jesus beim Essen 116
Karten mit Rollen 117
Arbeitsblatt: Seligpreisungen 118
Kommentar zu den Seligpreisungen 119
Erzählung: Hunger 120
Erzählung und instrumentale Untermalung: Die Speisung der 5000 121
Kommentar zur Speisung der 5000 123
Lied: Wir haben Spuren Gottes festgestellt 123
Literatur 124

Religionsunterricht 125

Bild: Figuren für den Tageslichtprojektor 125
Arbeitsblatt: Das Gleichnis vom Sämann 125
Kommentar zum Gleichnis vom Sämann 126
Der Religionsunterricht und die Grundschüler 127
Lernziele 128
Unterrichtseinheit 128
Bibeltext: Psalm 32 135
Psalm 32 mit Kennzeichnungen 136
Kommentar zum Psalm 32 137
Literatur 137

Schöpfung 139

Bibeltext: Psalm 104 139
Kommentar zum Psalm 104 140
Theologische Überlegungen zur Schöpfung 141

Die Schöpfung und die Grundschüler 142
Lernziele 143
Unterrichtseinheit 143
Erzählung: Gott gibt den Menschen das Paradies 150
Kommentar zur priesterlichen Schöpfungserzählung 151
Kommentar zur jahwistischen Schöpfungserzählung 152
Lied: Meinem Gott gehört die Welt 153
Lied: Wo ein Mensch Vertrauen gibt 154
Lied: He's god the whole world in his hand 155
Literatur 156

Sinn des Lebens 157

Bibeltext: Das Gleichnis vom reichen Kornbauer 157
Kommentar zum Gleichnis vom reichen Kornbauer 157
Arbeitsblatt: Der reiche Kornbauer heute 158
Theologische Überlegungen zum Sinn des Lebens 159
Der Sinn des Lebens und die Grundschüler 160
Lernziele 161
Unterrichtseinheit 162
Lied: Sieben Leben möcht ich haben 169
Lied: Von guten Mächten 170
Literatur 171

Zeit 172

Bibeltext: Der 90. Psalm 172
Kommentar zum 90. Psalm 173
Theologische Überlegungen zur Zeit 174
Die Zeit und die Grundschüler 175
Lernziele 176
Unterrichtseinheit 177
Text: Die Geschichte vom eiligen Mann 184
Text: Der kleine Prinz 184
Lied: He, du, mich drückt der Schuh 185
Lied: Meine Zeit steht in Gottes Hand 186
Literatur 186

Übersicht über die Bibelstellen in den Unterrichtseinheiten 187

Vorwort

Die religionspädagogischen Grundsätze, die die hier beschriebenen Unterrichtsvorschläge begründen, sind weder mit »Problemorientierung« noch mit »Bibelorientierung« zutreffend bezeichnet. Das Konzept ist vielmehr so differenziert und verschränkt, daß es in einem kurzen Stichwort überhaupt nicht zusammenzufassen ist. Die religionspädagogische und grundschulpädagogische Theorie, die Klaus Wegenast in dem Band »Religionsdidaktik Grundschule« ausgeführt hat, wird in diesem Buch konsequent auf die Beschreibung praktischer Unterrichtsvorschläge angewandt.

Die Spannung, die sich aus der Konfrontation biblischer Texte mit alltäglichen Schülererfahrungen ergibt, wird didaktisch fruchtbar gemacht. Die Bibelstellen wurden nach dem durch das Thema bestimmten Zusammenhang ausgesucht, wobei der Rückgriff auf allzu bekannte Perikopen möglichst vermieden wurde. Die Lernprozesse der beschriebenen Unterrichtseinheiten sind hauptsächlich durch ein gegenseitiges Ergänzen und Hinterfragen von Bibel und Alltagserfahrung strukturiert. Dabei wurde darauf geachtet, den biblischen Texten weiten Raum zu geben, damit sie sich in ihrer Kraft, aber auch in ihrer Sperrigkeit gegen thematiche Einengung entfalten können.

Besonders der aus der Bibel klingenden frohen Botschaft sollte Raum gegeben werden, die als »Evangelium« dem Schüler Zuspruch, Trost, Vertrauen und Hoffnung zu spenden vermag und die sich nicht so leicht wie das »Gesetz« den pädagogischen Lernzielen anpaßt.

Die Hoffnung auf die befreienden und entlastenden Wirkungen des Evangeliums auch unter den Bedingungen der öffentlichen Schule hat dazu ermutigt, die entgegenstehenden Probleme der Welt den Schülern nicht zu verschweigen. Sie werden beobachtet und beschrieben, jedoch ohne daß der Unterrichtsverlauf den Problemen verhaftet bleibt.

Das aus Religionsbüchern und Lehrplänen hinreichend bekannte religionspädagogische Themen-Repertoire wurde bewußt erweitert. Damit soll der berechtigten Klage, daß sich die Religionspädagogik seit einigen Jahren in der Gefahr befindet, sich mit ihren Inhalten immer nur im Kreise zu drehen, Rechnung getragen werden. Den Religionslehrerinnen und Religionslehrern mit interessanten Unterrichtsvorschlägen nicht nur »Arbeitshilfen« zu liefern, sondern auch Anregungen zum Entdecken neuer Inhalte, Bibelstellen und Methoden zu vermitteln, ist ein wesentliches Motiv, der Arbeit an diesem Buch gewesen.

Die zehn Unterrichtsvorschläge decken keinen Jahresplan für ein drittes Schuljahr voll ab. Sie müssen durch Ansprüche aus amtlichen Lehrplänen, aus eingeführten Religionsbüchern, aus dem Kirchenjahr und aus aktuellen Wünschen oder Anlässen ergänzt werden. Andererseits können die Unterrichtsvorschläge auch in das 4. Schuljahr übernommen werden.

Alle Vorschläge wurden im Religionsunterricht der Grundschule erprobt. Erfahrungen von Religionslehrerinnen/Religionslehrern sind in die endgültige Fassung der Unterrichtsvorschläge eingegangen. Einige Zitate aus Erfahrungsberichten sind in Kästen in die Beschreibung des Unterrichts eingefügt waren. Den Lehrerinnen und Lehrern, die sich für diese Erprobung zur Verfügung gestellt haben, sei hiermit herzlich gedankt.

Loccum 1985 *Eberhard Sievers*

Zur Arbeit mit den Unterrichtsvorschlägen

Liebe Leserin, lieber Leser!

Die zehn in diesem Buch ausgearbeiteten Unterrichtsvorschläge sprechen hoffentlich für sich selber und bedürfen keiner langatmigen Erläuterungen. Aber ich möchte Ihnen doch kurz mitteilen, welches Bild des planenden und unterrichtenden Religionslehrers mir beim Ausarbeiten der Vorschläge vorschwebte. Dann können Sie Ihre eigenen religionspädagogischen Ansprüche besser darauf einrichten.
Bitte wundern Sie sich nicht über einige in der Grundschule bisher unbekannte Themen. Ich kam damit dem Wunsch entgegen, den Kanon der immer wieder bearbeiteten Inhalte zu erweitern, um der herben Kritik an den oft geradezu abgedroschenen Themen gerecht zu werden und die fortgeschrittene religionspädagogischen Diskussion zu berücksichtigen. Ich hoffe darum, Sie haben Freude nicht nur im Wiederfinden von Vertrautem, sondern auch im Entdecken von religionspädagogischem Neuland, natürlich mit kritischem Blick und mit der Freiheit zu selbständig vorgenommenen Veränderungen der Vorlagen.
Jeder Unterrichtsvorschlag beginnt mit einem mitten aus der Einheit herausgegriffenen interessanten Medium. Nicht der sachlogische Aufbau des Inhalts, sondern Ihr religionspädagogisch waches Interesse war das Kriterium für die ersten Seiten jedes Unterrichtsvorschlages. Nach der Überschrift des Themas sollte ein religionspädagogischer Praxiseinblick »Appetit« machen zum Weiterlesen.
Dabei sollte es freilich nicht bleiben. Hoffentlich gehören Sie nicht zu den Religionslehrern, die nur schnell nach aufgearbeiteten Modellen greifen und damit flugs in den Unterricht gehen. Ich habe die Unterrichtsvorschläge anders gemeint, denn ich kann weder Ihre Klasse kennen noch Ihren pädagogischen Stil, geschweige denn Ihre theologische Einstellung. Mir schwebte darum eine Religionslehrerin/ein Religionslehrer vor, die die Freiheit zur Kritik und zur Veränderung der von mir ausgeführten Vorschläge nutzt.
Der einzige Weg für Sie in dieser Richtung führt über eine vertiefte Beschäftigung mit der durch das Thema angegebenen Sache. Sie kommen nach meiner Überzeugung deshalb um ein Minimum an theoretischen Überlegungen nicht herum, besonders in den theologischen Fragen. Deshalb habe ich an die biblischen Inhalte jeweils Auszüge aus Kommentaren zur Bibel angefügt. Auch sind die »theologischen Überlegungen« und die religionspädagogischen Gedanken »Der Grundschüler und ...« Ihr Schlüssel sowohl zum Verständnis der Vorschläge als auch zur Kritik und zur Veränderung.
Die Lernziele sind ebenfalls nicht als abschreibfähige Formulierungen »Die Schüler sollen ...« gemeint, sondern als präzisere und differenziertere Zielangaben der Ihrer pädagogischen Kompetenz überlassenen Unterrichtsideen.
In der Beschreibung eines möglichen Unterrichtsverlaufes bin ich keiner der sonst üblichen Rasterungen gefolgt, sondern habe mich auf die Angabe der nach päda-

gogischer Erfahrung günstigen Aufeinanderfolge wechselnder Verfahrensweisen beschränkt. Allerdings erläutern Ihnen kurze Stichworte, z. B. zu Unterrichtsgesprächen, die Begründung, Zielsetzung oder organisatorische Durchführung der genannten Methode. An mehreren Stellen sind Alternativen beschrieben, die Ihrer Entscheidung empfohlen werden.
Auszüge aus Berichten von Religionslehrerinnen/Religionslehrern und Schüleräußerungen (in Kästen gedruckt) zeigen Ihnen, wie die Unterrichtsvorschläge in der Schulpraxis angekommen sind oder verändert wurden. Ich habe bewußt nicht nur »begeisterte Erfolgsmeldungen« aus den Praxisberichten ausgewählt, sondern wollte Ihnen mit diesen »Kästen« einen Einblick vermitteln, wie Kolleginnen und Kollegen mit den Vorschlägen umgegangen sind.
In der Angabe von Unterrichtsmedien bin ich bewußt zurückhaltend gewesen. Denn zwar gibt es ein reichhaltiges Angebot vieler Medien zu den genannten Themen, aber die Verfügung darüber ist sehr unterschiedlich, je nachdem, ob die Schule gut mit Medien ausgestattet ist oder ob weit und breit keine Medienstelle die nötigen Materialien bereithält. Daran sollte Ihr Unterricht aber nicht scheitern! Darum wurde mehr Gewicht auf die Beschreibung grundschulmäßiger Methoden gelegt.
Daß ich einige Bibelstellen gesucht habe, die das bisher bekannte Repertoire bewußt erweitern und daß ich einige ungewöhnliche Methoden, wie z. B. Pantomine oder Sprechchor beschrieben habe, wird Ihnen im Sinne der Anregung zum Erproben neuer Möglichkeiten verständlich und hoffentlich willkommen sein.
»Dem Menschen, der ihm gefällt, gibt Gott Weisheit, Vernunft und Freude« (Prediger Salomo 2,26)

Ihr

Eberhard Sievers

Frieden

Erzählung: Der Prophet Micha (1. Buch der Könige 22,1–40)

Unsere Geschichte, die man so ähnlich, wie ich sie euch erzähle, im Alten Testament der Bibel nachlesen kann, handelt von einem wilden, kriegerischen König mit Namen Ahab. Die Männer des Volkes Israel mußten oft ihre Familien, ihre Felder und ihre Tiere verlassen und mit König Ahab in den Krieg ziehen.
Eines Tages kam der König des Nachbarvolkes Juda zu Besuch, das war der König Josaphat. Josaphat wurde von Ahab festlich empfangen. Als sie gerade so beim Festmahl saßen und sich freundlich unterhielten, flüsterte Ahab dem König Josaphat ins Ohr: »Lieber Freund, ich möchte dich um einen kleinen Gefallen bitten. Es gibt da an unserer Grenze eine Stadt, die Ramoth heißt. Da herrschen die Aramäer. Aber ich meine, daß die Stadt eigentlich uns, den Israeliten gehört. Ich will nun die Stadt befreien. Willst du mit mir ziehen im Kampf gegen Ramoth?«
König Josaphat war ein friedlicher Mensch, aber er mochte dem König Ahab die Bitte nicht ausschlagen. Darum erwiderte er: »Ich ziehe mit dir in den Krieg. Ich will sein wie du, und mein Volk wie dein Volk, und meine Rosse wie deine Rosse. Aber eines fehlt noch – Gottes Wort. Was sagt Gott zu deinem Kriegsplan?«
»Das werden wir bald erfahren«, sagte Ahab. Er war froh, daß Josaphat so schnell eingewilligt hatte. Zu seinem Kämmerer sagte Ahab: »Laß alle Propheten des Landes zusammenkommen. Sie sollen uns Gottes Willen verkünden.«
Da kamen etwa 400 Propheten zusammen, die alle behaupteten, sie kennen Gottes Willen. König Ahab ließ vor dem Tor zwei Throne aufbauen, er setzte sich auf einen, König Josaphat auf den anderen. Auf dem freien Platz vor den Thronen versammelten sich die 400 Propheten. Sie sagten alle dasselbe: »Zieh hinauf nach Ramoth! Gott der Herr wird die Stadt in die Hand des Königs Ahab geben!«
Einer, der Zedekia hieß, hatte sich eiserne Hörner um den Kopf gebunden, stieß immer mit dem Kopf in die Luft und schrie: »So spricht der Herr: Hiermit wirst du die Aramäer niederstoßen, bis du sie vernichtest!« Wie in einem Rausch waren alle für den Krieg.
Aber der friedliche König Josaphat traute den 400 Propheten nicht recht. Sagten die Propheten, was Gott wollte oder was sie selber gerne wollten? Josaphat wandte sich an Ahab und fragte: »Ist hier kein Prophet des Herrn mehr, daß wir durch ihn Gott den Herrn befragen?« Ahab antwortete grimmig: »Es ist noch einer hier mit Namen Micha. Aber ich mag ihn nicht leiden. Denn er verspricht mir nichts Gutes, sondern nur Böses.«
Doch Josaphat bestand darauf, daß der Prophet Micha noch gehört wurde. Da lief der Kämmerer zu Micha und bat ihn, sofort zu kommen. Unterwegs erzählte der Kämmerer dem Micha, worum es ging. Er sagte: »Die Worte aller 400 Propheten sind einmütig für den Krieg, den der König gegen die Aramäer führen will. So laß nun auch dein Wort wie ihr Wort sein und rede gut für den König Ahab.« Micha aber brummte:

»So wahr Gott der Herr lebt, ich will reden, was Gott mir sagen wird!«
Auf dem Platz vor dem Tor saßen noch die beiden Könige, davor schrieen und tanzten die 400 Propheten: »Krieg! Krieg! Nieder mit den Aramäern! Wir wollen Ramoth zurückerobern! Der Herr wird dem König Ahab den Sieg geben! Es lebe Ahab! Krieg! Krieg!«
Micha verbeugte sich vor dem König Ahab. Ahab sagte: »Micha, sollen wir nach Ramoth in den Krieg ziehen, oder sollen wir es lieber lassen? Ich beschwöre dich, daß du mir im Namen des Herrn nichts als die Wahrheit sagst!« – Was sollte Micha tun?
Micha trat vor und wartete, bis alle sich beruhigt hatten. Dann sagte er: »Ich sah ganz Israel zerstreut auf den Bergen wie Schafe die keinen Hirten haben. Der Herr sprach: diese haben keinen Herrn mehr. Ein jeder kehre wieder heim mit Frieden.«
Ahab, der König von Israel, wandte sich gereizt an Josaphat: »Habe ich dir nicht vorher gesagt, daß mir Micha nichts Gutes verspricht, nur Böses?« Micha fuhr unbeirrt fort: »Und in den Mund aller Propheten, die hier herumstehen, ist der Geist der Lüge gefahren, der dir Unheil bringen wird!«
Da hielt es der wilde Zedekia nicht mehr aus. Er sprang auf Micha zu und schlug ihn voller Wut ins Gesicht. Und der König Ahab sprach das Urteil über Micha: »Werft ihn in den Kerker und gebt ihm nur Wasser und Brot, bis ich mit Frieden von meinem Kriegszug wiederkomme!« Micha ließ sich abführen ins Gefängnis. Zum König Ahab sagte er: »Wenn du mit Frieden wiederkommst, so war es nicht der Herr, der durch mich geredet hat.«
Nun mußten viele tausend Männer von Israel und Juda ihre Rüstungen anziehen und ihre Waffen nehmen. Und die beiden Heere zogen in den Krieg gegen die Aramäer. Es gab eine gewaltige Schlacht. Manche Soldaten kämpften zu Fuß, andere ritten auf Pferden, einige standen in Streitwagen. Jeder Streitwagen wurde von Pferden gezogen, und drinnen standen Schützen, die mit Pfeil und Bogen auf die Aramäer schossen, um sie zu töten.
In einem solchen Streitwagen wurde Josaphat von den Aramäern verletzt. Josaphat schrie auf vor Schmerz. In einem anderen Streitwagen stand Ahab und gab seine Befehle. Ein Aramäer spannte seinen Bogen und schoß einen Pfeil auf Ahab ab und verletzte ihn so schwer, daß Ahabs Blut in den Wagen floß. »Wende um und führe mich aus dem Heer, denn ich bin schwer verwundet«, sagte Ahab zu seinem Wagenlenker.
Den ganzen Tag tobte die wilde Schlacht. Am Abend war sie für die Soldaten von Israel und Juda verloren. Ahab, der König von Israel, starb an seiner Verletzung. Als die Sonne unterging, ließ man im Heer von Israel und Juda ausrufen: »Ein jeder kehre in Frieden heim in seine Stadt und sein Land. Der Krieg ist verloren. Der König ist tot.«
So behielt der mutige Prophet doch recht, der im Namen Gottes vor dem Krieg gewarnt hatte und dafür geschlagen und ins Gefängnis geworfen worden war.
Und was kam am Ende aus dem Krieg heraus, den der König Ahab angezettelt und der König Josaphat mitgemacht hatte? Viele tausend Männer waren tot, Israeliten, Judäer und Aramäer. Viele Kinder hatten keinen Vater mehr, viele Frauen weinten um ihren Mann, viele Eltern trauerten um ihre Söhne. König Ahab war tot. König Josaphat war verletzt, überlebte aber die Schlacht und schlich kleinlaut nach Juda zurück. Die Stadt Ramoth aber blieb aramäisch, wie sie vorher auch gewesen war.

Kommentar zur Erzählung vom Propheten Micha

1. Könige 22,1–40 nach: Johannes Fichtner, Das erste Buch von den Königen, Calwer Verlag Stuttgart, [2]1979

Die Erzählung vom Propheten Micha und dem Tode Ahabs kann nicht als historisch verbürgter Bericht über den Tod des nordisraelitischen Königs Ahab im Kampf vor Ramoth in Gilead gehalten werden. Das Schwergewicht der Erzählung liegt auf der Gegenüberstellung des Prophetenwortes des Micha und der Rede der 400. Die Erzählung wird von der Frage bewegt: Wie können Propheten etwas im Namen Gottes verkündigen, was nicht Gottes Willen entspricht und sich demgemäß dann auch nicht erfüllt? Das Problem der falschen Prophetie hat nicht nur damals den Propheten selbst große Not bereitet.

Erst wird der Plan zur Rückeroberung der Stadt Ramoth in Gilead gefaßt. Dann wird von der Einholung eines Gotteswortes vor Beginn des Krieges berichtet. Die große Prophetenschar wiederholt vor den beiden Königen ihre Siegeszusage, wobei ihr Anführer sie durch eine Zeichenhandlung unterstützt. Währenddessen wird der Prophet Micha ben Jimla geholt, der dann dem König seine Schauung mitteilt, die im Gegensatz zu den bisher gehörten Prophetenworten Unheil für den König bedeutet. Dann wird berichtet, wie diese Worte Michas aufgenommen werden und wie der König den Propheten zur Rechenschaft ziehen läßt. In dem folgenden Kriegszug wird der König Ahab getroffen und muß sterben.

Die Erzählung kreist um das Gegeneinander zweier Prophetenworte, von denen nur eines in Wahrheit Gottes Wort gewesen sein kann, und die Erzählung zeigt, wie sich das Wort des wahren Propheten erfüllt. Der deuteronomische Geschichtsschreiber sah in Ahabs Tod die Erfüllung der göttlichen Vergeltung sich auswirken, die Elia als Gottes Antwort auf den Justizmord aus Naboth angekündigt hatte (1. Könige 21).

Außerdem war dem Deuteronomisten das Nebeneinander des gottesfürchtigen Königs von Juda und des gottlosen Königs von Israel wichtig. Der fromme König Josaphat hat zwar seine Truppen dem König Ahab zur Verfügung gestellt, aber er weiß, daß alle Menschenmacht nichts nütze ist, wenn Gott der Herr nicht auf ihrer Seite mitstreitet. Deshalb fordert er die Einholung des Gottesentscheides und später die Anhörung eines weiteren, einzelnen Propheten.

Für Micha, der zunächst ausweichend antwortet, wird die Lage schwierig, als der König ihn im Namen des Herrn beschwört, die Wahrheit zu sagen. Micha sagte einerseits den Tod Ahabs voraus, andererseits, daß »jeder in sein Haus in Frieden« zurückkehren soll. Er berichtet von einer Offenbarung, die ihm zuteil geworden ist: »Ich sah ganz Israel zerstreut wie Schafe ...« Zedekia handelt spontan aus seiner begreiflichen Empörung heraus, als er angesichts des Königs Micha einen Backenstreich versetzt. Micha nimmt die Schmach des Schlages hin, ohne sich zu wehren. Dem Christen fällt an dieser Stelle die Parallele zur Passion Jesu auf.

Durch den Ablauf der Ereignisse wird das echte Gotteswort bestätigt und damit sein Verkünder als wahrer Prophet ausgewiesen. Der Prophet Micha ben Jimla, der als Märtyrer in das Gefängnis abgeführt wird, entschwindet hiermit unserem Gesichtskreis. Wie es ihm weiter ergangen ist, wird nicht erzählt.

Frieden ist ein Grundbegriff der Bibel, vom alttestamentlichen »Schalom« bis zu den Friedensverheißungen des kommenden Gottesreiches. Seit es Christen gibt, bestimmt die Parole »Friede auf Erden« ihre Verkündigung. Auch in einer Zeit, in der sich jemand, der vom Frieden redet, geradezu verdächtig macht, können Kirchen und Christen nicht aufhören, vom Frieden Gottes zu reden. Der christliche Glaube, der den Frieden in Weiterführung israelischer Gotteserfahrung in der Welt ausgerufen hat, muß sich nicht wehren, sondern auf seiner Erfolgsseite verbuchen, wenn er beim Wort genommen wird. Das gilt auch, wenn er in Zeiten zunehmenden Unfriedens mit in den Strudel der Auseinandersetzungen gezogen wird, wie die Erregung um Pastoren, die Rüstung verteidigen, und um Pastoren, die gegen Rüstung protestieren, zeigt. Zahlreiche kirchliche Stellungnahmen, Thesen und Denkschriften beweisen, daß die Herausforderung des Glaubens angenommen wird.
Oft wird beklagt, die persönliche Stellungnahme im Streit um den rechten Weg zum Frieden werde durch christliche Argumentation mit der Autorität Gottes oder der Bibel geschmückt, wodurch Gott als Kronzeuge persönlicher Ideologie mißbraucht werde. Es gibt aber unverwechselbare theologische Erkenntnisse, die unabhängig von subjektiven Meinungen ausgesagt und diskutiert werden können, auch wenn sie bei Christen durchaus zu verschiedenen persönlichen Konsequenzen führen können. Dieses Proprium des christlichen Glaubens kann von anderen Weltanschauungen und Ideologien entweder überhaupt nicht oder nur unzulänglich ausgedrückt werden und begründet deshalb auch die nähere Bestimmung der Inhalte und Ziele des Religionsunterrichts zum Thema »Frieden«.
Die theologische Kategorie, die infrage kommt, ist »Frieden« und nicht »Krieg«. Friede wird nicht als Abwesenheit von Krieg definiert und gewinnt sein Selbstverständnis weder von der Vermeidung noch von den Folgen des Krieges her. Friede hat seinen Wert in sich, ist auch kein Zustand toter oder langweiliger Gleichförmigkeit des Lebens, sondern ist die Bewährung des Bundes Gottes mit den Menschen im Leben der Menschen untereinander. Friede herrscht nicht da, wo es keinen Streit gibt, sondern wo der Ausgleich des Streites in der Versöhnung und Liebe gelingt. Friede herrscht nicht da, wo alles still steht, sondern wo die Bewegungen des Lebens zum Gleichgewicht führen. So wagt Jesus den Streit um den Sabbat, um den Frieden des Sabbats zu sichern.
Theologisch ist Frieden nicht nur eine Frage guter und vernünftiger menschlicher Beziehungen, sondern eine Sache Gottes mit den Menschen. Damit wird der Friede aus dem Rang menschlicher Beliebigkeit oder Manipulation herausgenommen und in die Qualität tiefster Sinnerfüllung (oder Sinnverfehlung) menschlichen Lebens gehoben. Als Sache Gottes wird der Friede auch zu einem Inhalt des christlichen Glaubens, der seine Maßstäbe für Frieden oder Unfrieden letztlich nicht aus menschlicher Verfügungsgewalt ableitet, sondern von einem Punkt außerhalb seiner selbst bestimmen läßt.
Die Offenbarung Gottes in Jesus Christus ist für Christen nicht nur im konkreten engagierten und gewaltlosen Einsatz Jesu für den Frieden in Wort und Tat von Bedeutung. Vielmehr ist die Offenbarung Gottes in Jesus Christus selbst die entschei-

dende Zuwendung und Versöhnungstat Gottes für seinen Frieden mit den Menschen. Jesus bringt die Verfehlung der Menschen auch im Bezug auf ihre Unfähigkeit, Frieden zu bewahren, in seinem Kreuzestod vor Gott, und Gott bestätigt dieses Opfer, die Gültigkeit der Friedensverheißungen und Friedenstaten Jesu und den göttlichen Friedens-Bund mit den Menschen endgültig durch die Auferstehung Jesu.

Der christliche Glaube ist durch die Fähigkeit ausgezeichnet, den Frieden als »Schalom«, der allen Menschen das Heil bringt und der die Übereinstimmung mit dem göttlichen Willen einschließt, von einem einseitigen, ungerechten oder faulen Frieden zu unterscheiden. Der von den römischen Besatzungstruppen zur Zeit Jesu im Mittelmeergebiet aufrecht erhaltene »Friede« war zwar in äußerer Ruhe und Ordnung sichtbar, wurde jedoch nur durch den einseitigen Herrschaftsanspruch Roms und die gewaltsame Unterdrückung anderer Völker und Gruppen gesichert: »Pax Romana«. Die christliche Sensibilität in der Unterscheidung von Schalom und Pax Romana gründet sich auf die Erfahrung mit vielfältigen, oftmals bitteren Auseinandersetzungen in der Bibel und in der Kirchengeschichte. Im Alten Testament *gilt es, nicht immer wieder auf die blutrünstigen Kriege im Namen Gottes zu verweisen, in denen die Menschen das Schalom verfehlten, selbst wenn sie mit dem Sieg Gott priesen, sondern die vielen Friedensgeschichten neu zu entdecken, die auch im Alten Testament enthalten sind und die weithin unbekannt sind. Im* Neuen Testament *sind viele Jesus-Geschichten als Friedensgeschichten zu interpretieren, z. B. sein gewaltloser, aber engagiert geführter Kampf gegen die lieblose, ungerechte Einforderung der Sabbatgebote, ein Kampf den beide Seiten im Namen Gottes führten. Dem Ziel der Sicherung des Sabbatfriedens durch die Pharisäer setzt Jesus die Segenswirkung des Friedens für die Menschen gegenüber. In der* Kirchengeschichte *gilt es, die unseligen Verfehlungen der Kirchen im Segnen von Waffen als leidvolle Erfahrungen zu erkennen und die segensreichen friedensstiftenden Wirkungen des Christentums neu aufzuspüren.*

Ein besonders brennendes Problem aller Menschen, die sich für den Frieden in der Welt einsetzen, besteht in der Unsicherheit, ob ihr Einsatz tatsächlich wirkungsvoll dem Frieden hilft, oder ob er zu gering ist gegenüber den Kräften, die Gewalt einsetzen wollen und zum Krieg drängen. So sind in den Gruppen der Friedensbewegung unserer Zeit unter dem Druck dieser Unsicherheit sowohl die Haltung fatalistischer Verzweiflung und Wut als auch der Pessimismus aus der Sinnlosigkeit und Resignation zu finden.

Im christlichen Glauben wird nicht der Anspruch zu restloser Vollbringung des Friedens erhoben. Sondern die letzte Erfüllung des Friedens ist den Menschen unter der Garantie Gottes und Jesu Christi verheißen. Das Reich Gottes, in dem der Friede Gottes unter den Menschen hergestellt ist, ist mit Jesus angebrochen, aber noch nicht vollendet. Diese Zusage des Friedens wird mißverstanden, wenn sie zu einer Abwälzung der Friedensverantwortung von den Menschen auf Gott führt und die Aktivität der Menschen für den Frieden lähmt. Vielmehr begründen gerade diese Zusicherungen, daß Frieden werden wird, menschliche Hoffnungen trotz erfahrener Hilflosigkeit. Gottes Verheißungen des Friedens befreien von Verzweiflung und Resignation, geben dem verantwortlichen Handeln für den Frieden einen Sinn, indem sie es von dem Anspruch letzter Selbst-Vollendung entlasten, und eine bestimmte, aus vielen biblischen Aussagen ablesbare Richtung.

Eine christlich begründete Ethik des Friedens sollte die peronale Ebene des friedlichen Miteinanders und die gesellschaftlich-staatliche Ebene friedlicher Beziehungen unterscheiden. Zwar gilt Gottes Schalom und Gottes Verheißung für alle Bereiche des Lebens, aber die Gesetze des Handelns sind von einer Ebene nicht direkt auf die andere zu übertragen, weil sie strukturell anders sind. Oft hört man den Rat: wir müssen erst mal bei uns selber, in unseren Familien, Freundschaften und Arbeitsstätten mit dem friedlichen Miteinander anfangen und ernstmachen, dann erst kann auch aus dem Frieden in der Welt etwas werden. Bei sich selber anzufangen, ist immer gut. Aber daß aus dem personalen Frieden der globale Friede automatisch folge, ist ein Trugschluß. So wenig wie vernünftige Taschengeldregelungen von Eltern und Kindern die Tarifvereinbarungen von Unternehmern und Gewerkschaften überflüssig machen oder beispielhaft beeinflussen können, so wenig können auch zwischenmenschliche Streit-Regelungen für die Durchsetzung oder Verhinderung der Aufstellung atomarer Raketen gelten.

Die Verantwortung von Christen für den Frieden ist immer von der Bergpredigt her begründet und auch immer wieder in Frage gestellt worden. Wenn hier auch die Auseinandersetzung um die radikal übersteigerte Feindesliebe nicht geführt werden kann, so bleibt doch der Anspruch der Liebe trotz aller Feindseligkeit bestehen, und entsprechend wird die Vernichtung des Feindes als Sünde gekennzeichnet. Außerdem sollte nicht vergessen werden, daß auch die Seligpreisung derer, die den Frieden wollen, als Kinder Gottes eine Verheißung aus der Bergpredigt ist.

Der Friede und die Grundschüler

In ihren eigenen Erfahrungen mit Freunden, Geschwistern, Eltern, Erwachsenen, Lehrern, Verkäuferinnen, Busfahrern, usf., aber auch mit dem Fernsehen, in der Schule und im Spiel haben Grundschüler schon viel Schlimmes und viel Schönes erlebt und erleben es täglich immer wieder. Mit solchem Auf und Ab im sozialen Umgang kann der Religionsunterricht, der »Frieden« thematisiert, rechnen. Ob die Schüler allerdings über schlimme und schöne Erlebnisse unter Menschen nachgedacht, ob sie ausgesprochen oder gar mit dem Begriff »Frieden« in Verbindung gebracht haben, ist fraglich.

Wird in den Familien und in den Medien jedoch der Friede selbst thematisiert und zum Gegenstand hitzigen Streites, z. B. um Aufrüstung oder Abrüstung, so sind die Kinder von den Einflüssen dieser Diskussion nicht ausgeschlossen. Dabei übertragen sich Urteile, Bewertungen, Meinungen und Stellungnahmen gewöhnlich direkt von den Eltern auf die Kinder.

Auch aus der »indirekten Wirklichkeit« des Fernsehens sind den Grundschülern sowohl Spannungen im sozialen Miteinander von Menschen bekannt als auch Bilder vom Streit gesellschaftlicher Gruppen und vom Krieg zwischen Staaten. Für Medien anschaulich ist aber viel mehr der Un-Friede, der Krieg, die Gewalt, als die nüchterne oder verbissene gewaltlose Austragung verschiedener Interessen zur Erhaltung des friedlichen Gleichgewichts. Bilder von Konferenzrunden am Verhandlungstisch gehen nicht so unter die Haut wie Bombenkrieg im Nahen Osten oder Buschkrieg in Mittelamerika.

Voraussetzungen für das Thema sind auch aus dem Religionsunterricht oder dem kirchlichen Bereich aufzuspüren; viele den Schülern bekannte Jesus-Geschichten können als Ausdruck gewaltloser, aber engagierter Friedensliebe interpretiert werden, vom »Friede auf Erden« in der Geburtsgeschichte bis zum Durchhalten der Gewaltlosigkeit in der Passion Jesu.

Diese Vielfalt von vorhandenen Erfahrungen mit Frieden im Leben der Grundschüler zwingt zu begrenzter Auswahl in der Schule, wenn das Thema nicht ausufern soll. Die didaktische Arbeit an vielen der genannten Schülererfahrngen gehört sachgemäß in den sozialkundlichen oder sozialerzieherischen Bereich der Grundschule. Der Religionsunterricht tut gut daran, die Ebene direkten zwischenmenschlichen Kontaktes von »Streit und Versöhnung« gesondert zu thematisieren.

In der hier vorliegenden Unterrichtseinheit wird »Friede« konzentriert 1. auf den Frieden als Gabe Gottes und zugleich als Aufgabe Gottes für die Menschen, d. h. als Kategorie des christlichen Glaubens, und 2. auf den Frieden als Kategorie der Beziehungen zwischen gesellschaftlichen Gruppen, Völkern und Staaten.

Darum wurden alttestamentliche Propheten-Geschichten, gegenwärtige Kriegsgeschichten, die neutestamentliche Geschichte vom Ährenausraufen am Sabbat und die manuell gestaltende Umwandlung von Kriegsspielzeug (»Schwerter zu Pflugscharen«) als Inhalte in die Unterrichtseinheit aufgenommen. Nur am Schluß neigt sich der Lernprozeß der personalen Ebene zu, um die Schüler für konkrete, verheißungsvolle und Verantwortung fordernde Friedens-Erfahrung sensibel zu machen, die sie im direkten Kontakt zu anderen Menschen entdecken können.

Der religionspädagogische Unterricht über »Frieden« übt für viele Grundschüler gewiß eine gegensteuernde Funktion aus, die gegen die Erfahrungen innerhalb einer kriegerischen oder unfriedlichen Umwelt gerichtet ist. Er setzt christliche Verantwortung und christliche Hoffnung gegen die unter Schülern weit verbreiteten Einstellungen, die sich an Gewalt als legitimes Mittel der Interessendurchsetzung längst abstumpfend gewöhnt haben, die im Krieg nicht die Menschenvernichtung, sondern das Abenteuer oder die Sensation sehen, die mit dem Krieg als unvermeidliche Katastrophe rechnen, die blind, fantasielos oder zu konfliktscheu sind für das friedenssichernde gewaltlose Streiten, die in Angst vor der gegenseitigen Vernichtung von Menschen durch Menschen in der Zukunft leben oder die so gleichgültig gegenüber den Überlebens-Bedrohungen sind, daß sie Frieden nicht als Gottesfrage und als Glaubensherausforderung annehmen.

Da sich solche Einstellungen bereits im Kindesalter einprägen, muß der Religionsunterricht auch in dieser Altersstufe die christliche Dimension des Friedens für die Schüler öffnen. Daß die Möglichkeiten des Religionsunterrichts in der Grundschule begrenzt sind und die Wirksamkeit seiner Lernziele nur im bescheidenen Umfange erwartet werden darf, entbindet den Religionsunterricht nicht von seiner Verantwortung, trotzdem für die Grundschüler und in den Grundschulen Zuspruch und Anspruch des Evangeliums vom Frieden Gottes für die Welt auszusagen.

Die beigefügten Vorschläge »Spiele zum Frieden« sind kein fester didaktischer Bestandteil der Unterrichtseinheit, sondern sollen Lehrer und Schüler auf Ideen bringen, Spiele ohne Niederlage und ohne Besiegte zu suchen oder auszudenken.

Lernziele

Es wäre schon viel gewonnen, wenn den Schülern die Verherrlichung oder Verharmlosung von Gewalt und Krieg fragwürdig würde. Gegen die abstumpfende Gewöhnung an brutale Handlungen und Kriegsbilder setzt die Unterrichtseinheit deshalb das Ziel der Sensibilität und Achtsamkeit für die Bewahrung des Lebens.
Die Schüler lernen, daß Friede unter uns und unter den Völkern mit Gott zu tun hat und daß es nach dem Willen Gottes keinen Krieg geben soll.
Die Schüler sollen im Frieden von Menschen und Staaten keinen Zustand restloser Harmonie sehen, sondern ein kluges und oft schwieriges Ausbalancieren gegenseitiger Ansprüche in Gerechtigkeit und Achtung, mit Mut und Liebe, aber ohne Gewaltanwendung. Sie lernen aber auch, daß Friede mehr ist als die Lösung von Konflikten und daß man einen wahren Frieden, für den sich einzusetzen lohnt, von einem faulen oder nur scheinbaren Frieden unterscheiden muß.
Gegen die Resignation (»es hat ja doch alles keinen Zweck«) und die Überforderung (»was kann ich schon ausrichten?«) angesichts der Gefährdung des Friedens sollte die Unterrichtseinheit die Hoffnung auf die letzte Erfüllung aller unserer Bemühungen in dem von Gott geschenkten Frieden setzen.
Geschichten, Lieder und Spiele sind keine kindische Verharmlosung, sondern kindgemäßer Ausdruck der frohen Botschaft, die uns den Frieden Gottes verheißt, was immer auch geschehen mag.

Unterrichtseinheit

I. Schritt (1 Unterrichtsstunde)

Der Prophet Micha

1. Erzählung: Der Prophet Micha (siehe Seite 13 f.)
2. Kurzes Gespräch
   Warum alle Propheten für den Krieg waren. Ob wohl alle Leute im Volk für den Krieg waren? Warum der König Ahab den Krieg wollte. Vom Mut des Propheten Micha. Vom Willen Gottes: Krieg soll nicht sein.
3. Vorbereitung eines Rollenspiels
   Die entscheidende Szene der Geschichte wird nachgespielt: der Auftritt des Propheten Micha vor den Königen.
   Rollen: Ahab, Josaphat, viele Propheten, Zedekia, Kämmerer, Knechte, Micha
   Vorbereitung: Beginn (»Willst du mit mir ziehn ...«) und Ende (»Kommst du mit Frieden wieder, so war es ...«) des Rollenspiels, räumliche Anordnung (zwei Throne gegenüber, dazwischen viel Platz), wichtige Sätze des Micha (evtl. aufgeschrieben!)
4. Rollenspiel: Der Prophet Micha tritt für den Frieden ein
5. Kanon: Herr, gib uns deinen Frieden (siehe Seite 32)

Eine Lehrerin berichtet:
Die Schüler spielten das Rollenspiel so begeistert, daß sie in einen wahren Kriegsrausch gerieten. Micha, ein schwacher Schüler, hatte es schwer und konnte sich erst einigermaßen durchsetzen, als ich eingriff.

Achtung! Zur Vorbereitung des II. Schrittes rechtzeitig Fotos vom Krieg sammeln lassen (Illustrierte, private Fotos).

II. Schritt (1 Unterrichtsstunde)

So schlimm ist Krieg

1. Bildbetrachtung »Krieg«
   Fotos vom Krieg werden entweder für die ganze Klasse (Bildwerfer oder Arbeitsprojektor) gezeigt oder in Gruppen angeschaut.

2. Gespräch
   Was man auf den Fotos alles erkennen kann
   Fernsehbilder vom Krieg und die schlimme Wirklichkeit des Krieges
   Wie der Krieg zu Not und Tod der Menschen führt
   Ob die Betroffenen diesen Krieg gewollt haben
   Warum es Kriege gibt

3. Unsere Lehrerin erzählt vom Krieg
   Selbst Erlebtes oder von Verwandten/Bekannten Erfahrenes

3a Alternative:
Wer selbst nichts zu erzählen hat oder lieber die Distanz einer Geschichte sucht, lese ausgewählte Geschichten aus Büchern über den Krieg, z. B. aus Remarque, Im Westen nichts Neues, oder Berichte von Überlebenden aus Hiroshima. Aber die Auswahl muß sorgfältig getroffen werden entsprechend dem Thema: So schlimm ist Krieg. Keine Heldensagen! Die gibts im Fernsehen genug.

III. Schritt (1 Unterrichtsstunde)

Der Prophet Semaja

1. Erzählung: Der Prophet Semaja (siehe Seite 26)

2. Kurzes Gespräch
   Vergleich der Propheten Semaja und Micha
   Wie Semaja wohl den Frieden gerettet haben mag

3. Spiel: Semaja rettet den Frieden
   Dies ist kein Rollenspiel in bekannter Weise, sondern hier geht es mehr um Argumente als um Handlungen. Und in diesem Spiel spielt der Religionslehrer mit. Er bekommt die schwierige Rolle des Semaja.

Die Klasse wird in zwei Gruppen geteilt,
A: die zehn Stämme unter König Jerobeam
B: die Stämme Juda und Benjamin unter Rehabeam

Sitzordnung:

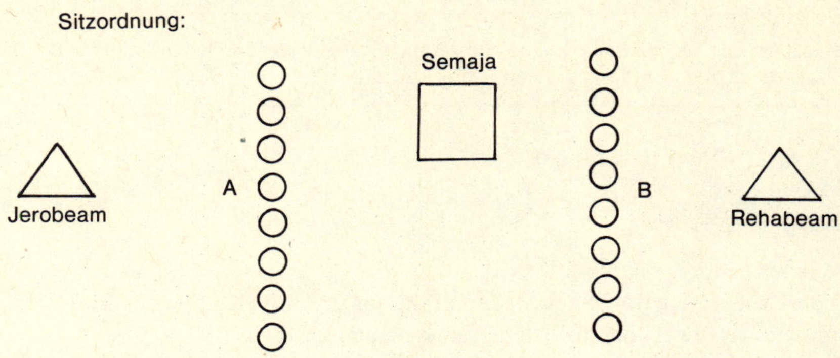

Semaja (der Religionslehrer) tritt zur Gruppe A:
»Gott will nicht, daß ihr gegen eure Brüder streitet!
Redet mit eurem König Jerobeam, damit er keinen Krieg anfängt!«

Die Gruppe A berät miteinander und mit Jerobeam.
Semaja beteiligt sich als Mann Gottes und Friedensprophet an dem Gespräch.

In ähnlicher Weise wird mit Gruppe B verfahren. Evtl. kann Semaja auch zwischen den beiden feindlichen Gruppen vermitteln.

Sitzordnung am Ende des Spieles:

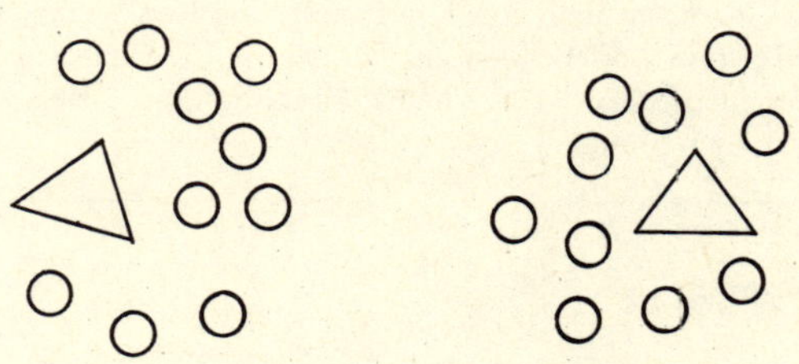

Ein Lehrer berichtet:
Die beiden Gruppen reagierten ganz verschieden auf den Friedensappell. Die eine Gruppe reagierte fast gar nicht, so daß Jerobeam schließlich selbst befahl: zieht euch zurück! was aber nicht begründet und motiviert schien, so daß der Sinneswandel nicht überzeugte. Die anderen wollten dauernd den Krieg weiterführen, und ich hatte meine liebe Not mit ihnen …

4. Gespräch: Wie kann der gewonnene Friede weiterhin erhalten bleiben?

IV. Schritt (1 Unterrichtsstunde)

Aus Schwertern Pflugscharen machen

1. Lehrerdemonstration: Aus Schwertern Pflugschare machen.
Die Kinder sitzen im Kreis. Auf der Erde liegt ein Schwert aus Pappe oder Papier, Scheren und Klebstoff liegen bereit. Das Schwert hat eine etwa 60 cm lange und 10 cm breite Klinge mit vorgezeichneten Bleistiftstrichen:

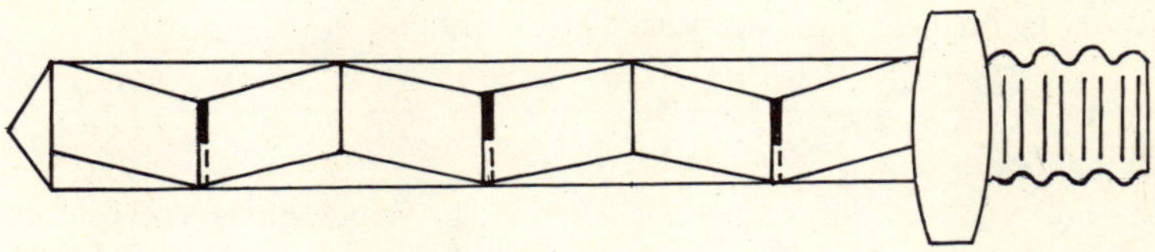

Der Lehrer zerschneidet das Schwert entlang der Bleistiftstriche, faltet jedes entstandene Teil an der punktierten Linie, schneidet oben an der Knicklinie ca. 2 cm tief ein und klebt die Teile vor den Augen der Kinder zu drei Pflugscharen:

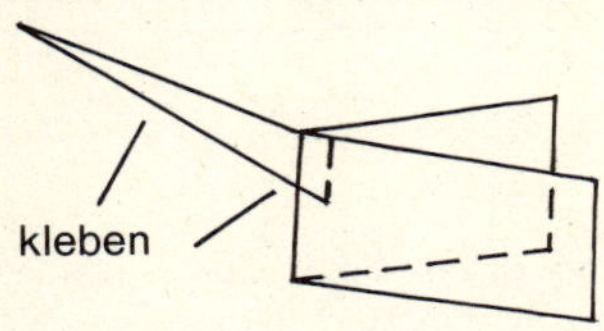

Die Schwertspitze und der Griff werden in den Papierkorb geworfen.

1 a Alternative:
Anstelle der Lehrerdemonstration können auch die Schüler selbst aufgefordert werden, Lösungen zu suchen, wie aus Schwertern Pflugscharen gemacht werden können. In diesem Falle erhält jeder Schüler ein (kleineres) Schwert aus festem Papier, eine Schere und Klebstoff. Man braucht dann natürlich erheblich mehr Zeit.

2. Kurzes Gespräch: Schwerter und Pflugschare
Wozu Schwerter da sind,
wozu Pflüge dienen
Wie aus einem Kriegsgerät ein friedliches Werkzeug wird

3. Lehrerinformation:
Ein Prophet in Israel namens Jesaja, der auch den Frieden Gottes verkündete, hat einmal von einer Zeit gesprochen, in der alle Menschen und Völker im Frieden Gottes leben: da werden sie ihre Schwerter zu Pflugscharen machen (Jesaja 2,4). So habe ich eben auch ein Schwert zu Pflugscharen umgewandelt.

4. Kriegsspielzeug verwandeln:
Die Schüler werden in zwei Gruppen eingeteilt. Die eine Gruppe erhält grünes, die andere gelbes Papier. Jeder Schüler hat Filzstifte, Schere und Klebstoff zur Hand.

Jeder Schüler malt auf ein Blatt ein Kriegsspielzeug, z. B. Kriegsschiff, Raketen, Maschinenpistole, und schneidet es aus. Nach einer Weile werden die ausgeschnittenen Teile mit der anderen Gruppe getauscht. Jetzt ist die Aufgabe, aus dem Kriegsspielzeug mit möglichst wenigen Veränderungen friedliche Gegenstände zu machen, z. B. aus dem Kriegsschiff ein Segelschiff, aus der Rakete ein Passagierflugzeug, aus der Maschinenpistole ein Gartengerät.
Dann zeigen sich die Schüler gegenseitig die verwandelten Gegenstände (raten lassen!) und erzählen, wie die Veränderungen gedacht sind. Die verschiedenen Farben machen es leichter, die Veränderungen zu erkennen.

Bericht einer Lehrerin:
Ich habe die Schüler gebeten, Kriegsspielzeug mitzubringen in die Schule. Das konnten wir natürlich nicht verwandeln. Aber die Problematik kam in den unterschiedlichen Meinungen der Schüler gut heraus, als wir das Kriegsspielzeug anschauten und diskutierten. Die meisten Schüler waren von der Harmlosigkeit so überzeugt, daß sie keine Bedenken zum Spiel mit Maschinenpistolen usw. hatten. Nur wenige Schüler konnten das Anliegen des Unterrichts verstehen. Aber damit war ich schon zufrieden.

4a Alternative:
Wer die Fragwürdigkeit von Krieg im Spiel anders als mit Hilfe von Kriegsspielzeug zur Sprache bringen möchte, lese die Geschichte vor »Krieg spielen« von Gertrud Pausewang aus dem Buch »Frieden kommt nicht von allein«, Otto Maier Verlag Ravensburg 1982. Die eindrucksvolle Geschichte motiviert zu anregenden Gesprächen der Schüler.

5. Lied: Schalom für Dorf und Stadt (siehe Seite 31)

V. Schritt (1 Unterrichtsstunde)

Selig sind, die Frieden schaffen

1. Gespräch: Jesus will den Frieden
   Die Schüler erinnern sich an Jesusgeschichten, in denen Menschen zum Frieden kommen, z. B. der verlorene Sohn, Wundergeschichten, an Aussprüche, die Jesus als Friedensbringer ausweisen, z. B. Frieden auf Erden (Weihnachtsgeschichte), Du sollst deinen Nächsten lieben, und an die Gewaltlosigkeit Jesu in der Leidensgeschichte, z. B. bei der Gefangennahme, beim Verhör.
2. Erzählung: Jesus und der Sabbat (siehe Seite 29)
3. Spiel: Ähren ausraufen am Sabbat
   - 4 Schüler (Pharisäer) gehen in eine Ecke
     4 Schüler (Jünger) in eine andere.
   - Die übrigen Schüler erhalten einzeln oder in Kleingruppen Aufträge zur pantomimischen Darstellung (evtl. auf Zettel geschrieben):

a) Zwei alte Frauen gehen mit schweren Bündeln auf dem Rücken von einem Dorf zum andern
b) Mehrere Bauern versuchen eine Kuh, die in den Brunnen gefallen ist, mit Stricken herauszuziehen
c) Zwei Leute sägen einen Baumstamm durch
d) Frauen zünden Feuer im Herd an
e) Leute versuchen ein altes Haus, das im Sturm einzustürzen droht, mit Stangen abzustützen
f) Ein Arzt untersucht und verbindet ein Kind, das den Arm gebrochen hat
g) Ein Bauer pflügt sein Feld
h) Frauen weben Stoff am Webstuhl
i) Kinder fegen die Stube

- Die Schüler in der Klasse sagen nacheinander, was sie tun, z. B. »Wir sägen einen Baumstamm durch!« und beginnen dann mit pantomimischer Darstellung (stumme Bewegungen, Gesten). Schließlich sind alle (außer Pharisäer und Jünger) eifrig, aber stumm beschäftigt.
- Die Pharisäer schlagen einen Gong, Becken, Triangel o. ä. laut an und verkünden den Beginn des Sabbats. Sie gehen herum und weisen jeden an, sofort innezuhalten und den Sabbat zu achten. Schließlich wird es völlig still. Jeder setzt sich, bleibt stehen oder geht still umher.
- Die Jünger gehen immer lauter werdend mitten in die Klasse mit den Gesten des Ausreißens von Ähren und Kauens der Körner.
- Die Pharisäer stellen sie zur Rede, weil sie die Sabbatgebote nicht beachtet haben. Die Jünger verteidigen ihre Handlungsweise.
- Das Spiel wird nach kurzer Diskussion abgebrochen.

> Eine Lehrerin berichtet:
> Eine solche pantomimische Darstellung wurde zum ersten Mal in der Klasse durchgeführt, deswegen mußte ich erst viel erklären. Die Kinder wurden ungeduldig und wollten immer schon anfangen. Nachher gefiel ihnen die pantomimische Darstellung und der Streit von Jüngern und Pharisäern so gut, daß wir die Szene dreimal nacheinander gespielt haben. Zu der Erzählung und dem Gespräch sind wir in der Stunde nicht mehr gekommen.

4. Erzählung: Ährenausraufen am Sabbat (siehe Seite 30 f.)

5. Gespräch: Jesus im Vergleich mit den Friedenspropheten des Alten Testaments. Was ähnlich ist und was ganz anders ist.

VI. Schritt (1 Unterrichtsstunde)

Herr, gib mir Mut zum Brücken bauen

1. Spielszenen A: »Krieg« bei uns zu Haus
Die Schüler werden in vier Gruppen eingeteilt, die spontan die folgenden vier kur-

zen Szenen vorspielen. Das Spielen einer Szene braucht keine Minute zu dauern.

a) Die Kinder wollen unbedingt fernsehen.
   Die Eltern schicken sie mit Gewalt ins Bett.
b) Mehrere Schüler fallen über einen anderen her, hänseln oder ärgern ihn.
c) Autofahrer brüllen sich nach einem leichten Zusammenstoß an.
d) Mann und Frau streiten erbittert, ob die Oma zu Weihnachten eingeladen werden soll.

Es können natürlich auch andere passende kurze Szenen gesucht werden.

2. Lied: Herr, gib mir Mut zum Brücken bauen (siehe Seite 32)
   Das Lied wird eingeführt, evtl. mit einem Begleitinstrument oder zu einer bespielten Kassette. Texte verteilen oder vom Arbeitsprojektor ablesen.

3. Spielszenen B: »Frieden« bei uns zu Haus
   Die gleichen Gruppen von Spielszenen A überlegen und besprechen, zu welcher Strophe des Liedes sie eine entsprechende konfliktlösende Spielszene B spielen können.
   Beispiele:
   - Die Gruppe A b) (einen Schüler hänseln) spielt zu der Zeile »... gib mir den Mut zum ersten Schritt« eine Spielszene B, wie zwei Schüler sich schützend vor den Gehänselten stellen und mit ihm eine Freundschaftsgruppe bilden.
   - Die Gruppe A d) (Oma einladen) spielt die Szene B, wie man zu Weihnachten in die Berge fährt und die Oma, die alles bezahlt, mitnimmt, zu der Zeile »... wo alle tiefe Gräben sehn.«

4. Lied und Spiel
   Das Lied wird noch einmal gesungen. Nach jeder Strophe wird gefragt, ob eine Gruppe eine passende Spielszene B vorspielen kann. Nach dem Vorspielen folgt die nächste Strophe. Zum Schluß kann die letzte Strophe wiederholt werden, wobei alle Schüler gemeinsam im Kreis herumtanzen.

Berichte von Lehrerinnen:

a Wir haben nur gespielt und auf das Lied, das uns persönlich nicht gefiel, verzichtet.
b Die in der Planung angelegte Systematik ließ sich nicht durchhalten, weil den Schülern keine rechten Lösungen im Sinne der Spielszenen B »Frieden bis uns zu Haus« einfielen, während sie die Spielszenen A begeistert vorgemacht hatten.

Erzählung: Der Prophet Semaja

(1. Buch der Könige 11,42–12,24)

Ich will euch wieder eine Geschichte aus dem Alten Testament der Bibel erzählen. Als der König Salomo, der ein sehr kluger, gerechter und mächtiger König war, alt wurde, gab es zwei Männer, die alle beide sein Nachfolger als König werden wollten.

Der erste war der Arbeitsminister des Königs Salomo mit Namen Jerobeam. Jerobeam war ehrgeizig und machtgierig. Heimlich zettelte er einen Aufstand gegen Salomo an. Aber der Aufstand scheiterte. Jerobeam mußte nach Ägypten fliehen. Im Reiche des Königs Salomo durfte er sich nicht mehr blicken lassen.
Der zweite Herrschsüchtige unserer Geschichte ist Salomos Sohn mit Namen Rehabeam. Man muß sich die beiden Namen gut merken, damit man sie nicht verwechselt.
Als nun Salomo, der 40 Jahre lang König gewesen war, sterben mußte, ernannte er auf dem Sterbebett seinen Sohn Rehabeam zu seinem Nachfolger.
Rehabeam aber war nicht klug wie sein Vater, sondern wollte ein harter und strenger Herrscher sein. Als im Volk bekannt wurde, daß er nach dem Willen seines Vaters zum neuen König gewählt werden sollte, kamen aus jedem der zwölf Stämme des Volkes Israel eine Reihe von Männern zu Rehabeam und trugen ihm eine Bitte vor: »Unter deinem Vater mußten wir schwer und hart arbeiten«, sagten sie zur Rehabeam, »wir bitten dich, mache du unseren harten Dienst leichter. Dann wollen wir dir dienen.«
Rehabeam aber fuhr die Bittenden an: »Hat mein Vater von euch verlangt, daß ihr schwer und hart arbeiten müßt, so sollt ihr unter meiner Herrschaft noch schwerer und noch härter schuften. Hat mein Vater euch mit Peitschen aus Leder angetrieben, so will ich euch mit Peitschen aus Leder mit Stacheln schlagen!«
Die Männer erschraken sehr. Zehn der zwölf Stämme sagten sich von Rehabeam los. Sie schickten Boten zu Jerobeam, der die ganze Zeit in Ägypten gewartet hatte, ließen ihn holen und wählten Jerobeam zu ihrem König.
Nur der Stamm Juda mit der Hauptstadt Jerusalem und dem heiligen großen Tempel, den Salomo hatte erbauen lassen, blieb Rehabeam treu.
Das war eine schlimme Zeit für das Volk. Wie zwei feindliche Machtblöcke standen sich die beiden gegenüber: auf der einen Seite die große Mehrheit des Volkes Israel mit dem König Jerobeam, und gegenüber der kleine Stamm Juda mit dem König Rehabeam mit der Hauptstadt und dem Tempel. Ein König wollte noch stärker und mächtiger sein als der andere, und beide konnten sich überhaupt nicht leiden. Man mag wohl jeden Augenblick gedacht haben, jetzt bricht der Krieg aus, jetzt fallen sie über einander her und suchen sich gegenseitig zu töten. So gespannt war die Situation.
Da passierte etwas Schlimmes. König Rehabeam sandte einen seiner Diener, den Rentmeister Adoram zu den Feinden, um mit ihnen etwas zu verhandeln.
Leider steht nicht in der Bibel, worum es dabei ging, vielleicht wollte er die zehn anderen Stämme doch noch für Rehabeam gewinnen. »Da kommt Adoram, einer von unseren Feinden in Juda«, riefen voller Haß die Israeliten, stürmten auf den Rentmeister Adoram ein, fesselten ihn und warfen dicke Steine auf ihn, bis er tot zusammenbrach.
Als das der König Rehabeam erfuhr, ließ er sich sofort in einem Wagen nach Jerusalem fahren. Dort versammelte sich der ganze Stamm Juda, alle voller Haß und Wut auf die feindlichen Israeliten. Rehabeam schickte auch Boten zum Stamm Benjamin, dem zwölften Stamm, der bisher zu keinem der beiden Machtblöcke gehört hatte. Und sie kamen, so daß Rehabeam Tausende für den Kampf ausgebildete Männer hatte. Das war Rehabeams Aufrüstung für den Krieg.

Mit diesen Männern wollte Rehabeam gegen die zehn anderen Stämme kämpfen, damit das ganze Königreich wieder zu Rehabeam gehören sollte.
Als jeden Augenblick der fürchterliche Krieg auszubrechen drohte, da trat plötzlich ein Mann dazwischen, von dem wir bisher noch gar nicht gehört haben. Dieser Mann hieß Semaja, er war ein Mann Gottes, ein Prophet.
Gott sprach zu Semaja: »Gehe hin zum Volk der beiden Stämme Juda und Benjamin. Dann gehe zu den zehn anderen Stämmen des Volkes Israel. Du sollst mit der einen Seite und mit der andren Seite reden. Sage ihnen, so spricht Gott der Herr: Ihr sollt nicht hinaufziehen und gegen eure Brüder Krieg führen. Ihr gehört alle zum Volk Israel. Jedermann gehe wieder heim. Das ist mein Wille.«
Wie hat Semaja das nur geschafft, daß sie ihn mitten in all dem Kriegsgeschrei anhörten? Daß die beiden machthungrigen Könige sich überzeugen ließen? Daß man Semaja glaubte: Gott will nicht den Krieg, Gott will den Frieden? Daß Semaja, der mutige Prophet, der Mann Gottes, der ganz allein den Frieden predigte, als Tausende den Krieg wollten, daß Semaja nicht zu Tode gesteinigt wurde?
Wir wissen es nicht, wie er das gemacht hat. Wir wissen nur, daß in der Bibel am Ende unserer Geschichte steht: Und sie gehorchten den Worten des Herrn und führten keinen Krieg gegeneinander. Sie blieben getrennt, aber sie lebten in Frieden.

Kommentar zur Erzählung vom Propheten Semaja

1. Könige 11,42–12,24 nach: Johannes Fichtner, Das erste Buch von den Königen, Calwer Verlag Stuttgart, [2]1979

In der Erzählung geht es zunächst um die Nachfolge auf dem Throne Salomos. Das erbliche Königtum war noch keine feste Institution und der Unwille der Nordstämme über Salomos Gewaltregiment so groß, daß Rehabeam nicht ohne weiteres seinem Vater folgen konnte. Infolge der harten Entscheidung Rehabeams auf die Bitte des Volkes nach Erleichterung des harten Joches ist der Zerfall des Groß-Reiches Israel besiegelt, die Personalunion zwischen Juda und Israel, wie sie bei David und Salomo gegeben war, aufgelöst.
Der ungeschickte Versuch Rehabeams, die abgefallenen Nordstämme umzustimmen, mißlingt. Denn weil Rehabeam ausgerechnet den Fronaufseher Adoram in die Nordstämme schickt, steinigen sie den Botschafter in ihrer Wut. Rehabeam kann sich mit knapper Not noch selbst retten und nach Jerusalem entkommen. Von dort will er versuchen, die Nordstämme, die nun allein die Bezeichnung »Israel« erhalten, unter seine Herrschaft zurückzubringen. Er bietet darum eine ungeheure Kriegsmacht gegen »Israel« auf.
Der Gottesmann Semaja, der in den Königsbüchern nur hier auftritt, untersagt im Namen des Herrn dem judäischen König Rehabeam den Feldzug gegen »die Brüder«, da Gott selbst die Teilung des Reiches verfügt habe. Juda befolgt seine Worte, und der drohende Bruderkrieg ist damit zunächst verhindert. Später flackert er allerdings wieder auf und schwelt noch lange Zeit zwischen den Bruderreichen.

Erzählung: Jesus und der Sabbat

An jedem siebten Tag feiern wir, wie ihr wißt, Sonntag. Die Juden haben einen ähnlichen Brauch. Sie feiern an jedem siebten Tag den Sabbat. Der Sabbat dauert nicht vom Morgen zum Abend, sondern von einem Sonnenuntergang am Abend bis zum nächsten Sonnenuntergang: von Freitag abend bis Samstag abend.
Jesus hat sein Leben lang an jedem siebten Tag den Sabbat gefeiert wie alle Juden in dem Land, in dem er lebte. An jedem Sabbat erinnerten sich Jesus und seine Jünger an Gott, der die Welt geschaffen hat und der ja nach der Schöpfungsgeschichte am siebten Tag ausruhte. Der Sabbat sollte ein Tag der Ruhe und des Friedens sein. Deshalb sollte man an diesem Tag ausruhen, Gott loben und keine schweren Arbeiten tun. Es gab genaue Vorschriften, was man am Sabbat tun durfte und was verboten war.
Als aber Jesus und seine Jünger durch das Land Palästina zogen und mal in kleinen Dörfern, mal in der Stadt, mal am See oder in der Wüste den Sabbat feierten, da bemerkten sie auch, daß viele Menschen keine Freude, keinen Frieden und keine Ruhe am Sabbat hatten. Obwohl in der Bibel wenig darüber berichtet wird, können wir uns wohl vorstellen, was Jesus am Sabbat erlebt haben mag: Einmal hörten sie in einem Haus eine Reihe von Kindern jammern und weinen vor Hunger. Als Jesus die Mutter fragte, ob sie nichts zu essen hätten, sagte sie: »Doch, aber es ist Sabbat, da ist es streng verboten, Essen zuzubereiten. Ich darf ja nicht einmal Feuer anzünden.«
Ein anderes Mal sahen sie eine Frau wie tot am Wege liegen, und als sie sie mit einem Stück Brot und einem Schluck Milch wieder gestärkt hatten, erzählte sie, sie hätte es nicht mehr geschafft, mit ihrem schweren Bündel, das sie zu tragen hatte, vorm Sabbat nach Hause zu kommen. Nun hätte sie die kühle Nacht und den heißen Tag mit leerem Magen und völlig erschöpft an der Straße liegen müssen, denn am Sabbat sei es verboten, Lasten zu schleppen. Die Pharisäer achteten streng darauf, daß keiner die Sabbatgebote übertrete. Alle Menschen sollten still und friedlich sein.
Einmal hörten Jesus und seine Jünger in einem Dorf ein großes Geschrei, wie wenn Menschen sich ganz erregt gegenseitig anbrüllen. Da wollte ein Bauer mit seinem Ochsen zum Pflügen gehen, aber einige Pharisäer versperrten ihm den Weg und schrieen ihn an, es sei Sabbat, er solle gefälligst die Sabbatruhe einhalten. Der Bauer mußte aber pflügen. Er hatte den Ochsen nur für gestern und heute von seinem Nachbarn geliehen, weil sein eigener Ochse vorige Woche plötzlich gestürzt war und ein Bein gebrochen hatte und geschlachtet werden mußte. Die Pharisäer ließen nicht locker. Sie schrieen den Bauern an, Gottes Sabbatgebot wäre wichtiger als sein dummer Ochse. Der Bauer ließ den Kopf hängen und mußte umkehren, den Ochsen zurückbringen und mit Wut im Bauch Sabbatruhe halten. Nun konnte er sein Feld nicht bestellen und später nichts ernten. Im nächsten Winter würde seine Familie hungern müssen und noch weniger Geld zum Leben haben, weil sie von dem Feld kein Korn verkaufen konnten. Nun war es wieder still und friedlich im Dorf. Aber was für ein Friede war das?
Jesus sagte zu seinen Jüngern: »Es ist nicht gut, daß Menschen unter den Sabbatgeboten leiden. Das hat Gott nicht gewollt, als er den Menschen den Sabbat gab. Die Menschen sind doch nicht für den Sabbat da. Umgekehrt meint es Gott: Der Sabbat ist für die Menschen da!«

Erzählung: Ährenausraufen am Sabbat (Markus 2,23–28)

Der Evangelist Markus hat eine Geschichte aufgeschrieben, wie Jesus den Menschen, die unter den strengen Geboten der Sabbatruhe litten, Frieden gebracht hat.
An einem Sabbattag war Jesus mit seinen Jüngern in der Nähe eines Dorfes. Da klagten die Jünger, sie hätten Hunger. Jesus sagte: »Es ist erlaubt, Ähren aus einem Kornfeld zu pflücken, wenn man Hunger hat. Das ist dann kein Diebstahl. Geht in die Felder und nehmt euch einige Ähren, bis ihr satt seid. Das Korn ist reif!«
Die Jünger zögerten: »Herr, heute ist Sabbat, da darf man nur wenige Schritte gehen. Und man darf sich vor allem nichts zu essen besorgen.« Jesus sagte: »Wenn ich es euch erlaube, dürft ihr es auch tun!« – »Sollen wir uns heimlich Ähren holen, so daß es niemand merkt?« fragten die Jünger. »Nein«, sagte Jesus, »die Pharisäer sollen es sehen!« Da gingen sie alle zu den reifen Kornfeldern, rissen einzelne Halme aus, rieben die Ähren zwischen den Händen, suchten die Körner heraus, steckten sie in den Mund, kauten sie und schluckten sie herunter.
Das bemerkten natürlich die Pharisäer. Kaum kehrten Jesus und seine Jünger wieder zurück, da fuhren die Pharisäer sie wütend an. Zornig schrien sie vor allem Jesus an: »Deine Jünger verstoßen gegen das Sabbatgebot. Das ist Sünde vor Gott. Und du siehst dabei ruhig zu?«
Jesus blieb ruhig. Er kannte ja die Pharisäer, die eifrig aufpaßten, daß jeder die Sabbatruhe genau einhielt. Den Pharisäern war es nicht gleichgültig, ob Menschen hungerten, ob sie am Wege zusammenbrachen, ob Häuser einstürzten, ob Kühe im Brunnen ertranken. Aber sie meinten, Gott hat die Sabbatruhe angeordnet, und Gottes Gebot ist wichtiger als alles andere.
Jesus sagte zu den Pharisäern: »Gottes Sabbatgebot ist gut. Aber das Leben der Menschen ist doch wichtiger als das Sabbatgebot. Gott hat die Menschen doch nicht für den Sabbat geschaffen. Sondern Gott hat den Sabbat gemacht für die Menschen.
Die Pharisäer erwiderten: »Die Hauptsache für uns ist, daß Gottes Wille geschehe. Und Gott will, daß es am Sabbat ruhig und friedlich zugeht.«
Jesus antwortete: »Was ihr Frieden nennt, ist nur ein fauler Friede. Die Leute möchten schreien in ihrer Not, aber ihr zwingt sie zu schweigen.«
»Du störst unseren Sabbatfrieden!« sagten die Pharisäer, »du bringst Unruhe unter das Volk und fängst Streit an. Und dabei willst du für den Frieden sein?«
»Gerade weil ich will, daß diese Menschen in Frieden leben können, muß ich mit euch Pharisäern anfangen zu streiten«, antwortete Jesus.
»Ich will euch an eine Geschichte erinnern, die ihr alle kennt. Der König David, den wir alle verehren, war einmal auf der Flucht, hatte tagelang nichts zu essen und zu trinken. Da schlich er sich zu einem Priester. David wußte, daß der Priester heilige Brote, Schaubrote für den Gottesdienst hatte. David kannte auch genau Gottes Gebot, daß niemand, nur der Priester selbst, dieses heilige Brot essen durfte. Aber David war in Not, und er hungerte. Darum bettelte er um die Brote, und der Priester gab sie ihm, und David aß in seiner Verzweiflung von den heiligen Schaubroten.« So erzählte Jesus.
Da schwiegen die Pharisäer.
Jesus sagte noch einmal laut: »Gott hat die Menschen nicht für den Sabbat geschaffen. Er hat den Sabbat für den Menschen gemacht. Das dürft ihr nicht verwechseln. –

»Du hast uns gar nichts zu sagen«, sagten die Pharisäer. »Doch«, erwiderte Jesus, »weil ich genau weiß, was Gott will, sage ich noch einmal: Das Leben der Menschen ist wichtiger als die Sabbatgebote!«
Die Jünger flüsterten Jesus zu: »Herr, die Pharisäer haben viel Macht im ganzen Land. Nimm dich in acht vor ihnen!« Aber Jesus sagte laut: »Selig sind die, die Frieden schaffen, denn sie werden Gottes Kinder heißen!«
Die Jünger glaubten, was Jesus sagte. Sie fanden es gut, daß Jesus Streit mit den Pharisäern angefangen hatte, damit alle Menschen in Frieden leben konnten. An Jesus konnten die Jünger sehen: Gott will keinen Krieg, aber er will auch keinen faulen Frieden ohne Gerechtigkeit und ohne Liebe. Sie bewunderten den Mut, mit dem Jesus sich für die Menschen, die in Not waren, einsetzte. Sie ahnten, daß die Pharisäer nicht überzeugt von Jesus waren, sondern an Rache dachten. Aber sie wußten damals noch nicht, daß Jesus wenig später für seinen Mut gefangengenommen, gefoltert und getötet wurde.
Jesus starb auch für die Menschen, die er von der drückenden Last der strengen Sabbatgebote befreit hatte. Alle Menschen durften nun auf einen Frieden ohne Not und ohne Hunger hoffen.
Und die Jünger haben sich später oft die Geschichten erzählt, wie Jesus nach seinem Tod auferstanden ist und den Jüngern erschienen ist und wie er jedesmal zu ihnen gesagt hat: Friede sei mit euch! Und das sagen sich die Christen bis heute in ihren Gottesdiensten: Friede sei mit euch!

Schalom

2. Schalom für Wolf und Lamm,
schalom macht wilde Tiere zahm,
ein Kind, das Leu und Esel lenkt,
ein Mensch, der nie an Krieg mehr denkt,
Gott will die neue Welt,
lädt ein in sein Zelt.

3. Schalom für Mensch und Tier,
schalom; dann ist die Erde hier
ein Paradies, wo jedermann
den Frieden endlich finden kann.
Gott will die neue Welt,
lädt ein in sein Zelt.

Text und Melodie: Aus dem Holländischen Übertragung: Diethard Zils
Aus: »Sieben Leben möcht ich haben«, Christophorus-Verlag, Freiburg, und Verlag Ernst Kaufmann, Lahr

Herr, gib mir Mut zum Brücken bauen

2. Ic· möchte gerne Brücken bauen, wo alle tiefe Gräben sehn. Ich möchte über Zäune schauen und über hohe Mauern gehn.

3. Ich möchte gerne Hände reichen, wo jemand harte Fäuste ballt. Ich suche unablässig Zeichen des Friedens zwischen jung und alt.

4. Ich möchte nicht zum Mond gelangen, jedoch zu meines Feindes Tür. Ich möchte keinen Streit anfangen. Ob Friede wird, das liegt bei mir.

5. wie Strophe 1.

Text: Kurt Rommel
Melodie: Paul Bischoff
Aus: »Herr, wir bitten«, BE 222
Gustav Bosse-Verlag, Regensburg

Herr, gib uns Deinen Frieden

Kanon zu 4 Stimmen

Text: Wolfgang Poeplau, Südstr. 30, 44 Münster
Musik: Ludger Edelkötter
Aus: LP bzw. MC IMP 1020 – Herr, gib uns Deinen Frieden –
Alle Rechte beim
impulse-musikverlag
Natorp 2
4406 Drensteinfurt 1

Spiele zum Frieden

Mensch-ärgere-dich-nicht ändern

Die Schüler überlegen, wie sie die Spielregeln von Mensch-ärgere-dich-nicht, Malefiz oder ähnlichen Würfelspielen mit Konkurrenz-Prinzip so verändern können, daß Aggressionen und Kränkungen von Besiegten vermieden oder gemildert werden.
Mögliche Beispiele:
Trifft man auf ein Feld, das schon besetzt ist, so rücken beide gemeinsam 6 vor.
Wer rausfliegt, erhält zum Trost ein Stück Schokolade.
Das Herauswerfen entfällt. Es dürfen mehrere Figuren auf einem Feld stehen.
Wenn einer ins sichere Ziel gelangt, erhalten die anderen ein Stück Schokolade.
Wenn einer ins sichere Ziel gelangt, dürfen alle anderen mit ihren Figuren 3 Felder vorrücken.
Wenn einer ins sichere Ziel gelangt, darf jeder andere eine Figur, die noch im Ausgangsmal steht, auf die Reise schicken.
Mit mitgebrachten Spielen die neuen Spielregeln erproben.

Konflikte durch Lachen entschärfen

Die Schüler malen jeder auf ein Blatt Papier eine Konfliktszene, die sie aus dem Fernsehen kennen, kurz vor dem Höhepunkt der Spannung, z. B. einer will den andern verprügeln, einer zielt mit dem Revolver auf den andern, zwei Autos rasen aufeinander zu. Jedes Bild wird nur mit wenigen Strichen gemalt, so daß es in einigen Minuten fertig ist. Die fertigen Bilder werden auf einen Stapel gelegt.
Wer fertig ist, nimmt irgendein Bild aus dem Stapel und verändert, verfremdet es durch lustige Sprechblasen, Unterschriften oder andersfarbige gemalte Veränderungen, z. B. dem Mann mit der geballten Faust werden die Worte in den Mund gelegt: »Endlich habe ich die Fliege gefangen«, oder zu dem Mann mit dem gezückten Revolver sagt der andere: »Wo gibt es die tolle Wasserpistole zu kaufen?« Oder zu den beiden Autos werden noch fünf andere gemalt und das Bild erhält die Unterschrift: »Sternfahrt.« Die Schüler zeigen ihre Veränderungen und erzählen dazu.

Gefrorener Bohnenbeutel

Dies ist ein aktives Spiel, bei dem es auf Helfen ankommt. Anfangs bewegen sich alle Kinder in ihrem eigenen Tempo durch den Raum, und jedes Kind balanciert einen Bohnenbeutel auf dem Kopf, ohne ihn festzuhalten. Der Spielleiter oder Lehrer kann die Handlung oder das Tempo verändern, indem er die Kinder bittet, auszuprobieren, ob sie springen, hüpfen, rückwärts gehen, langsam gehen, schneller gehen können usw. Wenn einem Kind der Bohnenbeutel vom Kopf fällt, ist es gefroren. Ein anderes Kind muß dann den Bohnenbeutel aufheben und zurück auf den Kopf des gefrorenen Spielers legen, um ihn zu befreien. Dabei darf es den eigenen Bohnenbeutel nicht verlieren. Das Ziel des Spieles ist, seinen Freunden zu helfen, indem man dafür sorgt, daß sie ungefroren bleiben.

»Gefrorener Bohnenbeutel« aus: Terry Orlick, Kooperative Spiele – Herausforderung ohne Konkurrenz, Beltz Verlag Weinheim, [2]1984, S. 36

Arche Noah

Habt ihr je darüber nachgedacht, wie sich Noah und seine Tiere die Zeit vertrieben haben?
Ihr braucht zwei Kartenspiele mit Namen und Bildern verschiedener Tiere. Ihr könnt Tierarten nehmen, die vom Aussterben bedroht sind (sie könnten sicher ein wenig Aufmerksamkeit brauchen), Fabelwesen oder zoologische Raritäten. Laßt eurer Fantasie freien Lauf. Wichtig ist, daß von jeder Karte zwei Exemplare vorhanden sind. Alle Karten werden gemischt und verteilt.
Gebt allen Spielern ein paar Minuten Zeit, sich in ihre Tiere einzufühlen – ihre Bewegungen, ihre Sprache, ihr Wesen. Auf ein Zeichen verwandelt sich jeder in sein Tier. Wenn du jemandem begegnest, der das gleiche tierische Benehmen an den Tag legt, dann hast du vielleicht deine bessere Hälfte gefunden. Aber die ist nicht immer leicht zu erkennen. Zwei Katzen können gemeinsam miauen, aber was machen zwei Kamele?
Wenn zwei Spieler glauben, sie seien füreinander geschaffen, gehen sie zum Schiedsrichter Noah und geben zum Ausdruck, daß sie sich erkannt haben und es miteinander probieren wollen.
Gibt er eurer Verbindung des Segen, so dürft ihr zusammen ins Schiff.
Dieses Spiel klappt am besten, wenn ihr euch Geschöpfe aussucht, die man leicht erkennen kann: Drachen, Hühner, Gorillas, Ameisenbären, Schildkröten, Walfische, Fledermäuse, Aasgeier, Vogelscheuchen, Papageien, Stachelschweine ... Was immer euch einfällt – in Noahs Arche ist alles vorhanden.

Aus: Andrew Fluegelman, New Games – die neuen Spiele, ahorn verlag 1980 [Soyen] Pittenhart

Literatur

Albertz, Rainer, Schalom und Versöhnung – Alttestamentliche Kriegs- und Friedenstraditionen, in: Theologica Practica 1–2/1983

Bartsch, Hans-Werner, Das Evangelium und die Friede, in: Neue Stimme 7/1983

Bastian, Johannes, Wehrkunde oder Friedenserziehung? in: Westermanns Pädagogische Beiträge 8/1983

Bäumler, Christof, Friedenserziehung als Problem von Theologie und Religionspädagogik, Kaiser-Verlag München 1981

Besier, Gerhard, Krieg–Frieden–Abrüstung, ein kirchenhistorischer Beitrag zur Friedensforschung und Friedenserziehung, Vandenhoeck u. Ruprecht Göttingen 1982

Bopp, Jörg, Der Krieg hat viele Gesichter. Plädoyer für eine kritische Friedenserziehung, in: Publik-Forum 6/1982

Brenn, Hubert, Lernbuch Frieden, in: Pädagogische Impulse 4/1981
Deile, Volkmar, Zumutungen des Friedens, rororo aktuell, Rowohlt Taschenbuch Verlag Hamburg 1982
Deindorfer, Walter, Frieden, Themaheft, in: Das Baugerüst 2/1981
Dienst, Karl, Unfriedlicher Friede? in: Der ev. Erzieher 4/1983
Dirks, Walter, Das kleine Kind und der große Friede, in: Welt des Kindes 1/1983
Doedens, Folkert, Und sie werden den Krieg nicht mehr lernen, in: TU 4/1983
Dormeyer, Detlev, Selig die Frieden stiften, in: Welt des Kindes 1/1983
Duncker, Ludwig, Friedenserziehung als Belehrung? in: Die Deutsche Schule 2/1983
Esser, Johannes, Lernziel Friedensfähigkeit, in: Der ev. Erzieher 3/1981
Falk, Anita, Die Begriffe »Krieg« und »Frieden« in der Vorstellung von Kindern und Jugendlichen, in: Psychologie in Erziehung und Unterricht 6/1982
Friede ist der Weg zum Frieden, Themaheft in: Themen der praktischen Theologie – Theologica Practica 1/1983
Frieden, Themaheft, in: Erziehen heute 4/1983
Frieden, Themaheft, in: Ev. Kommentare 6/1981
Friedenserziehung, Themaheft, in: Westermanns Pädagog. Beiträge 3/1982
Fundgrube Frieden, Themaheft, in: Braunschweiger Beiträge für Theorie und Praxis von RU und KU, 18/1981
Gamm, Hans-Jochen, Acht Thesen für Friedenserziehung, in: Betrifft Erziehung (be) 12/1983
Gloy, Horst, Religionspädagogische Anmerkungen zum Streit der Kultusminister über die Friedenserziehung, in: ru 4/1983
Gollwitzer, Helmut, Frieden 2000, Kaiser Traktate, München 1982
Haug, Egbert, Konkurrenzarme Spiele, in: Theorie und Praxis der Sozialpädagogik 5/1980
Haug, Egbert, Kriegsspielzeug verbieten – den Frieden erzwingen? in: Theorie und Praxis der Sonderpädagogik 5/1980
Hecker, Ulrich, Friedenserziehung im Unterricht, Neue Schule Verlag Essen 1982
von Hentig, Hartmut, Erziehung zum Frieden – 10 Thesen, in: Radius 4/1983 und in: Theorie und Praxis der Sozialpädagogik 5/1980
Hirtenworte zu Krieg und Frieden, Katholische Denkschriften, Kiepenheuer & Witsch, Köln 1983
Huschke-Rhein, Rolf B., Das Problem einer wissenschaftstheoretischen Begründung der Friedenspädagogik, in: Pädagogische Rundschau 5/1981
Huschke-Rhein, Rolf B., Noch einmal: Friedenserziehung – Friede und Krieg in der vorschulischen Erziehung. Ergebnisse einer Umfrage, in: Welt des Kindes, 2/1983
Jetter, Werner, Den Frieden lernen, in: Ev. Kommentare 3/1981
Keßler, Alfred, Erziehung zum Frieden, in: ru intern 4/1981
Kirchenkanzlei der EKD, Frieden wahren, fördern und erneuern, Denkschrift der EKD, Gütersloher Verlagshaus Gütersloh 1981
Kremer, Jakob, Der Friede – eine Gabe Gottes. Bibeltheologische Erwägungen, in: Stimmen der Zeit 3/1982
Koch, Gerda, Didaktische Überlegungen zur Friedenserziehung im RU, in: ru 4/1980
Liedtke, Gerhard, Schalom. Das christliche Verständnis vom Frieden, in: ru 4/1980
Nicklas, Hans, Erziehung zur Friedensfähigkeit in einer friedlosen Welt? in: Zeitschrift für Pädagogik, Beiheft 18/1983
von Nordheim, Eckard, Das Reden vom Frieden im Alten Testament, Deutsches Pfarrerblatt 8/1982
Oertele, Frithjof, Frieden in der Erziehung, in: Welt des Kindes 1/1983
Orth, Gottfried, Überlegungen zur Friedenspädagogik 1–2/1981
Osade, Arata, Kinder von Hiroshima, Japanische Kinder berichten über den 6. August 1945, Röderberg Verlag Frankfurt 1967
Pausewang, Gudrun, Frieden kommt nicht von allein, Geschichten um Frieden und Freundschaft, Otto Maier Verlag Ravensburg 1982
Ranke-Heinemann, Uta, Der Gott des Friedens, die Christen und der Krieg, in: Themen der praktischen Theologie – Theologica Practica 1/1983

Rendtorff, Trutz, Die zehn Gebote für den Frieden, in: Tutzinger Blätter 3/1982
Rendtorff, Trutz: Müssen Christen Pazifisten sein? in: Zeitschrift für Ev. Ethik 2/1983
Ruppert, Godehard, Kirchengeschichte und Frieden, in: Der ev. Erzieher 5/1982
Schellong, Dieter, Es gibt nichts Wichtigeres als den Frieden, in: Der Ev. Erzieher 5/1982
Schenker, Adrian, Wege gewaltfreier Konfliktlösung im Alten Testament, in: Bibel und Kirche 2/1982
Schottroff, Luise, Der Sieg des Lebens. Biblische Traditionen einer Friedenspraxis, Kaiser Verlag München 1982
Sievers, Eberhard, Jesus entdecken Band 1 (Kapitel: Streit und Frieden), Patmos Verlag Düsseldorf 1983
Venske, Henning, Laß mich bloß in Frieden – ein Lesebuch, Buntbuch Verlag Hamburg 1981
Zacher, Marie-Rose, Kinder und Krieg, in: Informationen Evangelischer RU in Berlin 1/1980
Zillessen, Dietrich, Frieden schaffen ohne Waffen, in: Der ev. Erzieher 3/1981
Zink, Jörg, Materialien zur Friedenserziehung, Wie übt man Frieden? in: Schweizer Schule 2/1983

Gesunde und Behinderte

Erzählung: Jesus heilt einen Behinderten (Johannes 5,1–9)

Einer der großen Erzähler der Bibel, der seinen Glauben an den auferstandenen Herrn Jesus Christus in Geschichten aufgeschrieben hat, war der Evangelist Johannes. Immer und immer wieder lobte Johannes in seinem Evangelium Gott, der uns seinen Sohn geschickt hat, Jesus, und der uns durch Jesus aus aller Not und Schuld befreien will. Eine der Geschichten des Johannes-Evangeliums handelt am Teich Betesda. Sie geht so:

Für den Behinderten, der inmitten vieler Kranker, Blinder, Lahmer und Todkranker in einer Säulenhalle am Teich Betesda lag, war dieser Tag zunächst ein Tag wie jeder andere. Als die Sonne aufging, richtete er sich auf seiner Schlafmatte auf, soweit er sich aufrichten konnte. Um ihn herum lagen sie dicht an dicht, viele schliefen noch, einer schrie vor Schmerz auf im Traum, einige rieben sich noch schlaftrunken die Augen. Kalt war es, ungemütlich zog der Morgenwind durch die Säulenhalle. Von vielen Füßen war die Erde zertreten, schmutzig. Es stank von den vielen armen, kranken, notleidenden Menschen, die da dicht an dicht ihr Schlaflager hatten, nur eben mit einer halbzerlumpten Decke zugedeckt.

Der Behinderte dachte, dies wird ein Tag wie jeder andere, hoffnungslos, langweilig, mitten im Elend und Schmutz, ein Schimmer von Glück nur in dem Augenblick, wenn seine Schwester oder sein Bruder kam, ihm etwas Brei zu essen zu bringen. Aber an manchen Tagen blieben sie auch weg. Sie hatten ja selber nicht genug, um satt zu werden.

Der Behinderte kannte die Tage seines Lebens nicht anders als so. Den Tag gestern verlebte er in dieser Umgebung, vorgestern, die letzte Woche, die letzten Monate, die letzten Jahre, alle Jahre, sein ganzes Leben lang. Sein ganzes Leben lang lag er hier schon, verkrüppelt, krank, behindert, abhängig von der Hilfe seiner Geschwister, hoffnungslos.

Aber dieser Tag sollte ganz anders werden, als er jemals geahnt hatte. Gegen Mittag nämlich kam einer der Gesunden, die gelegentlich durch die Hallen mit dem Elend gingen, geradewegs auf ihn zu: Jesus. Jesus bahnte sich einen Weg durch die vielen, vielen auf der Erde liegenden oder hockenden Kranken. Er stieg über Schlafmatten, über Bretter und kleine Wagen, ließ einen Mann mit Krücken vorbei, gab einem, der bettelte, eine Münze und stand auf einmal vor dem Behinderten, der hier sein ganzes Leben zubrachte.

Jesus blieb stehen und fragte den Behinderten, wie lange er hier schon liege. »Seit 38 Jahren«, antwortete der Behinderte. Jesus fragte: »Willst du gesund werden?« – »Ich habe keine Hoffnung mehr«, erwiderte der Behinderte, »denn ich habe niemanden, der mich an den Teich trägt, wenn das Wasser steigt. Bis ich hingekrochen bin, ist längst ein anderer vor mir hineingestiegen!«

Da sagte Jesus zu dem Behinderten: »Steh auf, nimm deine Schlafmatte und geh!« Und sogleich wurde der Mann gesund. Er konnte aufstehen, seine Schlafmatte nehmen und nach Hause gehen.

Das ist die Geschichte, die in der Bibel steht und die der Evangelist Johannes geschrieben hat. In dieser Geschichte wollte Johannes den Menschen sagen: Dieser Behinderte, der gesund geworden ist, ist ein Beispiel, aus dem ihr erkennen könnt, wie Gott alle Menschen liebt, auch die Hoffnungslosen, und wie Jesus die Menschen aus aller Not erlöst, trotz Krankheit und Elend.

Bibeltext: Heilung eines Kranken am Teich Betesda (Johannes 5,1–9)

1 Danach war ein Fest der Juden, und Jesus ging hinauf nach Jerusalem.
2 Es ist aber in Jerusalem beim Schaftor ein Teich, der heißt auf hebräisch Betesda. Dort sind fünf Hallen,
3 in denen lagen viele Kranke, Blinde, Lahme, Ausgezehrte. (Sie warteten darauf, daß sich das Wasser bewegte.
4 Denn der Engel des Herrn fuhr von Zeit zu Zeit herab in den Teich und bewegte das Wasser. Wer nun zuerst hineinstieg, nachdem sich das Wasser bewegt hatte, der wurde gesund, an welcher Krankheit er auch litt.)
5 Es war aber dort ein Mensch, der lag achtunddreißig Jahre krank.
6 Als Jesus den liegen sah und vernahm, daß er schon so lange gelegen hatte, spricht er zu ihm: Willst du gesund werden?
7 Der Kranke antwortete ihm: Herr, ich habe keinen Menschen, der mich in den Teich bringt, wenn das Wasser sich bewegt. Wenn ich aber hinkomme, so steigt ein anderer vor mir hinein.
8 Jesus spricht zu ihm: Steh auf, nimm dein Bett und geh hin!
9 Und sogleich wurde der Mann gesund und nahm sein Bett und ging hin.

Komentar zur Heilung des Kranken am Teich Betesda

nach: H. Strathmann, Das Neue Testament Deutsch, Vandenhoeck & Ruprecht, Göttingen 1962

Vers 1 ist die Situationsangabe des Evangelisten. Ein Fest motiviert die Reise Jesu nach Jerusalem. Was für ein Fest gemeint ist (Passa, Wochen- oder Laubhüttenfest), wird nicht gesagt. Diese redaktionelle Angabe war notwendig, weil die folgende Geschichte in Jerusalem spielte und Jesus vorher noch in Kapernaum-Galiläa weilte.
Vers 2 bietet zwar eine genaue Ortsangabe, an der aber, wie die Überlieferung des griechischen Textes zeigt, viel korrigiert wurde. Ausgrabungen lassen erkennen, daß der Doppelteich durch eine Zwischenwand von 6,5 m Dicke getrennt war. Außerdem liefen vier Hallen rings herum, während die fünfte auf der Mauer in der Mitte des Tei-

ches lief. Beide Teiche liegen im Talweg des Bethzatha-Tales, einem ehemaligen Seitental des Kidrontales.
Nach Nehemia 3,1 wird bei dem zugrunde liegenden griechischen Wort nicht der Teich als Schafsteich bezeichnet, sondern der Teich ist beim Schaftor gelegen, wobei im Griechischen das Wort »Tor« zu ergänzen ist. Der Hinweis »auf hebräisch Bethzatha« ist ungenau und meint natürlich die aramäische Sprache. Daß sich die erbauliche Variante Betesda, Haus des Erbarmens, durchgesetzt hat, ist nicht verwunderlich. Wahrscheinlich ist aber Bethzatha zu lesen als Bezeichnung jener Gegend.
In diesen fünf Säulenhallen sind viele Kranke, Blinde, Lahme und an Auszehrung Leidende untergebracht. Der Vers 4 fehlt in wichtigen Handschriften. Es handelt sich wohl um eine verdeutlichende Situationsangabe, die auf Grund von Vers 7 eingefügt worden ist. Ein Engel bewegt von Zeit zu Zeit das Wasser des Teiches, und der erste Mensch, der danach hinabsteigt, wird geheilt.
In einer der Hallen liegt ein seit 38 Jahren hoffnungslos Kranker. Jesus sieht diesen Kranken liegen und weiß um sein langes Leiden. Er fragt ihn in für uns fast unverständlicher Weise, ob er gesund werden will. Das will der Kranke schon, aber er kommt als hoffnungslos Behinderter immer nur als letzter zum Teich. Darauf folgt der abrupte Befehl Jesu: »Steh auf, heb dein Bett auf und geh umher!« Dies ist ein typischer Stil der Wundergeschichten. Aber im Unterschied zu den vormarkinischen Wundererzählungen heißt es nicht: »und geh heim«. Sondern im Befehl, mit dem Bett herumzugehen, liegt in Verbindung mit der sogleich von Johannes angefügten Sabbatbemerkung die eigentlich gotteslästerliche Provokation des Wundermannes. Sofort steht der ehemals Lahme auf, nimmt sein Bett, auf dem er bisher gelegen hat, und geht umher, obwohl am Sabbat das Tragen jeglicher Lasten verboten war.

Theologische Überlegungen zu Gesunden und Behinderten

Alle theologischen Überlegungen zu Gesunden und Behinderten sind im Gebot der Nächstenliebe konzentriert: »Du sollst den Herrn, deinen Gott, lieben aus deinem ganzen Denken, und deinen Nächsten wie dich selbst« (Lukas 10,27).
In dem Thema »Gesunde und Behinderte« wird dieses Gebot nicht auf akute Notfälle, wie im Gleichnis vom barmherzigen Samariter, und nicht auf vorübergehend Kranke oder Verletzte bezogen, sondern auf Menschen die langfristig, in den meisten Fällen ihr Leben lang in ihrer Gesundheit schwer beeinträchtigt und kaum heilbar sind. Früher nannte man sie Krüppel, Idioten, Sieche, Lahme, Blinde, Taubstumme, usw. Heute benutzt man meistens den Begriff »Behindert«. Behinderte werden auch im Alten Testament, dem nichts Menschliches fremd ist, erwähnt, z. B. in der Geschichte von dem aussätzigen Hauptmann Naemann, 2. Könige 5. Viele auf Grund unterschiedlicher Krankheiten behinderte Menschen werden im Neuen Testament erwähnt, um an ihnen beispielhaft den Anbruch des Gottesreiches durch Jesus Christus zu zeigen. Daß es so viele und so verschiedene Arten von Behinderungen in Israel gab, hat seinen einfachen Grund in einer aus unserer Sicht dürftigen medizinischen Versorgung: eine Infektion oder ein Unfall konnten zu lebenslangem Siechtum führen.

Obwohl in solchen Fällen die Ursache der Krankheit in einer Strafe Gottes für menschliche Schuld gesehen wurde, waren die Angehörigen auf Grund des Nächstenliebe-Gebotes zur Hilfeleistung und Versorgung der Behinderten verpflichtet. Das galt auch für Aussätzige und andere von ansteckenden Krankheiten befallene Menschen. Die Priester im Tempel hatten zu entscheiden, ob ein Behinderter in menschlicher Gemeinschaft bleiben durfte oder »ausgesetzt« werden mußte. Wie schwer die Behinderten an der Schuldfrage zu leiden hatten, so daß ihre Sündenhaftigkeit sie möglicherweise noch mehr belastete als ihre Behinderung, zeigt die Geschichte von dem Gelähmten, der durchs Dach gelassen wurde, Markus 2,1–12.
Wir sind heute zwar weit davon entfernt, persönliche Schuld oder Sünde für einen Krankheits- oder Behinderungsfall verantwortlich zu machen, aber die Sinnfrage als Problem des Zusammenhangs zwischen der Behinderung und dem Leben überhaupt wird heute ebenso dringend gestellt wie eh und je. Wir formulieren die Frage nur anders, z. B.: hat ein Leben im Rollstuhl überhaupt noch Sinn? Oder: ist es nicht besser, tot zu sein, als ein Leben lang blind? Oder: wie konnte Gott das zulassen?
Theologisches Fragen nach Behinderungen darf sich nicht im Fragen nach der notwendigen Hilfeleistung erschöpfen. Das Wesen der Diakonie als christlich bestimmten Bereich des Zusammenlebens von Menschen schließt die Frage nach dem Sinn des Lebens und nach Gott ein. Nach christlichem Verständnis muß der Sinn des Lebens nicht vom Menschen geleistet und durch entsprechende Lebensführung erbracht werden, sondern Gott spricht jedem Menschen, unabhängig von menschlichen Unterscheidungsfaktoren, seinen eigenen Sinn und Wert zu.
Damit ist eine Gotteskindschaft und Gleichwertigkeit des Menschen vor und unter Gott konstatiert, die heutzutage viel sensibler interpretiert und viel konkreter beansprucht und berücksichtigt wird als das in früheren Zeiten der Kirchengeschichte der Fall gewesen ist.
Die Einsicht in die Gleichwertigkeit eines jeden Menschen vor Gott führt zu der Konsequenz, einerseits die Kraft des Gesunden dem Schwachen zugute kommen zu lassen, andererseits ein Gefälle zwischen gesunden Menschen und behinderten Menschen nach Möglichkeit zu vermeiden: Hilfe, die nötig ist, darf nicht zu Abhängigkeit führen, die vermieden werden kann. Selbständige Lebensführung der Behinderten wird nach Kräften gefördert. Behinderung, die man als Gegebenheit annehmen muß, gilt ausschließlich nur für die betroffenen Lebensbereiche, z. B. die Fähigkeit, sich selbständig fortzubewegen, und darf keinesfalls unnötig auf andere Lebensbereiche, z. B. auf die Fähigkeit zu selbständiger Haushaltsführung, ausgedehnt werden oder gar zur Kennzeichnung des Menschen als Ganzen dienen. Von daher ist schon der Ausdruck »Behinderter« fragwürdig. Einschränkungen in einem bestimmten Lebensbereich, z. B. die Fähigkeit zu sehen, können durch besondere Leistungen eines anderen Bereiches, z. B. hervorragende Intelligenz mehr als kompensiert werden.
Die Einsicht in die Gleichwertigkeit vor Gott sollte jede Überheblichkeit gesunder Menschen über Behinderte, jedes Vorurteil im Sinne der Abgrenzung oder Aussonderung, aber auch jede Gleichgültigkeit gegenüber behinderten Menschen verhindern helfen. Im Gegenteil sollte sie auch die Gesunden daran erinnern, in wievielen Lebensbereichen sie selbst behindert sind.

Die Grundschüler und die Behinderten

Viele pädagogische Erfahrungen belegen, daß fast alle Kinder im Grundschulalter bereits Begegnungen mit behinderten Menschen hatten. Am meisten fallen in der Öffentlichkeit Rollstuhlfahrer auf, gelegentlich auch Geistigbehinderte und Blinde. Der Unterricht zu diesem Thema ist also für viele Grundschüler ein Anknüpfen an Erfahrenes. Mit der – wenn auch flüchtigen – Begegnungen haben sich möglicherweise auch schon bestimmte Haltungen oder Einstellungen zu behinderten Menschen eingeprägt. Vielleicht empfinden manche Schüler Mitleid, ekeln sich andere Schüler beim Anblick eines Blinden, vertrauen andere der Fürsorgepflicht sozialer Institutionen, z. B. wenn sie an einem an beiden Beinen amputierten Bettler von der Hand der Mutter schnell vorüber gezerrt werden.
Kognitiv zu leistende Reflexionen vermögen diese emotional eingeprägten Einstellungen schwer zu korrigieren. Darum sollte nicht der Abbau solcher Vorprägungen das Ziel des Unterrichts sein, sondern die Vermittlung neuer, ggf. anderer Erfahrungen und die Verankerung neuer, ggf. anderer Einstellungen und Werthaltungen. Wirksamer als die erarbeitete Einsicht »Vorurteile sind unmenschlich« ist z. B. eine so handlungsreiche, heitere Begegnung mit einem Behindertem, daß Verständnis und Sympathie geweckt werden.
Selbstverständlich wird eine religionspädagogische Unterrichtseinheit »Gesunde und Behinderte« auf die Einsicht in christlich motivierte, diakonische Verantwortung zielen. Dieses Lernziel steht aber in der Gefahr, als neue Bürde abgelehnt oder lediglich als abstrakte Behauptung bejaht zu werden. Wenn jeder Mensch als Kind Gottes von Gott seinen Wert zugesprochen erhält, differenzieren sich entsprechend auch die Lernziele im Bezug auf das Verhältnis von Gesunden und Behinderten zueinander: Sympathie zu wecken, ist ein Ziel, das nicht nur einseitiges Engagement fordert, sondern Beglückung aller Beteiligten ermöglicht. Der genauere Einblick in das Leben Behinderter öffnet die Augen für das Viele, was trotz der Einschränkungen noch möglich ist. Es wird zwischen Hilfe, die notwendig ist, und Hilfe, die die Selbständigkeit des Behinderten unnötig einschränkt, unterschieden. Verständnis für das, was der Behinderte nicht kann, und Achtung vor dem, was er kann, führen zu einem selbstverständlicherem Miteinanderleben. Dazu hilft auch die Einsicht in die Schwächen und Grenzen der Gesunden.
Gewiß sind solche Ziele religionspädagogisch nicht alle direkt aus dem Gedanken der gleichwertigen Gotteskindschaft abzuleiten. Eine möglichst konkrete, nicht nur kurzfristig-distanzierte Begegnung zwischen gesunden und behinderten Kindern sollte zu der christlich-diakonischen Motivation hinzukommen, diese verwirklichen helfen und zugleich hinterfragen. Für die spezifisch christliche Begründung und Konkretisierung von Nächstenliebe eignen sich gut die neutestamentlichen Wundergeschichten, in denen Behinderte geheilt werden. Aber ihre anschaulichen und handlungsreichen Aussagen, für die Grundschüler sehr aufgeschlossen sind, werden verspielt, wenn nur die Moral »So wie Jesus, so hilf auch du« dabei herauskommt oder wenn gar hinter der nebensächlichen Frage, ob das alles wirklich so passiert sei, die befreiende Tat für den Behinderten im Hintergrund verschwindet. Werden die Wundergeschichten so erzählt, daß sich der Zuhörer mit dem Behinderten selbst identifizieren kann, so kann den Grundschülern auch die Erfahrung der frohen Botschaft,

das Evangelium als Sinn-Erfahrung in aller scheinbaren Sinn-losigkeit, als Hoffnung trotz aller Starre oder Verzweiflung und als Einsicht in die gottgewollte Wertigkeit eines jeden Menschen trotz schwerer Benachteiligung erschlossen werden.
Grundschulpädagogisch sind Anschauungen und möglichst originale Begegnungen anzustreben. Bilder und Filme gewähren konkrete Einblicke in Lebensmöglichkeiten Behinderter, ein Rollstuhl in der Klasse hilft Distanz zu überwinden, Selbsterfahrungen mit eingeschränkten körperlichen Möglichkeiten machen sensibel für die Schwierigkeiten im Leben Behinderter, gemeinsame kleine Aktionen, wie etwa ein Spielnachmittag zusammen mit behinderten Kindern, bewirken mehr als viele Medien. Die Grenzen der Belastbarkeit von Grundschülern wird die Lehrerin dabei durchaus im Auge haben. Je tiefer der Eindruck ist, der sich durch pädagogische Planung einstellt, desto wichtiger ist das gemeinsame, klärende und erlösende Gespräch in der Klassengruppe.

Lernziele

Die Unterrichtseinheit will zunächst informieren über die vielen weithin unbekannten Lebensmöglichkeiten von Behinderten. Der Blick der Schüler für das, was Behinderte alles können und was sie als Mitmensch auszeichnet, wird geschärft. Dahinter tritt die Betonung der Begrenztheit, in der Behinderte leben müssen, zurück.
Denn die Einheit zielt auf die Anerkennung gleicher Wertigkeit und Einübung partnerschaftlichen Umgangs mit Behinderten, wozu uns Gott und Jesus Christus befähigt und ermutigt.
Die Einsicht in diakonische Verantwortung und notwendige Hilfeleistung wird also begrenzt und ergänzt durch die einfühlsame Achtung weitmöglicher Selbstbestimmung und eigener Leistung der Behinderten.
Die Grundschüler sollen auch erfahren, daß Vorurteile der Menschlichkeit der Behinderten widersprechen und daß man um Gottes willen versuchen sollte, gegen Vorurteile und Ablehnung Behinderter anzugehen.

Die Unterrichtseinheit »Gesunde und Behinderte« muß langfristig vorbereitet werden, weil sie von außergewöhnlichen Medien lebt.

1. Lassen Sie sich Plakate oder Handzettel für I/1 schicken:
   Diakonisches Werk in Deutschland
   Stafflenbergstr. 76, 7000 Stuttgart
   Deutscher Paritätischer Wohlfahrtsverband DPWV
   Hoffeldstr. 215, 7000 Stuttgart 70
   oder sammeln Sie langfristig Fotos von Behinderten.
2. Leihen sie sich einen Rollstuhl aus
   (Privatbesitz, Sozialstationen, Gemeindeschwester, Heime, Krankenhäuser, Sanitärgeschäfte). Klären Sie mit der Schulleitung die Benutzung des Rollstuhles innerhalb und außerhalb der Schule.
3. Besorgen Sie sich die beiden Filme
   Behindert FWU Nr. 32 2613
   André FWU Nr. 32 2561
   über ihre Bildstelle

Unterrichtseinheit

I. Schritt (1 Unterrichtsstunde)

Behindert leben

1. Bildbetrachtung und Gespräch
   Plakate oder Fotos mit der Darstellung von Behinderten werden betrachtet und besprochen. Die Schüler haben Gelegenheit, ihre Einstellungen und Kenntnisse zu äußern. Der Lehrer beschränkt sich auf notwendige Richtigstellungen und wenige Informationen. Die Bildbetrachtung soll nicht schon schnelle Antwort auf die Probleme vermitteln, sondern zur weiteren Beschäftigung mit dem Thema motivieren.

> Für den Lehrer kann dieses erste Gespräch aufschlußreich sein, welche Einstellung zu Behinderten bei seinen Schülern vorhanden ist.
> Wenig selber reden!
> Mehr zuhören, welche Wertungen sich (oft wie nebenbei) ausdrücken, mehr beobachten, welche Gefühle die Mimik und Gestik wiedergibt.

2. Eigene Erfahrungen sammeln
   Die Schüler erproben, wie sie für kurze Zeit durch bestimmte körperliche Einschränkungen behindert werden, z. B.
   - mit verbundenen Augen durch die Klasse hindurch zur Tür finden
   - mit fest verschlossenen Ohren herausfinden, wovon die anderen sich unterhalten
   - mit dem Pinsel oder Filzstift im Mund (Hände auf dem Rücken) ein Bild malen oder schreiben
   - ohne Bewegung der Füße mit zusammengebundenen Beinen durch die Klasse rutschen und auf einen Stuhl gelangen.

   Weitere ähnliche Erfahrungen mit eingeschränkten körperlichen Möglichkeiten ausdenken.
   Lachen und sportlicher Ehrgeiz sind erlaubt, nicht aber die Lächerlichkeit als Hochmut der Gesunden.

> Bericht einer Lehrerin: Ich habe mich bei den Vorerfahrungen von Behinderung auf die Einschränkungen der Bewegungsfreiheit konzentriert und hatte Tücher, Stricke, Bindfäden, Lederriemen usw. mitgebracht, womit Beine, Füße, Arme oder Hände gegenseitig »verbunden« wurden. Bald glich die Klasse einem Heerlager zerlumpter Behinderter. Die Schüler versuchten mit großem Ernst mit den Füßen zu schreiben, mit einer Hand zu essen oder die Schuhe zuzubinden. Dieses waren wertvolle Vorerfahrungen für eine Ahnung, was ein Leben im Rollstuhl bedeuten könnte.

3. Gespräch
   Eigene Erfahrung mit der Behinderung
   Was die Zuschauer denken
   Übertragung auf Behinderte
   Arten von Behinderungen

II. Schritt (2 Unterrichtsstunden)

Jesus hilft einem Behinderten am Teich von Betesda

1. Wiederholung
   Erfahrung von Behinderung und mit Behinderten

2. Erzählung: Am Teich Betesda (siehe Seite 48 f.)

3. Gespräch
   Die Situation der Kranken
   Der Glaube an Heilungen aus dem Wasser

> Die Trennung der Erzählungen »Am Teich von Betesda« und »Jesus heilt einen Behinderten« hat wichtige theologische Gründe in den unterschiedlichen Sprachqualitäten beider Erzählungen.
> Die erste Erzählung ist sachkundlicher Art und deshalb eine Information für die Grundschüler.
> Die zweite Erzählung ist als Ausdruck des Glaubens des Johannes an die »offenbarte Herrlichkeit Gottes« kerygmatischer Art. Die Grundschüler sollten eine Sachinformation von einer Glaubensaussage unterscheiden lernen.

4. Erzählung: Jesus heilt einen Behinderten (siehe Seite 37 f.)

5. Collage
   Material: Buntpapier, Kreppapier, Seidenpapier, oder einfach verschiedenfarbiges Schreib- oder Packpapier zum Ausreißen,
   ein großer Bogen Packpapier oder Tapete als Unterlage,
   Papierklebstoff
   Arbeitsanweisung: Gruppen von Schülern erhalten je einen Papierbogen als Unterlage, verschiedenfarbiges Papier zum Ausreißen und eine Tube Klebstoff. Nichts vorzeichnen, keine Scheren benutzen!
   Es werden gleichgroße Figuren (z. B. handgroß) ausgerissen, denen man Behinderungen ansieht, z. B. ohne Beine, nur ein Arm, ausgehungert, mit Krücken. Die Figur des Jesus und des Behinderten sind durch bestimmte Farben herausgehoben. Schlafmatte und Teich ausreißen.
   Dann wird die Geschichte geklebt, evtl. in mehreren Szenen, und zum Anschauen aufgehängt oder ausgelegt.

> Alternative: Collage aus Bildern von Illustrierten. Vorher sorgfältig aus guten Magazinen und Illustrierten sammeln. Die Bildauswahl nicht dem Zufall überlassen!

6. Gespräch
   Aussage und Vergleich der Collagen
   Warum Johannes die Geschichte aufgeschrieben haben mag
   Was die Geschichte uns heute bedeuten könnte
   Was die Geschichte einem Behinderten bedeuten könnte

7. Erarbeitung eines Gebetes
   Die Klasse macht Vorschläge für die Zeilen eines Gebetes, das der Geheilte, seine Freunde (Angehörige, andere Kranke) und Jesus zusammen nach der Heilung sprechen könnten. Der Lehrer notiert die einzelnen Vorschläge und stellt daraus das ganze Gebet zusammen.

> Beispiele von Gebeten:
> - Gott, wir danken dir, daß Samuel wieder laufen kann. Kannst du den vielen anderen auch helfen? Amen.
> - Wir bedanken uns bei dir, lieber Gott, weil du Jesus die Kraft gegeben hast, unseren Verwandten endlich zu heilen. Nun sind wir diese Sorge los. Gib, daß aus unserer Familie nicht wieder einer so schlimm krank wird.
> - Lieber Gott, ich freue mich, daß du Jesus zu mir geschickt hast, der mich gesund gemacht hat. Ich bin ja so froh, daß ich wieder gesund bin und danke dir tausendmal! Amen.

III. Schritt (1–2 Unterrichtsstunden)

Ein Rollstuhl in der Schule

1. Vorstellung des Rollstuhles
   Ein mitgebrachter Rollstuhl wird vorgestellt, betrachtet und besprochen:
   wie er konstruiert ist,
   wie der Lehrer ihn besorgt hat,
   wofür er sonst benutzt wird,
   welche Vor- und Nachteile er hat.
2. Erprobung des Stuhles in der Klasse
   Einzelne Schüler erproben den Rollstuhl durch Hineinsetzen (sich hineinheben lassen) und durch Schieben. Vorsichtig rangieren lernen.

> Bericht eines Lehrers:
> Leider konnten wir den Rollstuhl nur für eine Unterrichtsstunde entleihen. Deshalb konnten wir nur in der Schule bleiben. Alle wollten mal drin sitzen und geschoben werden. Wir sind in der Schule von unten bis oben auf und ab gelaufen. Dabei gab es zwei Probleme. 1. ein Rollstuhl ist zu wenig für 23 Schüler, 2. das Treppenfahren muß gut geübt werden, damit es keinen Unfall gibt.

3. Gespräch: mit dem Rollstuhl aus der Klasse
   Warum es gut ist, mit dem Rollstuhl aus der Klasse zu fahren: Treppe, Haustür, Bordsteinkante, andere Schüler, andere Menschen, Autos, Verkehr ...
   Was man dabei beachten muß
   Wie die Menschen vermutlich reagieren
   Beobachtungsaufgaben, Vorsichtsmaßnahmen

4. Erprobung des Rollstuhles außerhalb der Klasse
   Flure, Treppen, Lehrerzimmer, Büro, Toilette, Schulhof, Fußweg, Ampel, Straße ...

5. Gespräch: nach der Rückkehr
   Erfahrungen im und mit dem Rollstuhl

> Alternative: Begegnung mit einem oder mehreren Kindern, die dauernd im Rollstuhl sitzen müssen. Die Kinder und ihre Begleiter einladen, und zunächst gemeinsam etwas tun, am besten spielen, dann erst miteinander reden, sich gegenseitig fragen und erzählen.

IV. Schritt (2 Unterrichtsstunden)

Mit Behinderten umgehen

1. Gespräch: Einstellung zu Behinderten
   Wiederholung: Bedeutung der Geschichte von der Heilung eines Behinderten für uns heute
   Eigene Einstellungen und ihre Veränderungen
   Einstellungen anderer Menschen, Passanten, Familienangehörige, Pflegepersonal

2. Film: Behindert

> Film Nr. 32 2613 – 15 min 1975 ... behindert.
> Zwei Jungen erblicken sich im Getümmel eines Einkaufszentrums: Peter ist körperbehindert. Er sitzt im Rollstuhl. Stefan geht zum Rollstuhl hin und läßt sich von Peter die Bedienungshebel erklären. Dann bittet er ihn, einen Luftballon aufzublasen. Daraus entwickelt sich ein frohes Spiel. Zum Schluß schiebt Stefan seinen neuen Freund in einer wilden Rollstuhlfahrt durch das Kaufhaus.
> Der Film will im Gegensatz zum Nur-Karitativen zum realitätsangemessenen Verhalten gegenüber Behinderten motivieren.

3. Gespräch:
   Bedingungen für die angebahnte Freundschaft
   Die Rolle der Mutter
   Wie die Geschichte weitergehen mag
   Kritischer Vergleich mit realen Gegebenheiten

4. Gruppenarbeit:
   Was Behinderte alles können
   Die Schüler stellen in Gruppengesprächen zu bestimmten Arten von Behinderungen fest, was die jeweiligen Behinderten alles können (Tabelle) und was sie dagegen nicht können. Dem ersten Teil des Auftrages soll aus didaktischen Gründen besondere Sorgfalt gewidmet werden.

> Was Taubstumme alles können:
> einkaufen, schreiben, Bilder sehen, körperlich arbeiten, kochen, Kinder kriegen, Auto fahren, ...
> Was Taubstumme nicht können:
> Radio hören, telefonieren, den Ton im Fernsehen verstehen, Autos hören, singen, Verkäuferin werden, ...

5. Gespräch:
   Vortragen der Ergebnisse aus den Gruppen
   Diskussion, Vergleich
6. Film: André

> Film Nr. 32 2561 – 22 min 1974
> André – wie soll man mit ihm umgehen?
> Die Kamera beobachtet den Tageslauf des zwölfjährigen André. Trotz seiner spastischen Lähmung ist André ein fröhliches Kind: er schwimmt, er radelt und kauft auf dem Markt ein. Allmählich erkennt der Zuschauer, wie schwer es André fällt, seinen Tageslauf zu meistern.

7. Gespräch:
   Eindrücke aus dem Film
   Vergleich der beiden Filme
   Evtl. Ergänzung oder Kritik der Tabellen aus Punkt 4

V. Schritt (1 Unterrichtsstunde)

Das Lied des behinderten Kindes (siehe Seite 49)

1. Einführung des Liedes »Wenn einer sagt, ich mag dich, du«
   Das Lied wird eingeführt, möglicherweise mit dem Vor- und Zwischenspiel beginnend. Der Text wird auf Blättern zum Lesen verteilt.

2. Gespräche in Gruppen
   Das Lied soll in den Gruppen als das Lied eines behinderten Kindes gestaltet werden.
   Die Klasse wird in vier Gruppen eingeteilt.
   a) Eine Gruppe erhält den Auftrag, sich zum Zwischenspiel passende Begleitungen auszudenken, z. B. mit Orff-Instrumenten oder als Tanz.
   b) Die übrigen drei Gruppen denken sich zu einer der drei Strophen eine kleine Rollenspielszene aus, eine Szene, nach der das behinderte Kind mit Recht die jeweilige Strophe singen kann.

Beispiele:

Vor Strophe 1: Menschen machen eine großen Bogen um ein Kind im Rollstuhl, da kommt plötzlich eine Schar Kinder, die mit dem Rollstuhlkind herumfahren, es in den Arm nehmen, usw.

Vor Strophe 2: Rollschuhfahrende Kinder hängen sich an einen Selbstfahrerrollstuhl, der sie zieht.

Vor Strophe 3: Ein Kind hat Angst, allein einen dunklen Weg zu gehen, es braucht das Rollstuhlkind zur Begleitung.

Es wird mit gewöhnlichen Schulstühlen gespielt!

3. Singen, spielen und beten
Die Spiele und die Strophen werden jeweils passend zusammengestellt vorgetragen. Vor der Strophe 4 sprechen alle zusammen das Gebet, das unter Punkt 7 des II. Schrittes erarbeitet worden ist, evtl. müssen kleinere Änderungen vorgenommen werden.

Erzählung: Am Teich Betesda

Zu der Zeit, als Jesus in Palästina lebte, gab es sehr viele kranke Menschen, viel mehr als in unserem Land heute. Wenn einer gestürzt war, und sich das Bein gebrochen hatte, so gab es oft weit und breit keinen Arzt, der das Bein operieren konnte. Es wurde dann nur notdürftig mit Stöcken und Tüchern steif gehalten. Oder der Kranke hatte nicht genug Geld, um einen Arzt zu bezahlen. Und es gab auch keine Krankenhäuser, in denen der Verletzte so lange gepflegt wurde, bis er wieder richtig laufen und das Bein benutzen konnte.

In Palästina kam es oft vor, daß ein Bein nach solch einem Sturz nicht richtig wieder anheilte, die Knochten blieben schief, der Verletzte konnte sein ganzes Leben lang nicht mehr richtig gehen. Er humpelte mühsam auf Krücken umher, oder man baute ihm einen niedrigen Wagen, mit dem er sich langsam vorwärts bewegen konnte, indem er selbst die Räder drehte. So war der Verletzte zum Krüppel, zum Behinderten geworden. Natürlich konnte er nicht mehr arbeiten. Seine Familie mußte ihn mit ernähren. Das einzige, was er noch tun konnte, war betteln.

Vor dem Stadttor in Jerusalem, dem Schafstor, gab es einen Teich, der hieß Betesda. Das Wasser stand in ihm nicht immer gleich hoch. Manchmal stieg plötzlich über Nacht das Wasser in dem Teich. Man wußte nicht, woher das kam. Aber man erzählte sich, ein Engel kämen gelegentlich vom Himmel und brächte das Wasser des Teiches in Bewegung. Und – so erzählten sich die Leute – immer dann, wenn das Wasser stieg, entfaltete es eine heilende Wirkung. Wer als erster nach dem Ansteigen des Wassers im Teich badete, so wurde erzählt, der würde gesund.

Man kann sich vorstellen, daß viele Kranke Tag und Nacht an dem Teich Betesda warteten, daß mal das Wasser anstieg und daß sie dann als erster den Teich erreichten. So kam es, daß um den Teich herum viele hundert Kranke und Behinderte lagen:

Menschen, die nicht mehr gehen konnten,
Menschen, die vor Fieber ganz schwach waren,
Blinde, Taubstumme, Lahme, Bucklige,
Menschen, die vor Hunger umfielen.
geistig Behinderte, Menschen, die von Krämpfen
geschüttelt wurden, Menschen, denen ein Baumstamm
beide Hände zerschmettert hatte.

Man hatte große Hallen gebaut, Säulen mit einem Dach darüber. So hatten die Behinderten wenigstens etwas Schutz vor der Sonne und dem Regen. Aber es herrschte um den Teich Betesda herum trotzdem soviel Not und Elend, daß wir es uns kaum vorstellen können. Hunderte von Behinderten lagen oder saßen auf der Erde, auf Schlafmatten, auf Brettern. Barmherzige Menschen brachten ihnen etwas zu essen, andere trugen die Toten weg. Gesunde wurden von vielen Behinderten angebettelt um eine Gabe zur Linderung ihrer Not.
Wenn das Wasser stieg, gab es jedesmal ein dichtes Gedränge und Geschiebe zum Teich, und in den Augen der Kranken und Behinderten leuchtete ein bißchen Hoffnung auf. Aber hinterher waren fast alle wieder hoffnungslos wegen ihrer Schmerzen, ihrer Behinderung, ihres Hungers, ihrer Einsamkeit.
So ging es am Teich Betesda vor dem Schaftor von Jerusalem zur Zeit Jesu zu.

Kindermutmachlied

2. Wenn einer sagt: „Ich brauch dich, du, ich schaff es nicht allein", dann kribbelt es in meinem Bauch, ich fühl mich nicht mehr klein.
Lalalala …
3. Wenn einer sagt: „Komm, geh mit mir, zusammen sind wir was", dann werd ich rot, weil ich mich freu, dann macht das Leben Spaß.
Lalalala …
4. Gott sagt zu dir: „Ich hab dich lieb und wär so gern dein Freund. Und das, was du allein nicht schaffst, das schaffen wir vereint!"
Lalalala …

Text und Melodie: Andreas Ebert
Aus: »Feiert Gott in eurer Mitte«
Rechte: Hänssler-Verlag, Neuhausen – Stuttgart

Literatur

Bach, Ulrich, Gesundheit aus der Sicht behinderter Menschen, in: Theologia Practica 4/1980
Behinderte in der Gemeinde, Themaheft in: Diakonie Report 5/1980
Behinderte Menschen in Kirche und Gesellschaft, Themaheft in: Diakonie 4/1981 Beiheft
Behinderung durch Aussonderung, Themaheft in: Westermanns Pädagogische Beiträge 12/1984
Das Problem Behinderter im Religionsunterricht, Themaheft, in: Religion heute 4/1982
Fiederlein, Friedrich, Einander verstehen – miteinander leben, Unterrichtsskizzen zum Jahr der Behinderten 1981, in: Schule und Mission 1/1981
Heimbrock, Hans Günther, Behinderte: Randgruppe oder Modellfall des Religionsunterrichts, in: Religion heute 4/1982
Horsel, Bernhard, Leben mit Behinderung – Last und Chance zugleich in: Diakonia 2/1980
Iben, Gerd, Soziales Lernen und Integration Behinderter, in: Grundschule 4/1981
Integration Behinderter, Themaheft in: Theorie und Praxis der Sozialpädagogik 3/1983
Kanter, Gustav O., Behinderte Kinder und Jugendliche und ihre pädagogische Förderung, in: Der ev. Erzieher 4/1982
Kreuz, Armin, Integration behinderter Kinder, in: Kindergarten heute 1/1982
Link, Hans Georg, Die Kraft, die in den Schwachen mächtig ist, in: Ökumenische Rundschau 3/1981
Meili-Lehner, Dorli, Mit Behinderten leben, in: RL Zeitschrift für RU und Lebenskunde 2/1981
Moltmann, Jürgen, Befreit und nehmt einander an, in: Diakonia 2/1982
Moltmann, Jürgen: Die Kraft der Seelen stärken, in: Lutherische Monatshefte 5/1982
Munsel, Friedhelm, Ein Behinderter ist nicht nur behindert, er wird von allen behindert, in: Religion heute 4/1982
Muth, Jakob, Behinderte Kinder in der Grundschule, in: Grundschule 10/1983
Muth, Jakob, 1981 – Jahr der Behinderten, in: Erzieher heute 1/1981
Oelgemoeller, Ewald, Jahr der Behinderten 1981, Kommentierte Liste von Hilfen für den Religionsunterricht, in: Fach Religion 1/1981
Pompey, Heinrich, Behindertes Leben – unwertes Leben? in: Caritals 1/1984
Ruf, Kurt, Integrieren oder aussondern? in: Stimmen der Zeit 12/1980
Schuchardt, Erika, Soziale Integration Behinderter, 2 Bände, Westermann Taschenbuch 206 und 207, Westermann Verlag Braunschweig 1980
Schuchardt, Erika, Warum gerade ich? Behinderung und Glaube Burckhardthaus-Laetare Verlag Gelnhausen 1981
Sievers, Eberhard, Wundergeschichten – neu erzählt und gestaltet im Religionsunterricht der Grundschule, Schroedel Verlag Hannover 1979
Sievers, Eberhard, Wundergeschichten im Religionsunterricht der Grundschule, in: Grundschule 2/1979
Vos, Peter, Das Wunder handelnd begreifen, in: Burk, Religionsunterricht für Grundschüler, Patmos Verlag Düsseldorf 1981
Welzel, Steffen, Reform der Grundschule – Wenn Jürgen plötzlich munter wird, in: Publik-Forum 22/1983
Werner, Gerda, Als Mensch unter Menschen leben, in: Lutherische Monatshefte 9/1983

Gleichnisse

Pantomimisches Spiel mit Regie-Vorschlägen: Pharisäer und Zöllner

Der Schüler S liest den Bibeltext Lukas 18, 10–14.
Ein Schüler spielt den Pharisäer (stumm), ein anderer liest jeweils die für den Pharisäer P gedachten Regie-Vorschläge.
Ein Schüler spielt den Zöllner (stumm), ein anderer liest jeweils die für den Zöllner Z gedachten Regie-Vorschläge.
Nach mehrmals wiederholtem Spiel kann auf das Lesen von P und Z verzichtet werden.

Sprecher ↓ Pharisäer ↓ Zöllner ↓

S: *Es gingen zwei Menschen hinauf in den Tempel, um zu beten, der eine ein Pharisäer,*

P: Der Pharisäer (mit Maske vor dem Gesicht) tritt selbstbewußt auf, schreitet mit erhobenem Haupt gelassen, stolz nach vorne vor den Altar

S: *der andere ein Zöllner.*

Z: Der Zöllner schleicht heran, zerknirscht, mit gesenktem Kopf, bleibt hinten in geduckter Haltung stehen.

S: *Der Pharisäer stand für sich und betete so: Ich danke dir, Gott,* –

P: Der Pharisäer hebt beide Hände zum Zeichen der Anbetung hoch.

S: *daß ich nicht bin wie die anderen Leute,* –

P: Er weist mit ausgestreckter Hand nach ganz rechts,

S: *Räuber,* –

P: nach ganz links

S: (immer lauter werdend) *Betrüger,* –

P: nach schräg rechts vorn,

S: *Ehebrecher,* –

P: nach schräg links vorn

S: (sehr laut und scharf, anklagend) *oder auch wie dieser Zöllner!*

P: Er dreht sich fast ganz nach hinten um und zeigt mit spitzen Fingern hochmütig und selbstgerecht auf den hinten stehenden Zöllner.

S: *Ich faste zweimal in der Woche und gebe den Zehnten von allem, was ich einnehme.*

P: Der Pharisäer wendet sich wieder nach vorn in die Anbetungshaltung und hält die Arme ausgestreckt mit den flachen Handflächen nach oben, als ob er Gott etwas präsentiere. So bleibt er zunächst stehen.

S: *Der Zöllner aber stand von ferne,* –

Z: Der Zöllner zuckt bei den Worten noch ein Stück weiter zusammen.

S: *wollte auch die Augen nicht aufheben zum Himmel,* –

Z: er kniet ganz in sich gekehrt auf die Erde nieder.

S: *sondern schlug an seine Brust und sprach: Gott sei mir Sünder gnädig!*

Z: Der Zöllner richtet sich kurz auf, schlägt sich selbst anklagend an die Brust und sinkt dann schnell ganz in sich zusammen.

S: (mit veränderter, deutlicher Stimme) *Ich sage euch:* –

P: Der Pharisäer hält die Hände an die Ohren.

Z: Der Zöllner hält die Hände an die Ohren.

S: *Geliebt von Gott ging der Zöllner wieder nach Hause,* –

Z: Der Zöllner hebt befreit zum Dank die Hände, richtet sich auf, das Gesicht leuchtet vor Erleichterung.

S: *nicht der Pharisäer*

P: Der Pharisäer bricht bei diesen Worten plötzlich zusammen, reißt die Maske vom Kopf und schleudert sie fort, bleibt ausgestreckt regungslos liegen.

S: *Denn wer sich selbst erhöht, der wird erniedrigt werden. Und wer sich selbst erniedrigt, der wird erhöht werden.*

Z: Der Zöllner erschrickt über den Fall des Pharisäers und macht einen Schritt auf ihn zu.

P: Der Pharisäer bemerkt die Zuwendung in der Reaktion des Zöllners und erhebt sich. Die Maske bleibt liegen.

P: und Z: Beide gehen zu ihrem Ausgangspunkt ganz zu Anfang des Spieles zurück.

> Die etwas versöhnliche Geste zum Schluß ist zwar im Gleichnis nicht enthalten, aber auch nicht ausgeschlossen. Sie ist aber für Grundschüler wichtig.

Kommentar zum Gleichnis vom Pharisäer und Zöllner

Lukas 18,9–14 nach: K. H. Rengstorf, Das Neue Testament Deutsch, Vandenhoeck & Ruprecht, Göttingen 1962

Das fromme Judentum zur Zeit Jesu meinte, durch peinlich genaue Erfüllung des Gesetzes Gottes Herrschaft den Weg bereiten zu können. Darauf beruht letzten Endes sein Selbstbewußtsein, wie es in dem einleitenden Satze beschrieben wird. Ihm gegenüber betont Jesus, wie ganz anderer Art Gottes Maßstäbe sind und wie fern die Pharisäer tatsächlich in ihren Erwägungen und ihrer Haltung Gottes Reich bleiben.
Seine Absage an diese Art kleidet Jesus allerdings nicht in die Form überlegener Polemik. Die beiden Männer, welche die beiden Gruppen der Judenschaft darstellen, werden beim Gebet im Vorhofe des Tempels völlig sachlich geschildert. Es dürfte hierbei an eine Zeit allgemeinen Betens gedacht sein, am ehesten am Nachmittag. Das Gebet des Pharisäers wird ebenso ernst genommen wie das des Zöllners.

Wissentlich hat der Pharisäer keine Sünde getan. Darüber aber erhebt sich noch das pharisäische Bewußtsein der frommen Leistung. Zweimal wöchentlich zu fasten, war nirgends geboten, aber in zunehmendem Maße Sitte bei den Frommen geworden. Obwohl nach 5. Mose 14,22 ff die Abgabe des Zehnten von Getreide, Most und Öl sowie von der Erstgeburt des Viehs gefordert war, nahmen es weder die Bauern noch die Händler genau damit. Wem es mit dem Halten des Gesetzes ernst war, der nahm es deshalb auf sich, grundsätzlich alles Zehntpflichtige, was man kaufte, noch einmal zu verzehnten.

Gegenüber dem Pharisäer hat der Zöllner vor Gott nichts aufzuweisen. Er kann darum auch nicht wie jener getrost und seines Verhältnisses zu Gott gewiß die Hände zum Gebet aufheben. Nicht einmal aufblicken zu Gott mag er im Bewußtsein seiner Verschuldung, wie es doch Sitte war. Er kann nur verzweifelt um Gnade bitten, da die Anwendung des göttlichen Rechtes gegen ihn seine Vernichtung zur Folge haben müßte. So gibt er Gott ohne jeden Vorbehalt gegen sich Recht, während der Pharisäer sich selbst vor Gott gerecht erklärt.

Es darf nicht übersehen werden, daß der Pharisäer nicht als Verurteilter neben dem Zöllner als dem Gerechtfertigten steht. Hier wiederholt sich, was schon das Gleichnis vom verlorenen Sohn ergab: auch der Fromme, der auf seine Leistung pocht, gehört zu Gott, aber eben in der Bedingtheit, die die Begründung des Verhältnisses zu Gott in der eigenen Gerechtigkeit notwendig begleitet.

Aus der Erzählung spricht das Selbstzeugnis Jesu, der die Vollmacht in Anspruch nimmt, Gott in seiner Gerechtigkeit zu enthüllen. So erkennt man, daß Paulus später in seiner Verkündigung der Rechtfertigung vor Gott auf Grund des Glaubens lediglich das Selbstzeugnis Jesu aufgenommen hat.

Zur Theologie von Gleichnissen

Die literarische Form, in bildhaft-konkreten Geschichten Gleichnishaftes auszusagen, ist uns als Wesenselement unserer Kultur vertraut. Erzählungen, Romane, Gedichte, Theaterstücke oder andere literarische Werke werden dem Leser oder Hörer gewöhnlich wertvoll durch die Bezugslinien, welche die in der Literatur gefaßte Wirklichkeit mit der Welt des Lesers verbinden. Beziehungen zwischen beiden Wirklichkeiten können z. B. durch ähnliche Problemstellungen, durch Identifikation mit Personen oder durch die Übertragungsfähigkeit vergleichbarer Erfahrungen hergestellt werden.

Die neutestamentlichen Gleichnisse, um die es bei unserem Thema geht, überlassen das Ausziehen dieser Bezugslinien nicht einfach der Vorstellungskraft oder der interpretierenden Überlegung des Lesers oder Hörers, sondern geben die belehrende oder Fragen beantwortende Funktion der Geschichte selbst mit an in Form der Rahmensituation:

a) Vorgespräch: Etliche aber fragten ihn …
da sagte er ihnen ein Gleichnis …
b) Gleichniserzählung
c) Nachgespräch: Wer Ohren hat zu hören, der höre!

Dieses bei den meisten neutestamentlichen Gleichnissen ausgesprochene, bei den übrigen unschwer ergänzbare Schema kennzeichnet die »Didaktik« der Gleichnisse, ihre verkündigende, belehrende oder unterweisende Funktion. Weil die Problemstellungen der Rahmensituajtion immer allgemein gültig-abstrakt, die Gleichnisgeschichten selbst dagegen singulär-bildhaft-konkret sind, ist die Funktion der Gleichnisse nur exemplarisch erschließbar.

Alle neutestamentlichen Gleichnisse sind als Geschichten ausgewiesen, die Jesus erzählt hat. Bei vielen Gleichnissen sind die Bilder so ausdrucksstark, so originell und ungewöhnlich, teilweise auch so provozierend, daß ihre Entstehung als geradezu geniale sprachliche Erzählkunst nur auf Jesus persönlich zurückgeführt werden kann. Die Evangelisten haben die Gleichnisse später entsprechend ihrer theologischen Schwerpunkte und ihrer Gemeindesituation bearbeitet.

Die sprachlich-formalen Unterschiede zwischen den einzelnen Gleichnissen, z. B. die Unterscheidung von Parabeln und Beispielerzählungen, sind in unserem Zusammenhang belanglos. Wichtiger ist eine Einteilung der Gleichnisse nach wichtigsten inhaltlichen Kategorien:

a) Geschichten von Gott und den Menschen, wobei manchmal der Schwerpunkt auf dem Wesen Gottes, z. B. im Gleichnis vom verlorenen Schaf, Lukas 15,1–7, manchmal im rechten Verhalten der Menschen liegt, z. B. im Gleichnis vom Schalksknecht, Matthäus 18,23–35

b) Geschichten vom kommenden Reich Gottes, wobei manchmal das Thema heißt: »So kommt das Reich Gottes zu den Menschen«, z. B. im Gleichnis vom Senfkorn, Matthäus 13,31–32, manchmal aber auch: »So werden Menschen das Reich Gottes verfehlen«, z. B. im Gleichnis vom reichen Kornbauer, Lukas 12,13–21

Jesus ruft mit Gleichnissen Menschen zur Verantwortung und Buße, und er vermittelt mit Gleichnissen Verheißungen und frohe Botschaft. Die Vollmacht zu gültiger Interpretation Gottes und seines Reiches erkämpft sich Jesus nicht, sondern er nimmt sie wie selbstverständlich wahr: »Da sagte er ihnen ein Gleichnis und sprach: Mit Gott ist es wie mit einem König ...« Diese selbstverständliche Identifikation mit Gott war so provozierend, daß sie Jesus ans Kreuz brachte. So besiegelte Jesus mit seinem Tod, was er in den Gleichnissen gepredigt hatte. Gott bestätigte aber in der Auferstehung Jesu die Rechtmäßigkeit und die Gültigkeit der Bußrufe und der Verheißungen in den Gleichnisgeschichten.

Weder ein allegorisches Zug-um-Zug-Übertragungsschema noch das Herausarbeiten eines bestimmten allgemein-gültigen »Bezugspunktes« in einem Gleichnis werden der reichhaltigen Aussagekraft der Gleichnisse für Menschen aller Zeiten gerecht. Spürt man dagegen in den Fragen und Provokationen der Rahmensituationen seine eigenen gegenwärtigen Probleme und Nöte auf, so können die Gleichniserzählungen selbst als ganze Sprachgestalten im Prozeß der Interpretation erhalten bleiben. Entsprechend werden in der vorliegenden Unterrichtseinheit die verwendeten Gleichnisse religionspädagogisch erschlossen. Die Korrespondenz der gegenwärtigen Lebenssituation und der biblischen Rahmensituation (als Vor- und Nachgespräch) wird als Lernprozeß der Übertragung didaktisch erarbeitet. Aber das Gleichnis selbst erschließt sich, ohne daß für die biblischen Bilder »moderne« Anschauungen oder abstrakte Begriffe eingesetzt zu werden brauchten.

Gleichnisse und Grundschüler

Geschichten haben alle Grundschüler schon oft gehört und hören sie immer wieder. Zwar ist an die Stelle der Märchen erzählenden Oma am Kachelofen heutzutage der Mickymaus-Film im Fernsehen oder der von den Kindern selbst bediente Kassettenrecorder getreten. Aber die kognitiv wichtige und emotional erregende Begegnung mit anschaulicher, handlungsreicher, durch Menschen gestalteter Wirklichkeit gehört mehr denn je zum Erfahrungsschatz unserer Kinder.

Der Weg zum Verständnis neutestamentlicher Gleichnisse beginnt deshalb bei der Erschließung von Geschichten aus der Literatur, aus Filmen, aus persönlichen Erzählungen. Das ihnen innewohnende Gleichnishafte kann durch elementare literarische Lernprozesse herausgearbeitet werden. Die Betonung liegt dabei auf »elementar«, weil Grundschüler vorsichtig in ein tieferes Verständnis der Literatur und der Kultur eingeführt werden müssen. Gegen ein extensives Analysieren von Sprache und Bild sind sowohl die Gefahren intellektueller Überforderung als auch der Respekt vor der unmittelbaren Freude der Grundschüler an Geschichten anzuführen. Aber gerade in diesem direkten Betroffensein von Geschichten scheinen die Grundschüler den Zuhörern der biblischen Gleichnisse nahe zu sein. Darum sind Gleichnisse nicht prinzipiell dem Verständnis von Erwachsenen vorzubehalten. Die vorliegende Unterrichtseinheit versucht einen Weg zu beschreiben, der den Grundschülern ein Verständnis für neutestamentliche Gleichnisse eröffnet, ohne die Schüler zu überfordern und ohne die Bibel Mißverständnissen auszusetzen.

Die »didaktische« Bedeutung der Gleichnisse in der Unterscheidung zwischen dem in der Gleichniserzählung Gesagten und dem damit von Jesus Gemeinten wird religionspädagogisch eingegrenzt und konzentriert auf das Verständnis von Vorgespräch – Gleichniserzählung – Nachgespräch, d. h. auf die gegenseitige Funktion von Rahmensituation und Gleichniserzählung. Daß einem Menschen, der eine Frage oder ein Problem hat, mit einer konkreten Geschichte geantwortet wird, ist ein elementares sprachliches Kommunikations-Schema, das die Schüler in einfachen Zusammenhängen selbst »erfinden« können. Daraus kann dann das entsprechende Schema bei einfachen biblischen Gleichnissen verstanden werden.

Die Freude der Grundschüler an guten Geschichten sollte weder durch systematische Analysen noch durch schwierigen Aufsatzunterricht verdorben werden. Deshalb sind für die Gleichniserzählungen selbst vielseitige bildnerische und spielerische Gestaltungen vorgeschlagen worden. Diese helfen, das Gewicht der Unterrichtseinheit nicht lediglich im sprachlich-formalen Verständnis von Gleichnissen zu sehen, sondern darauf zu achten, was *Jesus da erzählt hat von Gott, von den Menschen unter Gott, vom kommenden Gottesreich.*

Indem die Unterrichtseinheit bereits bekannte einfache Gleichnisse aufgreift, exemplarisch ein grundsätzliches Verständnis dieser Art der Verkündigung durch Jesus herbeiführt und damit Gleichniserzählungen in späteren Schuljahren vorzubereiten hilft, nimmt sie eine zentrale Stellung im Religionsunterricht der Grundschule ein. Sie stellt eine einmalige religionspädagogische Investition nicht nur für den Zusammenhang von Gesagtem und Gemeintem in Gleichnissen dar, sondern auch für den Zusammenhang zwischen Jesu Leben, Sterben, Auferstehung und Jesu Verkündigung.

Lernziele

Da die Schüler schon früher gelegentlich einfache Gleichnisse Jesu kennengelernt haben, soll mit dieser Unterrichtseinheit ein tieferes Verständnis für die Gleichnisse Jesu vermittelt werden. Dabei geht es zunächst einmal um die Erkenntnis von Gleichnissen als Geschichten in bildhafter Sprache, die in eine bestimmte Situation hinein als Antwort auf Probleme oder Fragen gesprochen werden.
Die Schüler sollen erfahren, daß die Gleichnisse Jesu auch immer Gottesgeschichten sind, die das Verhältnis Gottes zu den Menschen, das Leben der Menschen unter Gott oder das Wesen des Reiches Gottes bildhaft ausdrücken.
In exemplarischem Vorgehen lernen die Schüler Merkmale der Gleichnisse Jesu kennen, die später auf andere Gleichnisse übertragen werden können.
In der wiederholten Anwendung des Situationsschemas Vorgespräch – Gleichnis – Nachgespräch üben sich die Schüler immer wieder einerseits in der Erschließung des bildhaft Ausgesagten und andererseits in der Deutung des Bildes für die situative Problemstellung.
Zugleich gewinnen die Schüler Einblick in das, was die Gleichnisse Jesu für unser Leben und für unser Verständnis von Gott und Gottes Reich aussagen.

Unterrichtseinheit

I. Schritt (1 Unterrichtsstunde)

Wie ist Gott?

1. Einleitung

   Lehrer: Es war einmal ein kleines türkisches Mädchen, das wuchs in Deutschland auf. Sonntags, wenn keiner zur Arbeit ging und auch keine Schule war, beobachtete das türkische Kind, wie eine Reihe von Deutschen in die Kirche ging. Es fragte seine Eltern, was die Deutschen da in der Kirche tun. »Haben die Christen den gleichen Gott wie wir?« fragte das Kind. Der Vater zuckte die Schultern. Er meinte, der Gott der Christen wäre nicht genauso wie der Gott der Muslime. Er wußte es aber nicht genau. Um Näheres über den Gott der Christen zu erfahren, fragte das türkische Mädchen am nächsten Tag in der Schule einen Mitschüler nach dem anderen: Wie ist euer Gott?
   Das wollen wir jetzt mal spielen. Einer geht mal herum und fragt »Wie ist Gott?«, die anderen antworten ...

2. Umfrage

Schüleräußerungen: Gott ist immer bei uns. Man kann ihn nicht sehen. Er hat uns lieb. – Gott will, daß wir Freude haben. Man kann ihm vertrauen, auch wenn man mal traurig ist.

3. Kurzes Gespräch
   Was die Umfrage ergeben hat
   Ob das türkische Kind nun einen richtigen Eindruck von Gott erhalten hat?
   Was das Kind wohl den Eltern erzählt.

4. Vorgespräch (Dialog, Sitzkreis auf der Erde)
   Lehrer: Die Frage »Wie ist Gott?« wurde zur Zeit Jesu immer und immer wieder gestellt. Sie war den Menschen sehr wichtig, oft wichtiger noch als Essen und Trinken. Oft fragten Menschen Jesus, wie Gott ist. Das wollen wir jetzt mal spielen. Wir setzen uns in einem Kreis auf die Erde. Ihr seid die Menschen, die fragen, und ich bin Jesus.
   Schüler: Wie ist Gott?
   Lehrer: Hört zu. Damit ihr wißt, wie Gott ist, will ich euch eine Geschichte erzählen ...

5. Gleichnis (Erzählung mit symbolhafter Darstellung)
   Der Lehrer legt eine Kastanie und eine Handvoll Eicheln (einen kleinen Zweig und eine Handvoll Blätter, oder einen größeren Stein und eine Handvoll Steinchen ...) für alle sichtbar auf die Erde.
   Lehrer: Es war einmal ein Hirte, der hatte hundert Schafe ... (Lukas 15,4–6)
   Während der Erzählung schiebt der Lehrer die Früchte (Zweige, Blätter, Steine ...) entsprechend dem Inhalt der Erzählung.

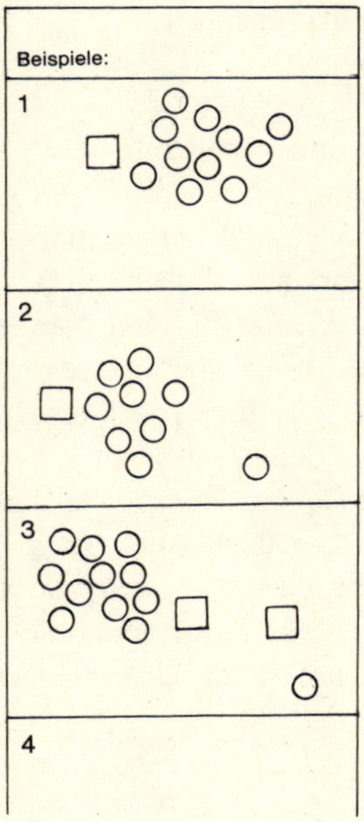

6. Nachgespräch (Sitzkreis auf der Erde)
   Lehrer: Habt ihr nun verstanden, wie Gott ist?
   Diskussion des Gleichnisses
   Wie könnte nach dem Gleichnis die Antwort auf die im Vorgespräch gestellte Frage lauten?

7. Hinweis
   Lehrer: Jesus hat auf schwierige Fragen oftmals so geantwortet, daß er den Menschen eine Geschichte erzählt hat. Nachher haben die Leute immer darüber nachgedacht, was seine Geschichte als Antwort auf ihre Frage bedeuten konnte. Solche Geschichten, die Jesus erzählt hat, nennt man Gleichnisse. Vor jedem Gleichnis gibt es ein Vorgespräch und nach dem Gleichnis ein Nachgespräch.

II. Schritt (1 Unterrichtsstunde)

Ein Gleichnis erfinden

1. Einleitung
   Lehrer: Manchmal kann ein Gleichnis mehr bewirken als lange Reden. Das Gleichnis muß nur eine treffende Geschichte sein. Wir wollen sehen, ob wir auch mal ein Gleichnis erfinden können. Zwei Schüler lesen vor, was auf dem Blatt steht.

2. Vorgespräch (Dialog)
   Mutter: Dein Ärmel ist ja zerrissen!
   Kind: Wir haben uns gekloppt
   Mutter: Hast du etwa wieder damit angefangen?
   Kind: Reiner kann ja nichts vertragen.
   Mutter: Hat er wieder geweint?
   Kind: Ja
   Mutter: Warum mußt du immer Streit anfangen?
   Kind: Kloppen macht Spaß.
   Mutter: Also – setz dich mal hin. Ich will dir mal eine Geschichte erzählen.
3. Gleichnis (Erzählung und pantomimisches Spiel)
   Lehrer: Es war einmal ein kleiner Bär, der war sehr rauflustig und wollte sich immer mit anderen balgen. Am liebsten fing er mit dem Fuchs Streit an, weil der kleiner und schwächer war. Der Fuchs wollte sich aber nicht so gerne kloppen. Einer von euch soll nun mal den Bären spielen, einer den Fuchs. Eines Tages, als der rauflustige Bär mal wieder mit dem Fuchs eine Klopperei anfangen wollte, hatte der Fuchs sich etwas ausgedacht. Er ... (denkt sich der Lehrer selbst aus) ... Seit der Zeit hat der Bär nie wieder mit anderen Streit angefangen.
   Die Erzählung des Lehrers sollte durch spontanes pantomimisches Spiel zweier Kinder begleitet werden. Eines ist der Bär, ein anderes der Fuchs. Keine weiteren Figuren einführen!

> Bericht einer Lehrerin:
> Ich habe die bekannte List des Fuchses erzählt, der dem rauflustigen Bär Honig verspricht, wenn er aufhört zu kloppen. Dann führt der Fuchs den Bären zu einem hohlen Baum, in dem außer Honig aber auch noch wilde Bienen waren. Die Kinder haben schön mitgespielt und sehr gelacht, wie die Bienen den Bären in die Flucht geschlagen haben. Der Fuchs sah von Ferne zu ...

4. Nachgespräch (Schülergespräch)
   Wie es der Fuchs geschafft hat, dem Bären einen »Denkzettel« zu geben.
   War das für den Bären eine Lehre?
   Wie der Dialog des Vorgesprächs im Nachgespräch fortgesetzt werden könnte:
   Mutter: Hast du verstanden, was ich dir mit der Geschichte vom Bären und Fuchs sagen will?
   Kind: ...

> Schüleräußerungen:
> Der Schwächste kann auch mal stark sein.
> Der Fuchs war nicht so kräftig, aber er war schlauer.
> Der Schwächere kann ja klüger sein.
> Der Bär hat verstanden, wie es ist, wenn man unten ist.
> Jeder kann was anderes besser.

II a Schritt (1 Unterrichtsstunde)

Dieser Schritt II a ist eine mögliche Ergänzung zum Erfinden von Gleichnissen. Im Schritt II hat der Lehrer ein Gleichnis erfunden. Wer die Zeit aufbringen will, daß die Schüler selbst ein Gleichnis zu erfinden suchen, wird die Erfahrung machen, daß sich die Mühe lohnt.

1. Vorgespräch (Dialog)
   Die Klasse wird in zwei Gruppen eingeteilt.
   Gruppe A trägt der Gruppe B das Vorgespräch vor:
   Opa: Warum weinst du, Sabine?
   Sabine: Immer ärgern die mich!
   Opa: Warum
   Sabine: Weil ich wegen meiner Zähne eine Klammer im Mund tragen muß.
   Opa: Weine nicht. Setz dich mal hin. Ich will dir mal eine Geschichte erzählen ...

   Gruppe B trägt der Gruppe A das Vorgespräch vor:
   Michael: Ich bin der beste Schwimmer der Klasse!
   Stefan: Gib nicht so an.
   Michael: Und auch der Stärkste!
   Stefan: Stimmt das auch wirklich?
   Michael: Klar! Mich holt keiner ein!
   Stefan: Setz dich mal hin. Hör mal gut zu. Ich will dir mal eine Geschichte erzählen ...
2. Gleichnis (Erzählung und Spiel)
   Die Gruppe B denkt sich (alle zusammen oder einzelne kleinere Gruppen oder jeder einzeln) ein Gleichnis aus, das zum Vorgespräch der Gruppe A paßt.
   Die Gruppe A denkt sich ein Gleichnis aus, das zum Vorgespräch der Gruppe B paßt.
   Die Gleichnisse werden gegenseitig erzählt und vorgespielt.

3. Nachgespräch (Schülergespräch und Fortsetzung des Vorgespräches)
   A: Opa: Hast du die Geschichten verstanden?
      Sabine: ...
      Gespräch der ganzen Klasse
   B: Stefan: Hast du die Geschichte verstanden?
      Michael: ...
      Gespräch der ganzen Klasse

III. Schritt (1 Unterrichtsstunde)

Wie müssen Menschen sein, damit Gott sie liebt?

1. Einleitung
   Lehrer: Wenn Jesus etwas gefragt wurde, so antwortete er – wie ihr wißt – gern mit einer Geschichte, einem Gleichnis. Ich hatte euch das Gleichnis vom verlorenen Schaf erzählt, das Jesus erzählte, als er gefragt wurde: wie ist Gott?
   Eine andere Frage, die Menschen oft an Jesus richteten, war »Wie müssen *Menschen* sein, damit Gott sie liebt?« Muß man immer fleißig arbeiten, damit Gott einen liebt? Oder muß man zehn mal am Tag beten? Muß man ganz genau alle Gebote halten, damit Gott einen liebt? Liebt Gott einen Menschen, der mal etwas falsch gemacht hat, nicht mehr? Liebt Gott nur die Klugen, nicht die Dummen? Liebt Gott die Diebe, die Verbrecher nicht? Liebt Gott nur die gesunden Menschen, nicht die Kranken? Was müssen die Menschen tun, damit Gott sie liebt?
   So oder so ähnlich fragten sie Jesus.
   Da erzählte ihnen Jesus das Gleichnis vom Pharisäer und Zöllner. Damals kannte jeder die Pharisäer und jeder wußte, was Zöllner für Menschen sind. Wir wollen uns mit Pharisäern und mit Zöllnern zunächst beschäftigen, ehe ich euch das Gleichnis erzähle.

2. Gruppenarbeit (siehe Seite 64)
   Einige Gruppen von Schülern erhalten den Sachtext »Pharisäer«, andere Gruppen den Sachtext »Zöllner«. Die Schüler lesen den Text und unterhalten sich leise in den Gruppen darüber.
   Dann erzählen einige Schüler der ganzen Klasse, was Pharisäer und was Zöllner für Menschen waren.

3. Vorgespräch (Dialog)

Pharisäer:	Jesus, sage uns, wie Menschen sein müssen, damit Gott sie liebt.
Jesus:	Was meint ihr denn?
Pharisäer:	Wir sind fromm. Wir beachten ganz streng Gottes Gebote. Wir geben uns große Mühe, Gott zu gefallen. So hoffen wir, daß Gott uns liebt.
Jesus:	Ich will euch ein Gleichnis erzählen.

4. Gleichnis (Pharisäer und Zöllner) (siehe Seite 51 f.)
   Zwei Schüler begleiten spontan pantomimisch die Lehrererzählung.

5. Gleichnis (gelenktes Rollenspiel)
Lehrer: Wir wollen das Gleichnis noch einmal spielen. Dabei wollen wir die einzelnen Bewegungen genauer überlegen.
Es werden einige Regie-Anweisungen gegeben. Dabei beteiligen sich selbstverständlich die Schüler mit Vorschlägen. Um den Eindruck zu verstärken, erhält der Pharisäer eine einfache Maske aus einem Blatt Papier mit Gummibändern (vorbereiten!).

Maske des Pharisäers

Das pantomimische Rollenspiel kann auch mehrfach wiederholt werden, mit anderen Spielern und mit neuen Regieanweisungen.

Das Gleichnis vom Pharisäer und Zöllner

Der Pharisäer denkt, er hat sich Gottes Liebe verdient.

So nicht!

Der Zöllner bittet: Hab' mich lieb, auch wenn ich es nicht verdient habe.

Schenke mir deine Liebe!

Geliebt von Gott ging der Zöllner nach Hause.

Der Pharisäer war enttäuscht und verwundert

Bericht einer Lehrerin:
Das pantomimische Spiel kam nur mühsam in Gang, weil es für die Kinder ungewohnt war. Erst traute sich kein Kind, und als eines die Maske aufsetzte, drohte der Unterricht ins Lächerliche abzugleiten. Erst als ich selbst den Pharisäer vorspielte, war der Bann gebrochen.

6. Nachgespräch (Schülergespräch)
   Leistung und Fehler des Pharisäers
   Warum der Zöllner von Gott geliebt wird
   was die Pharisäer wohl zu dem Gleichnis gesagt haben
   Was uns das Gleichnis sagen kann

IV. Schritt (1–2 Unterrichtsstunden)

Was sind Gleichnisse Jesu?

1. Wiederholung
   Schüler erzählen noch einmal die Gleichnisse vom verlorenen Schaf und vom Pharisäer und Zöllner.
   Weiterführung:
   Schüler erzählen weitere Gleichnisse, die sie schon kennen (z. B. vom verlorenen Sohn, der barmherzige Samariter).

2. Erarbeitung: Was sind Gleichnisse Jesu?
   Die Kennzeichen von Gleichnissen werden zusammengetragen und jeweils an den Beispiel-Gleichnissen belegt. (Vorgespräch zum verlorenen Sohn: wie ist Gott? zum barmherzigen Samariter: bin ich – vor Gott – auch für andere Menschen verantwortlich? Nachgespräch: wer Ohren hat zu hören, der höre!)

Beispiele für Merksätze:
Jesus hat oft mit Geschichten (Gleichnissen) Fragen beantwortet: Vor jedem Gleichnis steht das *Vorgespräch,* das Problem, die Frage. In jedem *Gleichnis* erzählt Jesus von Gott und von dem Menschen. Nach jedem Gleichnis steht das *Nachgespräch,* das Suchen nach der Antwort auf die Frage.

3. Information
   Ihr kennt sicher Wundergeschichten von Jesus (einzelne werden genannt). Vergleicht man die Wundergeschichten mit den Gleichnissen, so kann man ganz einfach sagen: in Wundergeschichten wird erzählt, was Jesus *getan* hat, in Gleichnissen, was er *gesagt* hat. Beides hat die Herrschenden so sehr geärgert, daß sie Jesus dafür verhaftet, verhört, gefoltert und getötet haben. Sie haben ihn an ein Kreuz genagelt. Dort ist er dann gestorben. Da dachten die Herrschenden, und auch die Pharisäer: nun wissen wir endlich, daß alles gelogen war, was er uns in seinen

Gleichnissen von Gott und von den Menschen erzählt hat. Aber wir Christen glauben, daß Gott Jesus nach seinem Tode auferweckt hat. Damit hat Gott uns sagen wollen: Jesus hat doch recht gehabt in seinen Gleichnissen!

> Dieser Informationstext faßt in einer für Grundschüler verständlichen Sprache wichtige theologische Erkenntnisse zusammen: die gegenseitige Ergänzung von Wort und Tat Jesu, seine selbstverständlich behauptete Vollmacht von Gott, die christologische Interpretation der Gleichnisse.
> Versuchen Sie, die Sprache Ihren Schülern noch besser anzupassen, aber vermeiden Sie ein längeres theologisches Kurzreferat an dieser Stelle!

4. Vorgespräch (Fragen zum Reich Gottes)
   Lehrer: Jesus hat den Menschen oft vom Reich Gottes oder auch vom Himmelreich gepredigt, und wenn ihn seine Zuhörer fragten: Was ist denn mit dem Reich Gottes? Wann kommt das Reich Gottes? Müssen wir das Reich Gottes selber aufbauen? Wer kommt ins Reich Gottes? Wie wird es im Reich Gottes sein?
   dann hat Jesus auch wieder in Gleichnissen geantwortet. Zwei solcher Gleichnisse vom Reich Gottes wollen wir jetzt kennenlernen.

5. Gleichnisse (Erzählung und pantomimische Darstellung)
   Der Text der beiden Gleichnisse Vom Senfkorn (Matthäus 13,31–32) und Vom Sauerteig (Matthäus 13,33) werden aus der Bibel vorgelesen und dann gemeinsam gestaltet:
   Pantomimische Darstellung:
   Die Schüler stehen ungeordnet im ganzen Klassenraum herum.
   Senfkorn: Ein Schüler erhält ein Schild »Senfkorn« und faßt einen anderen Schüler, dieser wieder andere usw. an, jedoch soll keine Kette, kein Kreis entstehen, sondern ein sich verzweigender Baum, so daß das Wachsen gezeigt wird.
   Sauerteig: Ein Schüler mit vielen Blättern »Sauerteig« in der Hand, gibt seine Blätter bis auf eines an einen anderen Schüler. Dieser geht quer durch den Raum, gibt wiederum seine Blätter bis auf eines ab, usw. bis jeder Schüler ein Blatt »Sauerteig« hat und sogar noch welche übrig sind. Aber die Blätter nicht der Reihe nach im Kreis herumgeben, so daß das Vermengen dargestellt wird.

> Alternative
> Formplättchen (Dreiecke, Quadrate, Kreis) auf die Erde, auf einen Tisch oder auf den Arbeitsprojektor legen.
> Senfkorn:
> Ein Plättchen wird an das andere gelegt, so daß das Wachsen eines Baumes gezeigt wird.
> Sauerteig:
> Man legt viele kleine Plättchen aus und auf eines einen ganzen Stapel größerer Plättchen, so daß das kleine Plättchen verdeckt wird. Dann wird der Stapel – bis auf ein großes Plättchen – auf ein anderes kleines Plättchen gelegt usw. bis alle kleinen Formen durch größere überdeckt sind.

6. Nachgespräch (Schülergespräch)
   Auf welche Frage des Vorgesprächs antwortete Jesus mit den beiden Gleichnissen?
   Welche Fragen blieben unbeantwortet?
   Was mit dem »Wachsen« und dem »Vermengen« im Hinblick auf das Kommen des Reiches Gottes gemeint sein könnte
   Hinweise auf das Reich Gottes, das von Jesus versprochen wurde, mit ihm angebrochen, aber noch nicht vollendet ist

Text: Die Pharisäer

Die Pharisäer gab es überall in den jüdischen Städten und Dörfern. Die meisten von ihnen waren Handwerker oder Kaufleute, oder auch Schriftgelehrte, Gesetzeslehrer, nicht Priester. Obwohl die Pharisäer weit verstreut wohnten, hielten sie doch fest zusammen.
Die Pharisäer bemühten sich, den Willen Gottes unbedingt zu erfüllen. Sie zahlten nicht nur die gewöhnlichen Steuern und Zölle, sondern spendeten zusätzlich den zehnten Teil ihres Verdienstes für den Tempel in Jerusalem, obwohl die Pharisäer selbst in der Regel nicht reich waren.
Die Pharisäer befolgten besonders die Gebote für den Sabbat ganz genau. Sie hungerten an zwei Tagen in der Woche, weil sie meinten, Gott habe das Fasten so gewollt. Sie gingen allen Menschen aus dem Weg, die nicht Juden waren. Vor allem wollten sie mit den Römern nichts zu tun haben.
Es waren fromme Leute, die streng gegen sich selbst und andere waren. Besonders streng achteten sie darauf, daß alle Juden die Gebote für den Sabbat befolgten.
Die Pharisäer glaubten, daß Gott sie liebt, wenn sie die Gesetze und Gebote ganz genau einhielten. Jesus wandte sich scharf gegen diese Meinung. Darum waren die Pharisäer die gefährlichsten Feinde Jesu.

Text: Die Zöllner

In Palästina regierten zur Zeit Jesu die Römer. Sie unterdrückten die Juden. Aber sie sorgten auch für gute Straßen und schützten die Wagen der Kaufleute vor Räubern.
Dieser Schutz kostete Geld. Die Kaufleute und alle Reisenden mußten zahlen. An vielen Brücken, an Stadttoren, in den Häfen und auch unterwegs an den Landstraßen mußte Zoll bezahlt werden.
Die Römer zogen den Zoll nicht selber ein. Sie stellten Juden an, die an den Zollstationen das Geld von den Reisenden und Kaufleuten einkassierten. Diese Juden nannte man Zöllner.

Die Zöllner wurden von den anderen Juden verachtet. Denn sie arbeiteten ja mit den römischen Unterdrückern zusammen. Und die Zöllner verlangten oft viel mehr Zoll als sie eigentlich durften. Deswegen waren die meisten Zöllner reich.
Die Juden beschimpften die Zöllner als Diebe und Räuber. Sie durften im Tempel von Jerusalem kein Opfer bringen. Die Pharisäer sagten, Gott verachtet die Zöllner, weil sie dauernd das Gebot »Du sollst nicht stehlen« übertreten.
Aber Jesus dachte da ganz anders.

Literatur

Arens, Edmund, Gleichnisse als kommunikative Handlungen Jesu, in: Theologie und Philosophie 1/1981

Baumann, Rolf, Jesus erzählt Gleichnisse, in: Bibel heute 67/1981

Eichholz, G., Gleichnisse der Evangelien, Neukirchner Verlag, Neukirchen-Vluyn 1971

Hermann, Botho, In den Dingen ist ein Gleichnis, in: Der ev. Erzieher 2/1981

Jeremias, Die Gleichnisse Jesu, Siebenstern TB 43/S, Gütersloher Verlagshaus Gerd Mohn, Gütersloh 1978

Linnemann, Eta, Gleichnisse Jesu, Vandenhoeck & Ruprecht, Göttingen 1975

Musall, Peter, Den Himmel erzählen, Geschichten usw. zu Gleichnissen der Bibel, Burckhardthaus-Laetare Verlag, Gelnhausen

Pfister, Xaver, Jesus als Gleichniserzähler, in: Bibel heute 67/1981

Scheller, Renate, Bibelarbeit mit Gleichnissen, in Bibel heute 67/1981

Schneider, Franz, Ausschließen und ausgeschlossen werden, Pharisäer und Zöllner, in: Biblische Zeitschrift 1/1980

Sorger, Karlheinz, Gleichnisse im Unterricht, Patmos Verlag Düsseldorf 1980

Thiele, Johannes, Gott im Gleichnis des Lebens, Erfahrungen im Umgang mit Gleichnissen, in: Bibel heute 67/1981

Thielicke, Helmut, Das Bilderbuch Gottes – Reden über die Gleichnisse Jesu, Quell Verlag Stuttgart 1959

Fotografik von Jan Splichal, aus: Wolfgang Longardt, Ostern entdecken. Eine Spiel- und Arbeitsmappe für Kindergarten, Grundschule, Kindergottesdienst. Christophorus-Verlag, Freiburg i. Br. / Verlag Ernst Kaufmann, Lahr

Medidation zum Bild »Keimendes Korn«

Nach Paulus, 1. Brief an die Korinther, 15

Ein Samenkorn fällt in die Erde.
Da ist es warm und feucht.
Das Samenkorn verfault. Es stirbt.
Aber da bricht ein Keim aus dem Korn hervor.
Ein Keim, der wächst, der lebendig ist.

So ähnlich ist es mit dem Tod,
wenn jemand fragt:
Wie kann es sein, daß Tote auferstehen?
Das Korn mußte ja auch erst sterben,
ehe es lebendig werden konnte!
Was du säst, ist ja ein bloßes Korn,
etwa von Weizen oder einer anderen Pflanze.
Das Korn kann nur merken, daß es vergeht und stirbt.
Es kann kaum etwas ahnen
von der herrlichen großen Pflanze,
die aus dem abgestorbenen Korn wachsen kann.

Gott gibt dieser Pflanze ihre richtige Gestalt,
so wird aus jedem Samen eine bestimmte Pflanze.
So ist es auch mit der Auferstehung nach dem Tod.
Was gesät wird, muß sterben,
– was aufersteht, wird leben ohne Ende.
Was gesät wird, muß verderben,
– was aufersteht, wird herrlich und schön sein.
Was gesät wird, ist schwach,
– was aufersteht, ist stark.
Was gesät wird, sind wir Menschen auf Erden,
– die Auferstandenen sind für immer bei Gott.

Es ist ein Geheimnis:
Eigentlich müßte man nicht sagen, wir sterben,
sondern besser: wir werden verwandelt werden.

Ähnlich, wie sich das Korn im Sterben in den lebendigen Keim verwandelt.
Darum liest der Pastor bei jeder Beerdigung eines Menschen:
Der Tod ist verschlungen vom Sieg des Lebens.
Tod, wo ist dein Sieg?
Tod, wo bleibt dein Schrecken?
Gott sei Dank, der uns den Sieg über den Tod gibt
durch unseren Herrn Jesus Christus!

Bibeltext

1. Brief des Paulus an die Korinther, Kapitel 15

35 *Aber es könnte jemand fragen: Wie werden die Toten auferstehen,*
und mit was für einem Leib werden sie kommen?

36 *Du Narr: was du säst, wird nicht lebendig,*
wenn es nicht zuvor stirbt.

37 *Und was du säst, ist ja nicht der Leib,*
der werden soll, sondern ein bloßes Korn,
etwa von Weizen oder einem anderen Gewächs.

38 *Gott gibt ihm aber einen Leib, wie er will, und*
zwar jedem Samen seinen eigenen Leib.

42 *So ist es auch mit der Auferstehung der Toten.*
Es wird gesät vergänglich und wird
auferstehen unvergänglich.

43 *Es wird gesät in Niedrigkeit und wird auferstehen*
in Herrlichkeit.
es wird gesät in Schwachheit und wird auferstehen
in Kraft.

44 *Es wird gesät ein natürlicher Leib und wird auferstehen ein geistlicher Leib.*

55 *Der Tod ist verschlungen vom Sieg*
Tod, wo ist dein Stieg?
Tod, wo ist dein Stachel?

57 *Gott aber sei Dank, der uns den Sieg gibt*
durch unsern Herrn Jesus Christus

Kommentar zu 1. Korinther 15,35–38, 42–44, 55, 57:

nach: H. D. Wendland, Das Neue Testament Deutsch, Vandenhoeck & Ruprecht, Göttingen 1962

Aus dem 15. Kapitel des Korintherbriefes wurden nur die Verse ausgewählt, die direkt von der Auferstehung der Toten handeln. Alle Verse mit Begriffen und Zusammenhängen, die für Grundschüler nicht verständlich zu machen sind, sind aus didaktischen Gründen weggelassen worden.

Die Gemeinde in Korinth sah sich angesichts der christlichen Verkündigung der Auferstehung der Toten der Frage ausgesetzt, die Auferstehung sei unvorstellbar und unmöglich, weil sie leibliche Auferstehung sei. Daher sind die Äußerungen von Paulus gekennzeichnet von der Verkündigung des geistlichen Leibes, den die Auferweckten empfangen (Vers 44).
Paulus antwortet nicht direkt mit logischen Beweisen der Denkbarkeit des Auferstehungsleibes, weil es unmittelbare Erkenntnis des Auferstehungslebens auch für den Glauben nicht gibt, sondern indirekt mit einem Gleichnis aus der Welt der Schöpfung. Die Auferstehung geschieht wie das Werden einer neuen Pflanze aus dem Samenkorn. Der irdische Mensch, der sterben muß, gleicht dem Hingesätwerden eines Samenkornes. Vor dem neuen Leben steht in beiden Fällen der Tod.
Die neue Pflanze ist so nicht dasselbe wie das Samenkorn. Beim Samenkorn und beim Menschen handelt es sich um ein menschlicher Erfahrung nicht zugängliches Wunder der Schöpfermacht Gottes, die aus dem Sterben die neue, uns unbegreifliche Gestalt des Lebens erweckt. Das neue Leben entwickelt sich nicht aus dem irdischen, und ebensowenig bedeutet es eine bloße Rückkehr zur irdischen Lebensform. Diesen Auferstehungsgedanken kann das Zeichen des Wunders an der Tochter des Jairus (Markus 5,21–43) nicht voll erfüllen.
Denn der Leib, der stirbt und begraben wird, und der Auferstehungsleib sind keineswegs identisch. Aber es gibt hier ein Leben und dort ein Leben, hier einen Leib und dort einen Leib. Auferstehung zum ewigen Leben ist nicht Leiblosigkeit, nicht Lösung der Seele vom Leibe, wie die Griechen dachten. Wie dem kleinen Samenkorn die Größe und Schönheit der wachsenden Pflanze unbegreiflich sein muß, so ist dem Menschen das ewige Leben nach dem Tode in seiner Herrlichkeit unvorstellbar. Und wie das Samenkorn der neuen Lebensgestalt der Pflanze gegenüber gestaltlos ist, so wird auch der Mensch im Tode seines irdischen Leibes entkleidet und empfängt dann den neuen Leib der Auferstehung.

Theologische Überlegungen zu Leben und Tod

Zu den Bedingungen, die unser Verhältnis zum Leben und zum Tod bestimmen, gehört die weithin gepflegte Praxis, Gedanken an den Tod so weit es geht zu verdrängen und vom Tod nur dann zu reden, wenn es unvermeidlich ist. Im Gegensatz dazu steht die Frage von Leben und Tod der Menschen im Zentrum des christlichen Glaubens. Nach christlicher Auffassung wird einerseits das menschliche Leben vom Bewußtsein radikaler Begrenztheit durch den Tod geprägt, andererseits dem Tod nicht das letzte Wort zugesprochen: Nach dem Leben kommt der Tod, und nach dem Tod kommt das Leben.
Die Vorstellung vom Leben nach dem Tod hebt aber den Tod selbst nicht auf und kann nicht als Argument angeführt werden, die radikale Macht des Todes als Grenzpunkt des irdischen Lebens herunterzuspielen. So ist die aus dem Griechischen stammende Vorstellung nicht vom Christentum übernommen worden, daß sich zum Zeit-

punkt des Todes Leib und Seele eines Menschen trennen, daß nur der Leib begraben werde und daß die Seele weiterlebe. Trotzdem wird diese Auffassung vom Weiterleben der Seele von vielen Menschen noch als gedankliche Hilfskonstruktion des Auferstehungsgedankens benutzt. Wenn Paulus sagt »es wird gesät verweslich und wird auferstehen unverweslich« (1 Korinther 15,42), so unterscheidet er zwischen »natürlichem« (oder »irdischem«) Leben und »geistlichem« Leben. Aber Leib und Seele werden in keinem Falle getrennt.

Daß uns die Vorstellung eines Lebens nach dem Tode schwerfällt, hat ebenfalls seinen tiefen Grund in der Radikalität des Todes als Grenze aller unserer Erfahrungen. Weder spiritualistische »Meldungen vom Jenseits«, noch Erlebnisberichte von Kranken, die einige Zeit lang für klinisch tot galten, können für Christen die Todesgrenze überbrücken. Lediglich bildhafte Vergleiche können versuchen, unsere Gedanken vom Leben nach dem Tod wenigstens andeutungsweise zu konkretisieren. So wählt Paulus das Bild eines Weizenkorns, das erst in der Erde abstirbt, danach aber zu ungeahnter Größe und Pracht keimt und wächst: kein Bild etwa dafür, daß Auferstehung als Generationenfolge zu denken wäre, sondern ein Gleichnis für die unvorstellbare Herrlichkeit einer Auferstehung nach dem Tode.

Ein großes Thema paulinischer Theologie ist die unmittelbare Verknüpfung des Glaubens an die Auferstehung der Toten mit dem Glauben an die Auferstehung Jesu »Nun aber ist Christus auferstanden von den Toten und der erste geworden unter denen, die da schlafen ... Denn gleichwie in Adam alle Menschen sterben, also werden sie in Christus alle lebendig gemacht« (1 Korinther 15,20 und 22). Dieser Zusammenhang bestimmt fundamental den christlichen Glauben: »... hinabgestiegen in das Reich des Todes, am dritten Tage auferstanden von den Toten ... Auferstehung der Toten und das ewige Leben.«

Das Eingeständnis des Todes und der Glaube an die Auferstehung der Toten haben entscheidende Rückwirkungen auf die christliche Deutung und Gestaltung des irdischen Lebens. Da der Tod zwar das Ende des irdischen Lebens markiert, andererseits aber selbst durch die Auferstehung begrenzt wird (»Der Tod ist verschlungen in den Sieg ... Gott aber sei Dank, der uns den Sieg gegeben hat durch unseren Herrn Jesus Christus«), läuft unser Leben nicht auf ein schreckliches, absolutes Dunkel zu. Deswegen können Versuche, mit dem Schrecken des Todes zu drohen und damit manipulativ auf Menschen einzuwirken, vom christlichen Auferstehungsglauben abgewehrt werden.

Die christliche Hoffnung auf Auferstehung hebt die Angst vor dem Tod nicht auf und nimmt uns nicht die Verantwortung für das Leben ab. Aber sie kann helfen, trotz der Angst das Leben zu bejahen und unter der Last der Verantwortung nicht zu zerbrechen. So wie diese Hoffnung das Verständnis des Todes durch den übergreifenden Begriff »Leiden« verändert, so trägt sie andererseits dazu bei, das Verständnis des irdischen Lebens durch die Todesgewißheit anzureichern, ohne es zu verdüstern. Auferstehungshoffnung lehrt die Christen mehr als nur zu »bedenken, daß wir sterben müssen, auf daß wir klug werden«. Sie schärft den Blick für den »Tod« durch Leid und Not mitten in unserem Leben und macht sensibel für »Auferstehung« als froher Botschaft Gottes zur Bejahung des Lebens: »Dieser mein Sohn war tot und ist wieder lebendig geworden«, sagt der Vater in der Geschichte vom verlorenen Sohn, Lukas 15,24.

Allerdings darf die christliche Verkündigung nicht mit in das allgemeine Schweigen im Bezug auf den Tod verfallen, sondern sie muß den Menschen immer wieder die nötige Sprache verleihen, die Vorstellungen jenseits unserer Erfahrungen entwickeln, die Verdrängungsmechanismen aufdecken, zur Auseinandersetzung mit Fragen des Todes ermutigen und so zum Trost angesichts der Angst und zur Bereicherung angesichts der Oberflächlichkeit anleiten. Es ist eine Überforderung aller Beteiligten, wenn dieser Verkündigungsauftrag immer nur in der akuten Betroffenheit bei Beerdigungen wahrgenommen wird. Und das Sprechen und Hören von Tod und Auferstehung sollte nicht nur alte Menschen angehen, sondern schon bei Kindern und Jugendlichen gepflegt werden.

Die Grundschüler und der Tod

In vielen Grundschulklassen gibt es Schüler, die den Tod in ihrer unmittelbaren Lebensumwelt erlebt haben. Die Erfahrungen gehen von tiefer Betroffenheit und vielleich langfristigen psychischen Wirkungen bis hin zum unbefangenen Reden über miterlebtes Sterben wie etwas Selbstverständliches. Manchmal rühren die Erfahrungen auch vom Tod von Tieren, hauptsächlich von geliebten Haustieren her.
Aber alle Grundschüler haben schon Begegnungen mit dem Tod auf der Ebene der Fernseh-Wirklichkeit gehabt. Dabei reicht die Spanne vom selbstverständlichen Abknallen unliebsamer Mitmenschen in Wildwest-Manier bis hin zur detaillierten Darstellung brutaler Mordszenen.
Trotzdem kann nicht bei allen Grundschülern damit gerechnet werden, daß sie die Erkenntnis von der unumstößlichen Begrenzung des menschlichen Lebens durch den Tod gewonnen haben. Manche Kinder meinen, ihre Eltern würden immer leben, und die Erklärung, auch ihre Eltern müßten eines Tages einmal sterben, jagt den Kindern Angst ein.
Sehr unterschiedlich ist die Sprachfähigkeit der Grundschüler im Bezug auf den Tod entwickelt. Manche Schüler sind ganz unbefangen und sachlich, anderen spürt man ihre emotionale Betroffenheit an, wieder andere reden vom Tod im Ton sensationeller Dramatik. Und je älter Grundschüler werden, desto deutlicher wirkt sich die weitverbreitete Stummheit als Ausdruck der Todes-Verdrängung Erwachsener aus.
Will ein Religionslehrer der Grundschule Konsequenzen aus der geschilderten Situation seiner Schüler ziehen, so bietet sich weniger eine dem Unterricht vorhergehende »Befragung« an, als vielmehr die Fähigkeit des Lehrers, sensibel und aufmerksam auf die Schüler und ihre Äußerungen während des Unterrichts über »Leben und Tod« zu achten, sie nicht nur zu belehren, sondern auch von ihnen zu lernen und den Unterricht entsprechend zu gestalten.
Außerdem wird das Thema, wenn es existentielle Erfahrungen abruft und neu einbringt, über die Grundschüler in die Elternhäuser gelangen. Dort wird eine Unterrichtseinheit über »Leben und Tod« eventuell ganz unterschiedlich bewertet. Daß einmal in kindgemäßer und sachgemäßer Weise über christliche Auffassungen von Leben und Tod und Auferstehung gesprochen wird, mag bei manchen Eltern auf Ablehnung stoßen, weil man »darüber nicht redet, überhaupt nicht mit Kindern«,

von anderen Eltern dagegen begrüßt werden, weil der Religionslehrer endlich die allgemeine Sprachlosigkeit zu überwinden sucht. Eventuell sollte die Information der Eltern über das Thema ausdrücklich in die Unterrichtsplanung mit einbezogen werden.

Grundsätzlich ist zu unterscheiden zwischen dem christlichen Sprechen über den Tod anläßlich eines akuten Todesfalles innerhalb der Schülergruppe oder ihrer unmittelbaren Umgebung und einem planmäßig vorbereiteten Unterricht über »Leben und Tod«.

In vielen Fällen wird der Religionslehrerin/dem Religionslehrer der Grundschule die schwierige Aufgabe zugewiesen, über aktuelle Todesfälle mit den Grundschülern zu reden. Es ist gut, für eine solche Situation gerüstet zu sein. Die Grundschüler brauchen dann je nach dem Grad der Betroffenheit die sachliche oder auch tröstende Sprache, um mit plötzlich aufgetretenen Ängsten fertig zu werden, um dringende Fragen stellen zu können und auf Antworten zu hören, um psychische Verkrampfungen zu lösen. Für den Lehrer ist dieses mehr eine erzieherische, menschliche Aufgabe als eine didaktische.

Dagegen braucht die didaktische Thematisierung von »Leben und Tod« den deutlichen Abstand zu aktuellen Todeserfahrungen, damit in Ruhe und Sachlichkeit über die existentielle Betroffenheit auslösenden Fragen gesprochen und gearbeitet werden kann.

Wer den Unterricht durch Anschauung bereichern will, kann mit den Schülern einen Unterrichtsgang zum Friedhof machen und Bilder über Auferstehung (in Dias, in Büchern, auch in Kirchen) betrachten. In dem vorliegenden Unterrichtsentwurf ist das Bild »keimendes Korn« angeboten, weil es ein Bild des Apostels Paulus für »Auferstehung« aus dem 1. Korintherbrief aufgreift. Der Film »Sieben Jahre – siebzig Jahre« ist ein ausgezeichnetes Medium zur Erfahrung des Sterbens alter Menschen. Er führt ebenso wie die Erzählung »Johanna und der alte Mann« in die Frage nach Gott im Zusammenhang mit dem Tod ein.

Die christliche Sprache und christliche Vorstellungen von Leben, Tod und Auferstehung werden – wie meistens im Religionsunterricht der Grundschule – aus biblischen Textstellen gewonnen. Die Aussagen des Paulus aus dem 1. Korintherbrief mögen ebenso wie die Geschichte von der »Auferweckung der Tochter des Jairus« in der Grundschule ungewohnt sein. Sie sind theologisch jedoch so trefflich geeignet, daß der Versuch sich lohnt, diese Texte für Grundschüler didaktisch aufzuarbeiten.

Da der christliche Glaube an die Auferstehung der Toten eng mit dem Glauben an die Auferstehung Jesu zusammenhängt, empfiehlt sich eine didaktische Verbindung entsprechender Unterrichtseinheiten. Diese braucht nicht nur darin gesucht zu werden, daß beide Einheiten unmittelbar aufeinander folgen. Wichtiger ist, daß die gleiche Klammer von Bibelverständnis und christlichem Glauben den Dreiklang Leben – Tod – Leben zusammenfaßt. Das theologische Problem läßt sich nur dann didaktisch angemessen klären, wenn die Bibeltexte als Glaubensaussagen ernstgenommen und nicht als Quelle historischer Informationen mißverstanden werden. Nicht weil die Tochter des Jairus genauso wieder lebendig wurde, wie es in der Bibel steht, glaubt Markus an die Auferstehung. Sondern weil Markus an den auferstandenen Herrn glaubte, konnte er die Geschichte von der Auferstehung der Tochter des Jairus so schreiben, wie sie in der Bibel steht.

Die Vorstellung von der Auferstehung nach dem Tod bleibt auch für uns an den christlichen Glauben gebunden, das sollte auch den Grundschülern nicht vorenthalten werden. Die Religionslehrer sollten vor den Kindern nicht so tun, als redeten sie von allgemein erkennbaren Tatsachen. Sondern sie tun gut daran, die christliche Glaubensqualität in der beschriebenen Deutung des Lebens und des Todes zu betonen. Dazu gehört auch die Information, daß andere Menschen (auch Eltern!) eventuell anders denken.

Lernziele

Die Grundschüler werden zum Nachdenken und zum Sprechen über den Tod angeleitet. Dabei reflektieren sie eigene Erfahrungen, erhalten aber auch sachliche Informationen über das Sterben, über Beerdigungen, über den Friedhof.
Mit Hilfe von Bildern und Geschichten werden die Schüler auch bekannt gemacht mit dem christlichen Glauben an die Auferstehung der Toten.
So trägt der Religionsunterricht dazu bei, Sprachlosigkeit im Bezug auf den Tod zu überwinden, Kenntnisse vom Tod als Begrenzung des Lebens zu vermitteln, gegen Oberflächlichkeit und Gleichgültigkeit vertieftes und ernsthaftes Nachdenken, gegen Brutalität und Gewalt die Ehrfurcht vor dem Leben zu setzen und trotz verständlicher Angst vorm Tod das Leben zu bejahen.

Unterrichtseinheit

I. Schritt (1–2 Unterrichtsstunden)

Johanna und der alte Mann (siehe Seite 78 ff.)

1. Wir erzählen uns die Geschichte »Johanna und der alte Mann«. Die Geschichte besteht aus 15 Abschnitten (Situationen). Nach jedem Abschnitt wird in einer kurzen Unterbrechung Gelegenheit zu spontanen Äußerungen der Schüler gegeben. Das Bedürfnis der Schüler, auf das Gehörte zu reagieren, wird in jeder Klasse verschieden sein. Jedenfalls sollte ausreichend Zeit eingeplant werden, damit die Schüler zu spontanen Gesprächen motiviert werden können.

> Bericht einer Lehrerin:
> Ohne weitere Vorbereitung begann ich mit der Geschichte. Es wurde beim Vorlesen in der sonst oft unruhigen Klasse sehr schnell still. Den Satz: »Ja, wenn man tot ist, da ist man lebendig bei Gott«, las ich (mit kurzer Pause) zweimal, da hörte ich ein Kind leise – ganz spontan – sagen: »Ja, das stimmt!« Sonst keine Kommentare oder Fragen zwischendurch. Nach dem Schluß ein allgemeines Aufseufzen, wie abschließend, eher erleichtert. Es war ein wenig mühsam, jetzt noch einmal ins Gespräch zu kommen. Es herrschte eigentlich nicht »Bedrückung«, es war eher, als wäre die Geschichte für die Kinder so abgeschlossen, abgerundet, daß nichts zu sagen blieb. ...

2. Gespräche zur Geschichte
   Vertieftes Verständnis der Geschichte
   Fragwürdiges in der Geschichte, z. B. wenn jemand stirbt, pflegen wir keine Kerze anzuzünden
   Eigene Erlebnisse mit alten Menschen, mit dem Tode
   Aussprechen von Erfahrungen, Ängsten usw.
   Vorsichtiger Abbau von fragwürdigen Vorstellungen vom Tod
   Erstes Anbahnen christlicher Gedanken zum Tod.

> Bericht einer Lehrerin:
> ... Mit vorsichtigen Fragen nach eigenen Erlebnissen, Begegnungen mit dem Tod, brachte ich einige Schüler zum Sprechen. Meistens waren Großmütter und Großväter gestorben – viele entfernt, einige ganz nah, aus der Hausgemeinschaft heraus. Einige Gesprächsausschnitte: »... meine Oma war schon lange krank, ich ging jeden Abend in ihr Zimmer. Am Abend war ich noch dagewesen, am nächsten Morgen war sie schon tot ...« – »... Ich konnte es einfach nicht begreifen, er hatte kurz davor noch mit mir gesprochen, nun lag er ganz still da.« – »Ich hatte den Notarztwagen gesehen, als ich nach Hause kam, dann sagte Mutte mir, daß Großvater gestorben wäre ...« – »... Ich war ganz traurig und mußte immer wieder weinen ... jeden Tag hatte ich mit ihm gespielt und auf einmal war er nicht mehr da ...«

II. Schritt (1 Unterrichtsstunde)

Wenn Menschen sterben

> Bericht einer Lehrerin:
> Ich habe den I. und II. Schritt der Unterrichtseinheit vertauscht und mit der Bildbetrachtung »Friedhof« die Unterrichtseinheit begonnen. Die Schüler nahmen das Thema sehr gut an. Ich wollte das Thema nicht mit dem wertvollsten Medium der Unterrichtseinheit »Johanna und der alte Mann« beginnen, sondern wollte mit dem profaneren, sachlichen Teil die Kinder einstimmen und ihre Aufnahmebereitschaft für das Thema erkunden

1. Bildbetrachtung und Gespräch
   Das Bild einer Beerdigung oder eines Friedhofes setzt das angefangene Gespräch über den Tod fort. Entsprechende Fotos finden sich in fast allen Religionsbüchern. Zugleich vermittelt im Gespräch sachliche Informationen über das Verfahren im Todesfall:
   Ärztliche Bescheinigung, Totenfrau, Sarg, Bestattungsunternehmen, Anzeigen, Pastor, Trauerfeier, Beerdigung, Grabstelle, Grabpflege, usw.
   Weitere didaktische Vertiefungen erscheinen nicht nötig, doch sollen gesprächsweise eingebrachte Informationen Sprachlosigkeiten überwinden und Ängste und falsche Vorstellungen abbauen helfen.

2. Vorlesen der Geschichte »Nichts für Kinder« (Vorlesebuch Religion, Band 1, Seite 116)

3. Evtl. kurzes Gespräch

Bericht einer Lehrerin:
Die Aussagen der Schüler zeigten mir, wie dringend nötig sachliche Informationen über das Sterben und über Beerdigungen sind. Ich schloß einen Gang zum Friedhof an. Die Schüler waren sehr aufgeschlossen. Mit großem Interesse lasen sie Grabsteininschriften. Sie stellten fest, daß auch viele junge Menschen hier begraben liegen, fragten nach der Entstehung des Soldatenfriedhofes, beklagten, daß viele Gräber ungepflegt waren.

III. Schritt (1–2 Unterrichtsstunden)

Jesus besiegt den Tod

1. Einleitung
   Lehrer: Wir haben in den letzten Stunden viel vom Tod gesprochen, aber dazu gibt es noch viel zu sagen. Versucht euch an einen sehr wichtigen Satz zu erinnern, den Johanna sagt, als die Mutter ihr von Heinrichs Tod berichtete! Johanna sagte: »Wenn man tot ist, da ist man lebendig bei Gott.« Und Heinrich selbst hatte ja vor seinem Tod zu Johanna gesagt: »Ich will heimkommen zu Gott«. Beide glauben also, daß mit dem Tod nicht alles aus und vorbei ist, sondern daß das, was nach dem Tod kommt, gerade sehr viel mit Gott zu tun hat.
   Menschen, die an Jesus glauben, haben sich eine Geschichte aus der Bibel immer weiter erzählt, die vom Tod und von Gott handelt. Diese Geschichte will ich euch nun erzählen. Damit ihr sie gut versteht, erzähle ich sie euch ausführlicher als sie Markus in der Bibel aufgeschrieben hat.

2. Erzählung: Die Auferstehung der Tochter des Jairus (Markus 5,21–43) (siehe Seite 80f.)
   Evtl. kann die Erzählung durch gleichzeitiges Zeigen der Dia-Serie »Jesus besiegt den Tod« (Reihe: Was uns die Bibel erzählt – Deutsche Bibelstiftung Stuttgart 1975) begleitet werden.

3. Kurzes Gespräch
   mit spontanen Äußerungen und Rückfragen

Bericht einer Lehrerin:
Das anschließende Gespräch war »echt« gut. Es kamen zunächst ganz ehrliche Fragen, auch von Kindern, die sonst zurückhaltender sind. Einige sagten ganz frei heraus, daß das eine schöne Geschichte wäre, aber daß sie sich das wirklich nicht vorstellen konnten. Ich hatte den Eindruck, sie wollten das Wunder eigentlich gerne »glauben«, aber sie konnten es nicht und sagten mir das. (Es ist die erste Wundergeschichte, die sie hörten!) Sie bemühten sich ganz ernsthaft um ein Verständnis – ich ließ sie alles sagen, stimmte ihren Zweifeln ganz offen zu (Und überlegte: wie geht es jetzt weiter ...?)
Da sagte ein Mädchen ganz spontan, ganz deutlich und klar in diese Spannung – sinngemäß – etwa folgendes: »Ja – aber das ist vielleicht – Jesus, der ist ja von Gott, und vielleicht ist er darum so stark, vielleicht hat ja Gott ihm die Macht gegeben, meine Oma hat das auch mal gesagt ...«
(Ich dankte im stillen der unbekannten Oma), als die Debatte eifrig weiterging: »Ja, Jesus, der war ja so was, so wie – ein Bruder von Gott, und darum hatte er Macht ...«

4. Bild malen
   Arbeitsauftrag: Malt ein ungewöhnliches Bild zu der Geschichte, indem ihr keine einzige Figur malt. Und doch soll euer Bild zeigen, wie es mit Jairus und seiner Tochter und mit Gott gegangen ist. Euer Bild soll nicht durch Figuren, sondern nur durch Farben und Formen wirken. Die Farben müßt ihr deshalb sorgsam auswählen. Welche Farben kennzeichnen Jairus Angst und Schrecken wegen des Todes? Welche Farben seine große Freude? Stellt beides auf eurem Blatt gegenüber. Vielleicht könntet ihr euer Bild auch in drei Teile teilen, 1. wie Jairus und seine Tochter zusammen gelebt haben und Freude und Sorgen wie alle Menschen, 2. wie Jairus wegen des Todes der Tochter verzweifelt war, 3. wie er durch Gott getröstet und froh wurde.

5. Betrachten und Besprechen der Bilder
   Die fertigen Bilder werden aufgehängt, erläutert, befragt, ergänzt. Dabei sollte oft auf die Geschichte zurückgefragt werden, so daß sie evtl. im Bibeltext noch einmal vorgelesen wird.

Berichte von Lehrerinnen: A: Die Ausführung des Auftrages erschien den Kindern sehr schwer! Immer wieder Rückfragen: Keinen einzigen Menschen? Auch kein Haus? Die meisten brachten dann doch »Einzelheiten«, d. h. einzelne Farbpunkte für einzelne Personen; die Abstraktion der großen symbolischen Farbfläche erschien mir für viele Kinder viel zu schwer (kein Reiz – keine Bereitschaft – kaum verstanden). Immer wieder: »Schade, daß wir nicht richtig malen dürfen!« B: Die Erfahrung, Stimmungen nur durch Farben darzustellen, war für die Schüler neu. Wahrscheinlich haben sie aber dadurch einen besseren Zugang zur Geschichte bekommen. Sie können so die unterschiedlichen Situationen, in die Jairus kommt, besser verstehen. Die Frage über die Zusage Jesu wird verständlicher.

IV. Schritt (2 Unterrichtsstunden)

Nach dem Tod – leben?

1. Wiederholung: Geschichten zu Sätzen
   Lehrer: Ich habe auf große Blätter Sätze geschrieben, die ihr schon kennt. Bitte erzählt kurz, in welchem Zusammenhang der Satz gesagt wurde.

   Sätze auf Packpapier oder Tapete:

Wenn man tot ist, ist man lebendig bei Gott
Mädchen, ich sage dir, steh auf!
Denn mein Sohn war tot und ist wieder lebendig geworden

Den Schülern wird der Erzählzusammenhang des dritten Satzes vielleich nicht sogleich einfallen. Es ist ein Zitat aus dem „Verlorenen Sohn« (Lukas 15,24). Möglicherweise bietet sich an, den »Verlorenen Sohn« an dieser Stelle als Leben-Tod-Geschichte neu zu entdecken: Getrennt sein vom Vater (von Gott) heißt tot sein, obwohl man noch lebt. In der Vergebung des Vaters (Gottes) leben ist wahres Leben.

2. Lesen von Todesanzeigen
Die Schüler erhalten in Gruppen mehrere Todesanzeigen aus der Zeitung. Diese werden besonders unter dem Aspekt gelesen, wie die Angehörigen von Verstorbenen mit dem Tod fertig werden. Ist mit dem Tod alles aus und vorbei? Entsprechende Sätze werden von den Schülern ebenfalls auf große Papierstücke geschrieben, die an die Stecktafel geheftet werden.

Beispiele:

Nach schwerem Leiden ging heute mein so geliebter Mann, ... in Frieden heim
Gott der Herr hat meine liebe Frau, unsere gute Mutter und Großmutter heute zu sich genommen
Im festen Glauben an ihren Erlöser entschlief heute morgen nach langer schwerer Krankheit ...
Ich weiß, daß mein Erlöser lebt!

3. Gespräch
Vorstellungen von der Bewältigung des Todes entdecken
Die Schüler erläutern und besprechen die aufgeschriebenen Sätze. Im Gespräch können weitere von den Kindern benannte Aussagen über den Tod und das, was nach dem Tod kommt, ergänzt werden.

Beispiele:

Die Mutter lebt in ihren Kindern weiter
Wir werden ihn nie vergessen
Das Kind ist jetzt ein Engel
Seine Seele ist nun im Himmel, nur der Körper liegt im Sarg
Die Toten werden auferstehen

In den Gesprächen sollte angedeutet werden, daß alle diese Sätze zwar Ähnliches aussagen, daß die Sprachregelung für Christen jedoch nicht gleichgültig ist. Das gültige christliche Bekenntnis von der »Auferstehung der Toten« sollten sich die Kinder einprägen, auch wenn sie seinen tiefen Gehalt erst ahnen. Es mag wohl für die Schüler zutreffend mit »immer bei Gott leben« übersetzt werden.

4. Meditation
Bildbetrachtung »Keimendes Korn« und Texte von Paulus (siehe Seite 66–68)
Die Schüler erhalten jeder oder je zwei ein Bild »Keimendes Korn«, das sie still betrachten. Der Lehrer liest oder spricht dazu Sätze aus der Meditation oder direkt aus dem Korintherbrief. Konzentration und Stille in der Klasse sind Bedingungen dieser Methode. Sie können evtl. unterstützt werden, wenn das Bild durch einen Bildwerfer projeziert wird und die Sätze in die Dunkelheit gesprochen werden.

Erzählung:
Johanna und der alte Mann

Johanna wohnt in einem Hochhaus. Sie wohnt ganz oben im zehnten Stock. Im gleichen Hochhaus wohnt Heinrich, er wohnt im zweiten Stock. Heinrich und Johanna sind Freunde. Heinrich ist sehr alt. Er geht langsam, er hat Schmerzen in seinen Beinen. Er hat keine Zähne mehr im Mund, er hat sie alle verloren.
Johanna hat auch Zähne verloren. Als sie zwei Jahre alt war, fiel sie die Treppe hinunter. Da fielen drei Zähne heraus. Ein anderer Zahn bekam einen Stoß. Er blieb zwar im Mund, aber er wurde schlecht und grau. Als der Zahnarzt den schlechten Zahn sah, sagte er zu Johanna: »Schnipp, schnapp, schnauß, den schlechten ziehn wir raus!« Wenn Johanna größer wird, werden neue weiße Zähne wachsen. Aber Heinrich, der alt ist, bekommt keine neuen Zähne.
Heinrich geht zum Kiosk, um eine Zeitung zu kaufen. Da darf Johanna mitgehen. Sie hält Heinrich an der Hand und paßt auf die Autos auf. Heinrich kauft Bonbons für sie, Johanna fragt: »Ist heute Samstag?« Aber es ist nicht Samstag, es ist Dienstag. Da will Johanna die Bonbontüte nicht aufmachen. Sie will nicht ihre Zähne kaputt machen. Deshalb sagt sie zu Heinrich: »Bei uns gibt's Bonbons immer bloß samstags. Samstag-Bonbons sind die besten, weißt du das nicht?«
Manche Kinder haben Angst vor Heinrich. Sie sagen zu Johanna: »Nimm dich in acht vor dem blöden Alten aus dem zweiten Stock!« Es ist dumm, so etwas zu sagen, meint Johanna. Heinrich ist doch kein blöder Alter. Er ist sehr, sehr lieb. Johanna mag Heinrich sehr, und sie trifft ihn jeden Tag.
Manchmal gehen Heinrich und Johanna zum Sandkasten. Heinrich sitzt auf der Bank mit seiner Zeitung und genießt die Sonne. Johanna backt eine Menge Kuchen. Dann lädt sie Heinrich ein und sagt: »Bitte sehr, probier doch die besten Kuchen, die es auf der Welt gibt!« Da lacht Heinrich und antwortet: »Du bist mein Mädchen. Was sollte ich machen, wenn ich dich nicht hätte?«
Früher war Heinrich Seemann, aber das ist lange her. Damals war er stark wie ein

Bär. Da konnte er schwimmen und sich prügeln und bis hoch in den Mast hinaufklettern. Jetzt kann Heinrich nicht mehr segeln, aber er sieht sich gerne die Schiffe an. Er erzählt Johanna vom großen Meer und von den Ländern, die weit weg sind. Einmal war er in Korea. Von dort ist auch Johanna gekommen, als sie ein Baby war. Sie kann sich nicht daran erinnern, wie es in Korea aussieht. Aber Heinrich kann es ihr erzählen. Wenn Johanna groß ist, will sie hinfahren und es sich anschauen.

Jeden Abend fährt Heinrich mit dem Aufzug. Er fährt hinauf in den zehnten Stock. Wenn er an der Tür klingelt, kommt Johanna und öffnet. Sie hat den Schlafanzug an, denn sie hat gerade gebadet. »Darf ich die Nachrichten sehen?« fragt Heinrich. »Kommt nur rein«, sagt Johanna. »Ich habe den Fernseher schon angestellt.«

Wenn Heinrich oben bei Johanna ist, sitzt er immer auf dem gleichen Stuhl. Er liest in der Zeitung, und er sieht das Fernsehprogramm an, und er spricht mit Mama und Papa. Manchmal sitzt er auch ganz still und denkt, alles ist so schlimm. Papa sagt dann, Heinrich ist deprimiert. Wenn Heinrich so deprimiert ist, will er nicht sprechen, mit keinem, nicht einmal mit Johanna. Dann tut's ihm an so vielen Stellen weh, besonders im Magen. Wenn Heinrich eine Zeitlang so dagesessen hat, sagt er oft: »Warum soll ich eigentlich noch länger leben? Wenn es einem so schlecht geht, ist es am besten zu sterben. Ich wünsche nur, daß ich bald sterben darf.«

»Ich will aber, daß du gesund bist und mit mir spielst«, sagt Johanna dann. »Ich gebe dir Medizin, da wird es bestimmt besser im Magen.« Johanna holt ein Glas mit heißem Wasser und einen kleinen Beutel. In dem Beutel ist Kamillentee, den taucht sie in das Wasser. Es blubbert so schön im Glas. Heinrich wird wieder froh, und er sagt wie so oft: »Du bist mein Mädchen, was sollte ich tun, wenn ich dich nicht hätte?«

Am Weihnachtsabend hat Johanna sich als Weihnachtsmann verkleidet. Sie will Heinrich einen großen Korb bringen. In dem Korb sind Kerzen und Äpfel und Dosen mit Essen. Heinrich freut sich, als Johanna kommt, aber er will nichts essen. Er bricht nur, und er kann nicht aufstehen. Armer Heinrich, der so alt und krank ist. Papa sagt zu ihm: »So kannst du nicht hier liegen, du mußt ins Krankenhaus. Ich werde einen Krankenwagen bestellen.«

Johanna darf Heinrich im Krankenhaus besuchen. Er sitzt im Rollstuhl. Sie glaubt, daß Heinrich heimkommt, wenn der Winter vorbei ist und wenn man wieder im Sand spielen kann. Aber daran glaubt Heinrich nicht. Er sagt zu Johanna: »Ich komme wohl nicht mehr heim in das Hochhaus. Ich will lieber heimkommen zu Gott.«

»Heim zu Gott, wo ist das?« wundert sich Johanna. »Das weiß ich nicht genau«, sagt Heinrich. »Das kann man nicht wissen, aber ich weiß, daß Gott sich um mich kümmert, wenn ich sterbe.«

Eines Tages klingelt das Telefon. Es ist die Schwester vom Krankenhaus. Sie will mit Mama sprechen. Sie sagt, daß Heinrich nun tot ist. »Wie dumm! Wie blöd!« sagt Johanna. Aber dann denkt sie: Vielleicht ist es doch gut für Heinrich. Mama zündet eine Kerze an und betet: »Lieber Gott, kümmere du dich um Heinrich, jetzt, wo er tot ist. Du sorgst für uns, wenn wir leben. Du sorgst für uns, wenn wir sterben. Danke!«

Johanna sitzt und schaut eine Zeitlang in die Kerze. Dann bläst sie sie aus und sagt zu ihrer Mama: »Weißt du, was ich glaube? Ja, wenn man tot ist, da ist man lebendig bei Gott.«

Wenn Johanna bei den Schaukeln ist, denkt sie an Heinrich. Er soll kommen, denkt sie, er soll mit mir spielen wie früher. Aber das kann er ja nicht, wenn er tot ist.

Johanna macht es keinen Spaß, allein zu sein. Da kommt ein netter Junge. Er heißt Per. Er sagt: »Hallo, kleines Mädchen, soll ich dich anstoßen?« Das will Johanna natürlich. Und sie schaukelt höher und höher und lacht, wenn es im Magen kitzelt.
Einige Kinder rufen Johanna und Per: »Kommt und spielt mit uns in unserem Häuschen!« Zuerst will Johanna nicht. Sie hat ein bißchen Angst vor den anderen Kindern. Aber diese Kinder sehen nett aus. Deshalb wagt Johanna sich hin. Sie nimmt ihren Eimer mit und fängt an, im Sand zu graben.
Jetzt ist Johanna froh, sie hat viele Freunde bekommen. Sie ist nicht mehr allein. Jeden Tag springt sie hinaus und spielt mit ihren neuen Freunden.

Margarete Melin, »Johanna und der alte Mann«. Aus: Johanna und der Tod
Burckhardthaus-Laetare Verlag Offenbach am Main

Erzählung:
Die Auferweckung der Tochter des Jairus (Markus 5,21–43)

Durch die Gassen der Stadt eilt ein Mann. Die Menschen schauen ihm verwundert nach. Ist das nicht Jairus, der angesehene Synagogenvorsteher? Was ist nur los mit ihm? Sonst geht er doch immer langsam und gemessen, voller Würde, so daß die Menschen ihn ehrfürchtig grüßen und sich vor ihm verneigen. Schließlich hat er eine geachtete Stellung als Leiter des Gottesdienstes. Heute aber erkennt man ihn kaum wieder. Er rennt, als ginge es um sein Leben.
Jairus läuft zum Seeufer. Dort sind schon viele Menschen versammelt. Sie hören einem Mann zu, der zu ihnen redet. Dieser Mann ist Jesus.
Jairus will zu ihm. Er drängt sich durch die Menschenmenge. Endlich hat er Jesus erreicht. Er wirft sich vor Jesus auf die Knie – er, vor dem sonst andere Menschen sich verbeugen. Die Menschen wundern sich und schütteln die Köpfe.
Jairus blickt Jesus flehend an. Er ruft: »Meine Tochter ist krank, todkrank! Keiner kann ihr mehr helfen. Schnell, komm mit mir! Hilf du ihr! Es ist ganz dringend! Sie liegt im Sterben. Lege du ihr die Hände auf, damit sie gerettet wird und lebt. Sonst ist alles aus!«
Jesus sieht die Not des Jairus. Er geht mit ihm. Die Menschen, die bei Jesus sind, wollen auch mit. Sie sind neugierig. Ob Jesus dem Jairus helfen wird? Sie drängen sich. Jeder will genau sehen, was passiert. So kommen sie nur langsam voran. Jairus ist voller Angst. Er denkt: Hoffentlich kommen wir noch rechtzeitig!
Nun kommt auch noch eine Frau und will Hilfe von Jesus. Kann er die Frau nicht stehenlassen? Es muß doch schnell gehen! Doch Jesus ist ganz ruhig. Er bleibt stehen und spricht mit der Frau. Jairus denkt: Wenn wir nur nicht zu spät kommen …
Während Jesus noch mit der Frau spricht, kommen Männer gelaufen. Jairus erschrickt. Es sind Boten aus seinem Haus. Sie gehen auf Jairus zu, traurig und ernst. »Jairus, es ist zu spät. Deine Tochter ist tot. Jesus braucht nicht mehr zu kommen. Bemühe dich nicht mehr. Es ist umsonst. Keiner kann mehr helfen.« Jairus bleibt entsetzt stehen. Verzweifelt blickt er Jesus an. Jesus achtet nicht auf das, was

die Männer sagen. Er spricht zu Jairus: »Habe keine Angst. Vertraue mir. Ich helfe dir. Glaube nur!«
Jairus bleibt bei Jesus. Er geht mit Jesus zu seinem Haus. Die anderen Menschen wundern sich: »Warum geht Jesus jetzt noch mit? Gegen den Tod kann doch keiner helfen.«
Als sie beim Haus ankommen, sind schon die Nachbarn zusammengelaufen. Sie reden alle durcheinander. Sie weinen und klagen: »Es ist schrecklich! Was sollen die Eltern ohne das Mädchen machen? Jetzt ist alles aus.« Sie wollen den Eltern helfen. Sie wollen ihnen zeigen, daß sie mit ihnen traurig sind. Sie klagen laut über den Tod des Mädchens. Sie singen traurige Lieder. So wollen die Nachbarn die Eltern trösten. Doch das Klagen und Weinen können Jairus und seine Frau nicht wieder froh machen.
Jesus sagt: »Warum jammert und weint ihr so? Was soll der Lärm? Weint nicht mehr. Das Kind ist nicht tot. Es schläft.«
Da lachen die Leute ihn aus. Sie denken: Was für ein Unsinn. Wir wissen es besser. Tot ist tot! Daran kann niemand etwas ändern. So war es immer und so wird es immer bleiben. –
Doch Jesus drängt die Leute hinaus, die Totenkläger. Diese Menschen können nicht helfen mit ihrem Klagen und Weinen. Jesus nimmt nur die Eltern und drei von seinen Jüngern mit zu dem Mädchen.
Jesus faßt das Mädchen bei der Hand. Er sagt: »Mädchen, steh auf!« Da steht das Mädchen auf, es geht umher, es lebt.
Jairus und seine Frau stehen fassungslos vor Staunen. Sie wundern sich, weil sie erfahren haben: was Jesus getan hat, ist ein Zeichen von Gott. Für Gott ist es mit dem Tod nicht aus und vorbei. Gott gibt uns neues Leben, auch wenn wir tot sind.

Kommentar zur Auferweckung der Tochter des Jairus (Markus 5,21–43)

nach: J. Schniewind, Das Neue Testament Deutsch, Vandenhoeck & Ruprecht, Göttingen 1962

Es handelt sich bei dieser Bibelstelle um zwei ineinander eng verflochtene Erzählungen. Beide Geschichten sind verbunden durch Jesu Worte vom Glauben (Vers 34 und 36) und äußerlich dadurch, daß mit der eingeschobenen Erzählung von der blutflüssigen Frau eine Zeitspanne entsteht, während der das Kind des Jairus stirbt.
In dem hier vorliegenden Erzählvorschlag ist die eingeschobene Wundergeschichte weggelassen, um die Grundschüler nicht zu verwirren. Es ist nur angedeutet, daß Jesus in der Zwischenzeit mit einer Frau spricht, um die von Lukas beschriebene zeitliche Ordnung zu wahren.
Die Geschichte von der Auferweckung der Tochter des Jairus entspricht der für alle neutestamentlichen Wundergeschichten geltenden Bestimmung: die messianische Zeit kommt, das Reich Gottes ist in Jesus Christus angebrochen, und nun wird alles gut, Heil und Friede kommt zu den Menschen, deshalb wird auch der Tod überwunden.

»Als aber Johannes im Gefängnis von dem Werken des Christus hörte, sandte er seine Jünger und ließ ihn fragen: bist du es, der kommen soll, oder sollen wir auf einen anderen warten? Jesus antwortete ihnen: Gehet hin und sagt Johannes wieder, was ihr hört und seht: Blinde sehen, und Lahme gehen, Aussätzige werden rein und Taube hören, Tote stehen auf und den Armen wird das Evangelium gepredigt. Und selig ist, der nicht an mir irre wird.« (Matthäus 11,2–6)
Mit dem Tod ist eben nicht alles aus und vorbei, sondern der Tod wird wie ein Schlaf gedacht. Christen schlafen »in Christus« in Frieden ein, denn sie gehören dem an, der Tote auferweckt.
Synagogenvorsteher sind wohlhabende Bürger (Laien), die für die äußere Einrichtung von Synagoge und Gottesdienst sorgen. Daß in der Überlieferung Jesu Wort »Mädchen, ich sage dir, stehe auf« (Vers 41) im aramäischen Wortlaut erhalten blieb (Talitha kumi) und nicht einfach übersetzt wurde, weist auf ein »geflügeltes Wort« mit dem Ursprung in Palästina hin. Der Evangelist Markus legt besonderen Wert auf die Wahrung des Messias-Geheimnisses, das sich nur den Glaubenden erschließt. Von daher sind die ausdrückliche Ausschließung der Öffentlichkeit aus der Totenkammer bedeutsam und das Wort von Glauben »Fürchte dich nicht, glaube nur!« (Vers 36). Glaube ist also nicht einfach Vertrauen in die Kraft des Wundertäters, sondern es ist der Glaube an Gott, der die Furcht überwindet, sogar die Angst vor dem Tod.
Wie bei allen Wundergeschichten, so ist auch hier die Begebenheit selbst, auf die sich Markus in der Geschichte von der Auferweckung der Tochter des Jairus bezieht, unbekannt. Gegenüber dem Ausdruck des Glaubens »Meine Tochter liegt im Sterben. Komm doch und lege deine Hände auf sie, damit sie gesund wird und lebt« (Vers 23) und der Verheißung Jesu »Das Kind ist nicht gestorben, es schläft. Mädchen ich sage dir, steh auf!« (Vers 39 und 41) wird die Frage nach dem historischen Ereignis auch nebensächlich. Vielmehr erschließt die Geschichte dem christlichen Glauben ein Zeichen der Hoffnung, daß Gott uns auch nach dem Tod neues, herrliches, wenn auch unbegreifliches Leben schenkt: mit dem Tod ist nicht alles aus und vorbei, sondern nach dem Leben kommt der Tod und danach wieder Leben.

Literatur

Bender, Hans, Seele auf Exkursion, in: Zeitschrift für Religionspädagogik 2/1981
Berrigan, Daniel, Tod und Auferstehung – Lazarus steht nicht mehr auf, in: Publik-Forum 8/1981
Betz, Felicitas, Die Lust, lebendig zu sein, in: Die Welt des Kindes 6/1980
Blank, Josef, Es geht um Leben und Tod, in: Publik-Forum 17/1983
Brocher, Tobias, Wenn Kinder trauern, in: Lebendige Katechese 2/1983
Buschbeck, Bernhard, Ostern in der Grundschule, in: Der ev. Erzieher 1/1981
Daut, Volker, Die Entwicklung der Todesvorstellung bei Kindern und Jugendlichen, in: Zeitschrift für Heilpädagigik 4/1980
Die christliche Deutung des Todes – schon für Kinder? in: Katechtische Blätter 9/1980
Emmelius, J. C., Zum Thema »Sterben und Tod«, in: Was und Wie 1/1981
Engelke, Ernst, Sterbende fordern die Lebenden heraus, in: Caritas 1/1984

Göllner, Reinhard, Behandlung von Trauer und Tod im Religionsunterricht, in: Lebendige Seelsorge 5/1981
Günzler, Claus, Erziehung zur Ehrfurcht vor dem Leben, in: Lehren und Lernen, 12/1981
Hang, E., Ostern – Von der Auferstehung erzählen, in: Theorie und Praxis der Sozialpädagogik 1/1983
Hasler, Victor, Credo und Auferstehung in Korinth, Erwägungen zu 1. Korinther 15, in: Theologische Zeitschrift 1/1984
Josuttis, Manfred, Zwischen den Lebenden und den Toten, in: Evangelische Theologie 1/1981
Kelt, Franz, In die Tiefe gehen – um zu wachsen, Themaheft in: Religionspädagogische Praxis 1/1980
Kettler, Walter, Verzweifeln und Hoffen? in: Welt des Kindes 2/1981
Kind und Tod, Protokoll der Evangelischen Akademie Hofgeismar, Hofgeismar 1981
Krankheit – Leid – Tod, Themaheft, in: Materialbrief 1/1984
Küng, Hans, Sterben als Teil des Lebens, in: Ev. Kommentare 3/1983
Kuhlmann, Jürgen, Was kommt nachher? in: Orientierung 6/1980
Kuschel, Karl-Josef, Tod und Auferstehung, in: Publik-Forum 8/1981
Lehre uns bedenken, daß wir sterben müssen, Themaheft in: Anhaltspunkte 5/1982
Leist, Marielene, Mit Kindern über den Tod sprechen, in: Lebendige Katechese 2/1983
Lenz, Käthe, Auferstehungshoffnung im Todeserleben 8–10jähriger Grundschüler, in: ru 3/1983
Mayer-Scheu, Josef, Wenn Illusionen das Leben verraten, in: Pastorales Forum 7/1980
Meier, Klaus-Jürgen, Erfahrungen mit dem Thema »Auferstehung« im Religionsunterricht, in: ru 8/1983
Meili-Lehner, Dorli, Tod – ein Thema für den Unterricht in der Unterstufe? in: RL, Zeitschrift für RU und Lebenskunde 3/1982
Quenzer, Wilhelm, Wiederentdeckung der Todesgrenze, in: Materialdienst 1/1982
Rickers, Folkert, Auferstehung der Toten – theologische und didaktische Anmerkungen, in: ru 3/1983
Schnalz, Franz, Junge Menschen in Konfrontation mit Tod und Auferstehung, in: Christlich-pädagogische Blätter 3/1980
Schweizer, Eduard, Auferstehung – Wirklichkeit oder Illusion, in: Evangelische Theologie 1/1981
Siegfried, Adam, Trauern in der Hoffnung, in: Lebendige Seelsorge 5/1981
Sievers, Eberhard, Wundergeschichten – neu erzählt und gestaltet im Religionsunterricht der Grundschule, Schroedel Verlag Hannover 1979
Sievers, Eberhard, Jesus entdecken, Band 2 (Kapitel: Wundergeschichten) Patmos Verlag Düsseldorf 1983
Tod und Auferstehung, Themaheft in: Das Baugerüst 2/1983
Weidinger, Norbert, »... und deine Auferstehung preisen wir« – Neue Auferstehungslieder, in: ru 3/1983
Weiser, A., Was die Bibel Wunder nennt, Katholisches Bibelwerk Stuttgart 1977
Wie stehe ich zum Tod? Themaheft in: Radius 3/1983
Wiederkehr, Dietrich, Hoffnung für die Toten, in: Lebendige Seelsorge 5/1981
Wienecke, Ingrid, Klaus ist tot, in: Burk, Karlheinz, Religionsunterricht für Grundschüler, Patmos Verlag Düsseldorf 1981
Wittkowski, Joachim, Strukturen der Todesvorstellung bei 8–14jährigen, in: Zeitschrift für Entwicklungspsychologie 4/1981

Die Bekehrung des Saulus
Linolschnitt: Eberhard Sievers

Bibeltext: Die Bekehrung des Saulus (Apostelgeschichte, Kapitel 9)

1 *Saulus wütete weiter mit Drohen und Morden gegen die Jünger des Herrn. Er ging zum Hohenpriester*
2 *und bat ihn um den amtlichen schriftlichen Auftrag, um Anhänger der neuen christlichen Lehre, Männer und Frauen, in Damaskus aufzuspüren und gefesselt nach Jerusalem führen zu können.*
3 *Als Saulus aber auf dem Wege war und in die Nähe von Damaskus kam, blendete ihn plötzlich ein helles Licht vom Himmel,*
4 *und er fiel auf die Erde und hörte eine Stimme, die sagte zu ihm: Saul, Saul, was verfolgst du mich?*
5 *Er aber fragte: Herr, wer bist du? Der Herr antwortete: Ich bin Jesus, den du verfolgst.*
6 *Steh auf und geh in die Stadt, da wird man dir sagen, was du tun sollst.*
7 *Die Männer aber, die mit ihm reisten, standen sprachlos da, denn sie hörten zwar die Stimme, aber sahen niemand.*
8 *Saulus aber richtete sich auf von der Erde. Und als er seine Augen aufschlug, sah er nichts. Da nahmen sie ihn bei der Hand und führten ihn nach Damaskus.*
9 *Und er konnte drei Tage lang nicht sehen und aß und trank nicht.*

Kommentar zu der Bekehrung des Saulus (Apostelgeschichte 9,1–9)

nach G. Stählin, Das Neue Testament Deutsch, Vandenhoeck & Ruprecht, Göttingen 1962

Die Geschichte von der Bekehrung des Saulus bildet einen der Höhepunkte der Apostelgeschichte. Sie ist Lukas so wichtig, daß er sie dreimal erzählt (9,1–19; 22,3–16; 26,9–18), weil gerade der größte und eifrigste Gegner Jesu zu seinem größten und eifrigsten Boten gemacht wird. Paulus selbst erwähnt seine Beteiligung an der Christenverfolgung auch (Galater 1,13 und 23; 1 Korinther 15,9; Philipper 3,6), aber für ihn steht seine Schuld im Vordergrund, für Lukas die Macht des Eingreifens Christi.
Lukas bereitet mit kurzen Notizen während der Schilderung der Steinigung des Stephanus die Paulus-Geschichte vor (7,58 und 8,1–3). Die Dauer der Christenverfolgung wird dadurch angedeutet, daß in Kapitel 8 der ganze Komplex der Philippus-Geschichten dazwischengeschoben wird und daß Paulus nun darauf ausgeht, die Verfolgung über Palästina hinaus auszudehnen. Er muß seine Aufgabe in der Hauptstadt selbst als erfüllt angesehen haben.
Warum Paulus gerade Damaskus wählt, entzieht sich unserer Kenntnis. Jedenfalls ist Damaskus wie andere Weltstädte der Zeit (Antiochien, Alexandrien, Ephesus, Rom) ein Beispiel für eine anonyme christliche Mission neben dem Wirken der großen, mit Namen bekannten Missionare.
Wie Paulus für seine Verfolgertätigkeit in Jerusalem bereits durch seine oberste

Behörde bevollmächtigt war, reist er auch nach Damaskus nicht auf eigene Faust, sondern als offizieller Beauftragter des Hohen Rates. Diese Christenverfolgung war also bereits eine »staatliche« Verfolgung. In ihr wirkten Pharisäer und Sadduzäer Hand in Hand. Aus den Synagogen in Damaskus als Adressaten des Beglaubigungsschreibens geht der Führungsanspruch des Hohen Rates gegenüber dem Weltjudentum hervor. Es wird eine Polizeiaktion in einer ausländischen Gemeinde angeordnet, deren Opfer zur Verhandlung und Aburteilung nach Jerusalem geschafft werden sollen. Der Hohe Rat war offensichtlich durch die Römer zu einem Vorgehen gegen die Christen nicht nur in Jerusalem, sondern in der ganzen Provinz Syrien ermächtigt worden.
Paulus ist schon fast am Ziel, da greift Christus selber ein. Das Zeichen des himmlischen Eingreifens ist wie oft das Licht als Abglanz der Herrlichkeit Gottes. Die Lichterscheinung sehen auch die Begleiter des Paulus, vermutlich Mitglieder der Tempelpolizei aus Jerusalem. Paulus allein sieht eine Gestalt, ohne sie zu erkennen, darum wird er auch allein geblendet. Von der Wucht der Erscheinung getroffen stürzt Paulus zu Boden. Die Erscheinung spricht ihn sofort an, die Begleiter hören zwar eine Stimme, verstehen jedoch nichts. Paulus wird in der hebräisch-aramäischen Form »Saul« angeredet. In der Frage »Warum verfolgst du mich« identifiziert sich Jesus mit seiner Gemeinde. Paulus wird zum Verfolger und Feind Christi selbst erklärt. Es ist üblich, den aramäischen Namen »Saulus« nach der Bekehrung in das Griechische »Paulus« zu verändern. Paulus erhält nun nur eine vorläufige Anweisung. Er soll in Damaskus Weiteres abwarten. Noch blind wird er in die Stadt geführt, wo er im Haus eines unbekannten Mannes namens Judas untergebracht wird. Dort fastet er noch drei Tage, bis er durch Ananias frische Lebenskraft für seine neue Aufgabe gewinnt.

Text: Über Paulus

Die Paulusforscher der letzten Jahrzehnte haben deutlich gemacht, daß der Paulus der Briefe, und zwar der eindeutig authentischen Briefe, der historische Paulus ist. Zu den echten Paulusbriefen zählen der 1. Thessalonicherbrief, die vier Korintherbriefe, der Galaterbrief, die drei Philipperbriefe*, der Brief an Philemon und der Römerbrief.*

Diese Briefe sind unschätzbare historische Originaldokumente für die Erstgestalt und Erstausbreitung des Christentums in den Anfangsjahrzehnten nach dem Tode Jesu. Man stelle sich nur vor, es gäbe einen authentischen Brief des Jesus. Zwischen 50 und 58 n.Chr., in 6–8 Jahren einer insgesamt 25jährigen Tätigkeit, hat Paulus sie geschrieben. Es waren die entscheidenden Jahre seiner Christusverkündigung in Griechenland (Philippi – Thessalonich – Korinth) und Kleinasien (Ephesus). Durchgehend auf Fragen von Christologie (Christuslehre) und Gemeinde bezogen, gewähren sie in (allerdings meist sparsamen und spröden) Randnotizen auch biographischen Einblick in diese Jahre – und in die davorliegenden ersten Jahre des Christen Paulus. Über Kindheit und Jugend des Paulus wissen wir dagegen wenig, aus Galater 1,14 immerhin, daß Paulus, Kind jüdischer Eltern, streng im pharisäischen Gesetzesgehorsam erzogen worden war.

Wenn uns die Briefe des Paulus also ursprüngliches, unmittelbares Zeugnis geben, geschichtlich zuverlässige Informationen, so verhält es sich mit der 30 Jahre nach dem Tod des Paulus in einem hellenistischen Land verfaßten Apostelgeschichte des Lukas anders: Die Pauluserzählungen dieses theologisch konzipierten Lehrbuches sind vielfach im verkündigenden Sinne »gefärbt« (Beispiel: die Heilung eines Lahmen in der kleinasiatischen Stadt Lystra, Apostelgeschichte 14,8–10). Das betrifft vor allem Petrus in Philippi, in Thessalonich, in Korinth, die Gefangennahme in Jerusalem, Gefangenschaft und Gerichtsverhandlungen vor den Prokuratoren Felix und Festus in Caesarea und direkt auch das Ende in Rom.

Geboren unter Augustus, gestorben unter Kaiser Nero in Rom (um 60 n.Chr.), war Paulus auf dem Höhepunkt seiner Wirksamkeit, als in Rom Agrippina, die Gründerin Kölns, ihren kaiserlichen Gatten Claudius ermorden ließ, um bald darauf selbst von ihrem Sohn Nero heimtückisch beseitigt zu werden. Beim Märtyrertod des Paulus lag der große Brand Roms (64 n.Chr.) noch vier Jahre voraus, die Zerstörung Jerusalems durch Titus noch zehn Jahre. Lukas, dieser unbekannte Christ in einem hellenistischen Lande, hatte zu diesem Zeitpunkt die Geburtsgeschichte Jesu (unsere Weihnachtsgeschichte) noch nicht in seinem Evangelium festgehalten.

Ein leidenschaftlich bewegter Mensch war Paulus ohne Zweifel, einer der bekanntesten Menschen der Antike, einer der ersten größeren christlichen Theologen, weltgeschichtlich wirksamer Missionar der Jesusbotschaft, ein Mann von universalem Geist und universalen Perspektiven, der im Handeln, hoffendem Wunsch und Vision die Weiten des Mittelmeerraumes durchmaß, um eine Welt für Christus zu schaffen.

Paulus sah sich als Sklave seines Herrn. Er sah sich durch Christus freigemacht von jüdischer Gesetzes- und Rechtfertigungslehre. Er sah sich freigemacht zur Liebe. Als Mensch für Menschen erlitt er Verfolgung, Schmach, Peinigung. Aber zwischen Leiden, Glauben und Hoffnung erfuhr er immer wieder auch Zuwendung und Tröstung, Hilfe und Freundschaft von seinen Mitarbeitern, von seinen Gemeinden. Paulus war dem Alltag verhaftet, dem Zeltmacherberuf in Sorge für den eigenen Unterhalt. Er war in Geldsorgen für die Armen in Jerusalem, in Sorge vor allem für seine Gemeinden, die, kaum begründet, bereits wieder von falschen Brüdern verunsichert, auf Abwege gerieten. Daß er sein Leben stets von neuem aufs Spiel gesetzt hat für die Verkündigung des Heils und der Wahrheit, das macht ihn den großen Gottesmännern des Alten Testaments vergleichbar, das bringt ihn uns heute so nahe, das läßt die Paulusgeschichte für Kinder so erregend, so spannend werden.

Aus: Dietrich Steinwede, Paulus aus Tarsus, Kaufmann Verlag Lahr 1975 (leicht geändert)

* Die Forschung vertritt die Ansicht, daß die Korintherbriefe und die Philipperbriefe Briefsammlungen sind.

Paulus und die Grundschüler

Paulus wurde von der Religionspädagogik schon immer stiefmütterlich behandelt. In alten Lehrplänen gehörte zwar die Bekehrung des Saulus zum festen katechetischen Bestand, aber seine Missionstätigkeit wurde nur angedeutet. Vor allem aber blieb seine theologische Arbeit, wie sie sich in seinen Briefen niederschlägt, völlig außerhalb jeder religionspädagogischen Bemühung.

Dieses steht in krassem Gegensatz zu der Bedeutung für das Christentum und für die Theologie, die Paulus zukommt. Mit Recht erhebt sich die Gottesdienstgemeinde, wenn die Epistel, oftmals Paulus-Texte, gelesen wird. Aber keine katechetische Bemühung, weder Kindergottesdienst noch Konfirmandenunterricht noch Religionsunterricht gibt den heranwachsenden Christen eine Anleitung zum tieferen Verständnis der Botschaft, die Paulus nicht nur seinen Gemeinden, sondern der ganzen Christenheit zugedacht hat.

Die Achtung vor der hohen Bedeutung des Paulus ist mit ein Grund, die hier beschriebene Unterrichtseinheit über die Bekehrungsgeschichte hinaus zu erweitern auf die Reisen und die Briefe des Paulus. Dafür wurde exemplarisch die zweite Reise, insbesondere Paulus Wirksamkeit in Philippi ausgewählt. Es sollte also mehr um einen Einblick als um eine Übersicht über die Tätigkeit des Paulus gehen. Darum ist auch vermieden worden, der Unterrichtseinheit das Konzept eines Lebensbildes zugrunde zu legen.

Von den Bibelgeschichten her, die die Grundschüler kennen, insbesondere von den Passions- und Auferstehungsgeschichten Jesu her, die bis zur Pfingstgeschichte reichen, kommt die Frage der Grundschüler auf: und wie ist es weitergegangen? Es muß ja weiter gegangen sein mit den Jüngern Jesu, weil es jetzt überall in der Welt Christen gibt. Diese Frage zielt sicher mehr auf Information als auf theologische Durchdringung missionarischer Entwicklungen.

Aber die Spannung zwischen Menschen, die sich offen zu Jesus Christus bekennen, und Menschen, die davon nichts halten, ist eine volkskirchliche Lebensbedingung, die Grundschülern durchaus bewußt ist. Diese gesellschaftliche Spannung wird mit »Paulus« thematisiert. Natürlich stellen sich Einzelheiten im Verhältnis von Christen zu Nicht-Christen historisch und theologisch anders dar: wo hier nur-nominelle Christen in Gleichgültigkeit verharren, herrscht dort eine aggressive Verfolgung der Christen. Aber daß das offene Bekenntnis zu Jesus Christus Mut erfordert, zeigen die Schüleräußerungen zu den Leseszenen, die die Unterrichtseinheit einrahmen »Steffi will Pastorin werden« und die die Nähe des Themas zum Erfahrungsbereich der Schüler bewußt zurückhaltend andeuten.

Freilich haben es die Grundschüler schwer, Paulus zu verstehen, weil Entscheidendes von ihm in der Bibel nicht erzählend, wie in den synoptischen Evangelien, sondern in der Form theologischer Abhandlungen, Thesen oder Predigten aufgeschrieben ist. Um den schwierigen Zugang der Grundschüler zu den originalen Äußerungen des Paulus zu erleichtern, mußte eine Auswahl der Briefverse getroffen werden, die vom Verständnis und von der Sprache her den Grundschülern nahekommt. Deshalb sind Briefstellen ausgesucht und in möglichst einfache Sprache übertragen worden, die die Nähe zum Leben des Paulus unmittelbar einsichtig machen.

Die Religionslehrerin oder der Religionslehrer sollte sich das Buch von Steinwede »Paulus aus Tarsus«, Kaufmann Verlag Lahr 1975 beschaffen, das den ersten Durchbruch der beschriebenen katechetischen Zurückhaltung darstellt. Mit den Bildern und Texten dieses Buches, evtl. auch den Kommentaren des »Neuen Testaments Deutsch«, Vandenhoeck & Ruprecht, Göttingen 1962 kann die Lehrerin bzw. der Lehrer den Grundschülern über die angegebenen Vorschläge und Materialien hinaus helfen, den Zugang zu Paulus zu erleichtern und von Paulus her wertvolle Einsichten für ihr eigenes Leben zu gewinnen.

Lernziele

Im Anschluß an die Passions- und Auferstehungsgeschichten Jesu, die bis zur Pfingstgeschichte reichen, erhalten die Schüler einen ersten Einblick in die Ausbreitung des Christentums. Diese Informationen sind wichtig für die Erkenntnis, daß es heute Millionen von Christen in der ganzen Welt gibt. Sie sind Ansatzpunkt für das Verständnis der Kirchengeschichte, die das aus der Bibel Gehörte mit der gegenwärtigen Situation der Christen verbinden kann.
Die Grundschüler erfahren, wie Paulus Berufung und Wirksamkeit in der Bibel beschrieben wird. Sie hören aus der Verfolgung der Christen, daß schon immer Mut dazu gehörte, sich offen zu Jesus Christus zu bekennen. Sie erfahren auch, wie Gott die Menschen trägt, die an ihn glauben und für ihn leiden. Auch werden die Grundschüler anhand des Wirkens des Paulus in die Frage eingeführt, Gott alles getrost zu überlassen und doch zugleich Gottes tatkräftiger Mitarbeiter zu sein.
Um die Grundschüler möglichst unmittelbar an Paulus heranzuführen, wird der Versuch angeregt, daß die Schüler Ausschnitte aus seinen Briefen sowohl in ihrem konkreten Gemeindebezug als auch in ihrer zeitlosen Bedeutung für die Christen lesen und verstehen.

Unterrichtseinheit

I. Schritt (1–2 Unterrichtsstunden)

Von der Gegenwart zu den ersten Christen

1. Leseszene: Steffi will Pastorin werden (1) (siehe Seite 91)
   Die Szene wird mit getrennten Rollen vorgelesen, oder – noch besser – eine entsprechend besprochene Kassette wird abgespielt.
2. Gespräch
   Spontane Äußerungen
   Was eine Pastorin/ein Pastor zu tun hat.
   Gründe für ablehnende Äußerungen und für Lachen.

Äußerungen von Schülern:
Eigentlich finde ich das gemein, daß sie Steffi auslachen, nur weil sie Pastorin werden will.
Ich finde Pastor nicht schlecht, weil man dann ja die Menschen verheiraten kann, und weil man dann auch mehr zu Gott betet.
Ich fand das gut, als sie das so einfach gesagt hat und sich nicht geschämt hat, daß sie Pastorin werden will.
Ein Pastor hat es aber auch schwer. Wenn einer gestorben ist, muß er die Angehörigen beruhigen und versuchen, sie zu trösten.

3. Lehrer: Wenn einer offen sagt, er sei Christ, so gibt es und gab es immer welche, die darüber ihren Kopf schüttelten oder lachten. Als es mit dem Christentum anfing, war das noch viel schlimmer. Christen wurden verfolgt, gefangen, gefoltert, getötet. Aus dieser Zeit wollen wir jetzt etwas hören.

4. Wiederholung: Kreuzigung, Auferstehung, Pfingsten
Die Schüler erzählen, was sie davon behalten haben. Die Erzählungen werden ergänzt bzw. berichtigt. Es wird ausdrücklich darauf hingewiesen, daß die entsprechenden Geschichten in der Bibel stehen und Glaubenszeugnisse sind, die sich zwar auf uns unbekannte historische Ereignisse beziehen, jedoch keine Tatsachenberichte sein wollen.

II. Schritt (1–2 Unterrichtsstunden)

Verfolgung der Christen

1. Hörspiel: Saulus vor dem Hohen Rat (siehe Seite 94 f.)
Das Hörspiel sollte am besten vorher auf Kassettenband gesprochen worden sein. Eine sorgfältige Regie, die die Sprache fehlerfrei und eindrucksvoll macht, ist angebracht.

2. Gespräch
Spontane Äußerungen
Evtl. Erläuterungen des Lehrers zum Hohen Rat, zur Person des Paulus, zur Situation der ersten Christen.

3. Hörspiel: Christen in Damaskus (siehe Seite 95)

4. Gespräch
Spontane Äußerungen
Warum die Christen eigentlich verfolgt wurden.
Was es für die Christen bedeutete, verfolgt zu werden.
Was Hannah mit dem Stoßseufzer »Herr gib uns Kraft« gemeint haben könnte.

Bericht eines Lehrers:
Die lebendige Szene hinterließ bei den Kindern tiefe Eindrücke über den inneren Zustand und die Ängste der ersten Christengemeinden in ihrer Verfolgung. Sie wirkte gut wegen der kurzen Dialoge. Zur Bildung und Gesetzestreue des Saulus mußte ich noch einige Erläuterungen geben.

5. Text: Verfolgung der Christen (siehe Seite 96)
Der Text kann vorgelesen oder als Arbeitsblatt an die Schüler verteilt und dann besprochen werden.

Alternative:
Dieser Text kann auch zu Beginn des III. Schrittes in den Religionsunterricht eingebracht werden.

III. Schritt (1 Unterrichtsstunde)

Die Bekehrung des Saulus

1. Kurze Wiederholung: Christenverfolgung

2. Lesen des Textes aus dem Brief an die Galater (siehe Seite 96)
Lehrer: Saulus ist dadurch bekannt geworden, daß er später eine Reihe von Briefen geschrieben hat, deren Inhalt wir kennen. Einen Ausschnitt aus einem Saulus-Brief habe ich euch mitgebracht.
Verteilen und lesen des Textes.

3. Gespräch
Spontane Äußerungen
Saulus hat offenbar seine Meinung über Christen grundsätzlich geändert.
Was Saulus vor dem Wandel und was er nach dem Wandel tat.
Wie könnte der Meinungswandel des Saulus zu erklären sein?

4. Bildbetrachtung: Saulus im Licht Gottes (siehe Seite 84)
Die Schüler äußern ihre Vermutungen zu dem Bild, vielleicht in Frageform. Der Lehrer braucht vielleicht gar nicht viel dazu sagen.

Äußerungen von Schülern:
Das sieht aus, als wenn einer ganz verzweifelt ist. Da liegt wohl ein Mensch auf den Knien und betet. Der sieht Licht und traut sich nicht hinzuschauen. Das könnte vielleicht Saulus sein.

5. Lesen des Textes: Die Bekehrung des Saulus (siehe Seite 85)
Lehrer: Der Evangelist Lukas hat den Wandel des Saulus wie ein einschneidendes,

überwältigendes Erlebnis beschrieben. Diese Textstelle aus der Bibel wollen wir jetzt lesen.
Verteilen, Lesen und Besprechen des Textes.

> Bericht eines Lehrers:
> Nach dem Lesen des Textes aus der Apostelgeschichte kamen die Schüler erneut auf das Bild zu sprechen. Sie konnten beides zusammen gut verstehen. Sie sprachen von »starr sein vor Schreck« und »stumm werden, weil er sich so sehr erschrocken hat«. Die Schüler erinnerten sich an Zacharias (Lukas 1,21–23 und 57–66). Sie brachten auch Beispiele aus dem Alltag, wie jemand bei schrecklichen Nachrichten plötzlich stirbt.

IV. Schritt (1 Unterrichtsstunde)

Paulus verbreitet das Christentum

1. Erzählung: Paulus in Philippi (siehe Seite 97)
   Der Text sollte vorgelesen oder noch besser frei erzählt werden und dabei verändert werden.

2. Arbeitsblatt: Paulus verbreitet das Christentum (siehe Seite 100/101)
   a) Verteilen und Betrachten des Arbeitsblattes.
      Vergleichen mit einer entsprechenden großen Wandkarte.
   b) Klebepunkte beschriften und kleben
      Jeder Schüler erhält 11 kleine runde Klebepunkte und 11 längliche Klebestreifen
      Sie werden wie folgt beschriftet

1	Antiochien	5	Thessalonich	9	Caesarea
2	Tarsus	6	Athen	10	Jerusalem
3	Land Galatien	7	Korinth	11	Damaskus
4	Philippi	8	Ephesus	12	Rom

   Die Orte werden auf der Wandkarte gezeigt. Danach werden die Punkte und Streifen auf die Arbeitsblätter aufgeklebt.

> Es kommt nicht auf die geographische Genauigkeit an. In dem Arbeitsblatt sind nur die Städte und Landschaften erwähnt, die auch in den Texten vorkommen. Die Verbindung der Punkte 1 bis 10 und wieder 1 gibt in etwa die zweite Reise Paulus an (3 Jahre lang, um das Jahr 60 herum).

3. Text: Gefangennahme und Tod des Paulus (siehe Seite 97 ff.)
   Am besten wird in Anlehnung an den Erzählvorschlag frei erzählt.

V. Schritt (1 Unterrichtsstunde)

Von den Briefen des Paulus

1. Einleitung
   Lehrer: Paulus hat, teilweise aus dem Gefängnis heraus, Briefe an die neugegründeten christlichen Gemeinden geschrieben. Diese Briefe sind berühmt geworden. Einige von ihnen stehen im Neuen Testament der Bibel. Paulus sagt in seinen Briefen soviel Wichtiges über Gott und über Jesus und über die Menschen, daß bis heute an jedem Sonntag im Gottesdienst kleine Ausschnitte der Briefe vorgelesen werden. Diese Brief-Lesungen nennt man »Epistel«. Wir haben schon einen Ausschnitt eines Paulus-Briefes kennengelernt. Heute will ich euch zwei weitere Ausschnitte von Paulus-Briefen zu lesen geben.

2. Gruppenarbeit (siehe Seite 99 und 102)
   Die Klasse wird in Gruppen eingeteilt. Die Hälfte der Gruppen erhält den Philipper-Brief, die andere den Korinther-Brief.
   Arbeitsanweisung:
   a) Lest euch den Briefausschnitt vor
   b) Unterstreicht die Stellen, die ihr leicht verstehen könnt
   c) Macht eine Punktlinie unter die Stellen, die ihr nicht oder nur schwer verstehen könnt.

3. Vorlesen und Besprechen
   Die Schüler lesen die beiden Briefe laut vor und geben dazu ihre Erläuterungen oder Fragen.
   Der Lehrer hilft mit beim Verständnis der Texte.

4. Leseszene: Steffi will Pastorin werden (2) (siehe Seite 102)
   Die Leseszene wird vorgetragen, evtl. als Hörspiel auf Kassette, und noch kurz besprochen.

Leseszene: Steffi will Pastorin werden (1)

Auf dem Schulhof

Uschi: Ich glaube, ich werde mal Stewardeß.
Stell ich mir toll vor.

Lars: Ich möchte Lokomotivführer werden.
Dann sause ich mit dem Intercity durch die Gegend.

Ute: Ich werde Frisöse. Dann kann ich mich mit den feinen Damen stundenlang unterhalten.

Peter: Ich will Tierarzt werden. Dann kann ich Hamster, Kaninchen, Meerschweinchen und Katzen wieder gesund machen.

Steffi: Ich will Pastorin werden. So wie bei meinem Onkel, wo ich zur Konfirmation mit war.

Bettina: Ich glaube, du spinnst!
Nils: Was die wohl so den ganzen Tag zu tun haben?
Anke: Hast wohl auf einmal den heiligen Geist gekriegt!
Alle lachen
Steffi: Vielleicht werde ich trotzdem Pastorin.

Hörspiel: Saulus vor dem Hohen Rat

Der Hohe Rat ist versammelt

Hoherpriester: Mir ist gemeldet worden, immer wieder werden Menschen dabei angetroffen, wie sie trotz unseres Verbotes in ihren Häusern über Jesus sprechen, zu ihm beten, ihn loben und preisen.
1. Pharisäer: Und ich habe erfahren, daß sich gestern wieder Jesusleute in Levis Haus versammelt haben.
2. Pharisäer: Wissen denn die Leute immer noch nicht, daß dieses streng verboten ist durch den Beschluß des Hohen Rates?
Hoherpriester: Die Steinigung des Stephanus neulich hat nicht die abschreckende Wirkung gezeigt, die wir uns erhofft haben.
2. Pharisäer: Das Gegenteil scheint der Fall zu sein. Immer mehr Leute hören auf diese neue Lehre.
1. Pharisäer: Also müssen wir noch strenger sein in der Verfolgung dieser Jesusanhänger!
Hoherpriester: Ja, das müssen wir, damit das Gesetz Gottes eingehalten wird und nicht noch mehr Leute von der neuen Lehre angesteckt werden. Ich habe den Antrag des Saulus vor mir. Er möchte vorgelassen werden.
Saulus (tritt auf): Ich bitte den Hohenrat, mich anzuhören.
Hoherpriester: Saulus, du bist so aufgeregt. Was ist dein Begehren?
Saulus: Ich bin empört und in großer Sorge. Aus Damaskus habe ich Nachricht erhalten, daß auch dort diese sogenannten Jesusanhänger von sich reden machen.
1. Pharisäer: Was, dort auch schon?
Saulus: Ja, sie treffen sich an geheimen Orten, halten dort ihre Zusammenkünfte und erzählen überall von diesem Jesus, daß er auferstanden sei, daß er der Messias sei. Das ist Gotteslästerung. Das müssen wir unterbinden!
2. Pharisäer: Was können wir tun?
Saulus: Ich bitte den Hohen Rat um schriftliche Vollmacht für die Synagogenvorsteher in Damaskus, damit ich diese Wahnsinnigen zum Schweigen bringen kann!!
Hoherpriester: Wir sind sehr froh, Saulus, daß du mit so großem Ernst und Eifer die Sache des Gesetzes vertrittst. Wir sind selber ratlos, wie wir mit dieser neuen Sekte fertig werden sollen. Also Saulus, du sollst die

Vollmacht bekommen. Damit kannst du dich an die Synagogenvorsteher in Damaskus wenden. Dann hast du das Recht, im Namen des Hohen Rates Jesusanhänger festzunehmen und sie nach Jerusalem zu führen.

Saulus: Ich danke euch für die Unterstützung. Bitte gebt mir zwei Begleiter mit. Ich bin voller Ungeduld und möchte morgen früh schon abreisen.

Hörspiel: Christen in Damaskus

Abends auf der Straße

Sarah: Hannah, Schwester, ich bin noch ganz atemlos vom Laufen ... Hast du's gehört: Saulus ist auf dem Wege nach Damaskus!

Hannah: Herr, steh uns bei!
Saulus – sagst du?!

Sarah: Saulus von Tarsus

Hannah: Miriam! *(mit gedämpfter Stimme)*
Saulus ist auf dem Wege nach Damaskus.

Miriam: Saulus, der schrecklichste Feind der Jesusanhänger! Herr, erbarme dich!

Sarah: Wenn Saulus nach Damaskus kommt, sind wir verloren. Er kennt kein Erbarmen.
In Jerusalem hat er viele unserer Brüder und Schwestern ins Gefängnis werfen lassen.

Hannah: Was soll aus unseren Kindern werden?

Miriam: Was sollen wir tun?

Sarah: Wir müssen fliehen!

Hannah: Nein! – Das ist unwürdig. Wir sind doch keine Verbrecher!

Miriam: Ich habe gehört, dieser Saulus ist ein gebildeter Mann. Er soll die Gesetzbücher der Juden studiert haben. Es heißt, so klug wie er sei kein zweiter.

Hannah: Wir müssen ihn von unserem Standpunkt überzeugen! Er kann uns doch nicht unseres Glaubens wegen ins Gefängnis werfen!

Miriam: Ins Gefängnis werfen? – Wenn es nur das wäre! In Jerusalem ist unser Bruder Stephanus gesteinigt worden. Saulus war dabei und hat nichts gegen den Mord unternommen. Nein, Hannah, von Saulus dürfen wir kein Verständnis erwarten.

Sarah: Saulus, heißt es, hat geschworen, nicht eher zu ruhen, bis der letzte Anhänger unseres Herrn Jesus gefangen oder tot ist.

Hannah: Herr, gib uns Kraft!

Rufe von der anderen Straßenseite:
Christenpack!
Gesetzesbrecher!

Sarah: *flüsternd:*
Schwestern, kommt, laßt uns ins Haus gehen!

Text: Verfolgung der Christen

Saulus hört, wie Juden, die Christen geworden sind, von Jesus reden, immer nur von Jesus Christus. Saulus hört, wie sie sagen: »Jesus ist am Kreuz gestorben, aber dennoch ist er bei uns. Er ist auferstanden, Gott hat ihn zu unserem Herrn gemacht. Er ist der Messias, der gesalbte König Gottes!«
Saulus sagt: »Wer ist dieser Jesus? – Ein Gekreuzigter! Ein Gehängter! Ein Verbrecher! Ein Gesetzloser! Wer am Kreuz stirbt, ist außerhalb des Gesetzes! Und der soll der Messias sein!« Die Christen sagen: »Ja, es ist der Messias, unser Herr!«
Saulus ist erschrocken. Das kann nicht sein, das darf nicht sein. Das dürfen sie nicht sagen. Er will den Christen diesen Messias austreiben. Wer einem Gesetzlosen dient, der ist gegen das Gesetz!
Aber die Christen bleiben dabei: Gott ist unser Herr, Jesus ist unser Herr. Und Jesus ist der Messias!
Da wird Saulus zornig: So darf das nicht weitergehen. Es muß etwas geschehen. Diese Leute dürfen keinem Gesetzlosen dienen. Das ist falsch. Und Saulus läßt viele Christen gefangennehmen. Er bringt sie vor das Gericht der Synagoge. Die Synagoge ist das Gebetshaus der Juden, das Gemeindehaus. Aber hier wird auch Gericht gehalten. Saulus klagt die Christen an: »Sie wollen das Gesetz Gottes nicht halten. Sie zerstören das Gesetz!«
Die Christen werden verurteilt. Sie werden ausgepeitscht. Angebunden am Pfahl, vornübergebeugt, bekommen sie Geißelhiebe auf Brust und Rücken.
Saulus ist voller Zorn. Ohne Mitleid verfolgt er die Christen.

Aus: Dietrich Steinwede, Paulus aus Tarsus, Kaufmann Verlag Lahr 1975 (leicht verändert)

Bibeltext:
Aus dem Brief des Paulus an die Galater, Kapitel 1

13 *Man hat euch von meinem Lebenswandel erzählt, als ich noch ein Anhänger der jüdischen Religion war. Ohne Mitleid habe ich die Gemeinde Gottes verfolgt. Ich tat alles, um sie zu vernichten.*
14 *Im Ausüben der jüdischen Religion war ich den meisten Juden meines Alters voraus. Ich setzte mich voller Eifer für die Überlieferungen unserer Väter ein.*
15 *Aber der gnädige Gott hatte schon bei meiner Geburt Besonderes mit mir vor.*
16 *Er ließ mich erkennen, daß Jesus Gottes Sohn ist, damit ich die gute Nachricht von ihm bei den fremden Völkern verbreite.*
11 *Denn ich erkläre euch, liebe Brüder: die gute Nachricht von Jesus Christus, die ich euch predige, habe ich nicht von Menschen empfangen oder gelernt,*
12 *sondern Gott hat sie mir durch Jesus Christus geschenkt.*

Text: Paulus in Philippi

Paulus fährt mit seinem Begleiter Silvanus zusammen von der Türkei nach Griechenland, von Asien nach Europa. Er muß die frohe Botschaft von Jesus Christus auch da predigen, wo Römer es hören. Die Römer beherrschen mit ihren Soldaten viele Völker in Europa. So reist Paulus nach Philippi.
Philippi ist eine römische Stadt. Römische Soldaten, die nicht mehr kämpfen können, leben hier. Der römische Kaiser gilt viel in Philippi.
Juden gibt es nur wenige in Philippi. Sie haben keine Synagoge, nur eine Gebetsstätte.
Am Sabbat gehen Paulus und Silvanus hinaus vor die Stadt. Sie kommen zum Fluß. Sie suchen die Gebetsstätte der Juden. Sie setzten sich ans Flußufer. Da kommen Frauen aus der Stadt. Lydia ist dabei, die Griechin, die Purpurhändlerin, die teure Purpurwolle und die kostbaren Purpurstoffe verkauft, Lydia, die an den einen Gott glaubt, nicht an viele Götter.
Und als Lydia hört, wie Paulus und Silvanus von Jesus erzählen, da glaubt sie an Jesus Christus. Und sie läßt sich taufen. Paulus taucht sie unter im Fluß: »Ich taufe dich, Lydia, im Namen von Jesus!«
Lydia ist die erste Christin in Europa. Und sie sagt zu Paulus und Silvanus: »Kommt in mein Haus!« Paulus und Silvanus kommen. Sie bleiben in Lydias Haus. Sie taufen die ganze Familie.
Und viele andere aus Philippi kommen dazu. Sie wollen auch zu Jesus gehören. Sie sind freundlich zueinander. Sie halten zusammen. Sie beten. Sie essen miteinander. Sie denken an Jesus. Sie sind eine Gemeinschaft, eine Gemeinde. Einer hilft dem anderen. Paulus liebt diese Gemeinde.
Die Römer von Philippi aber beschuldigen Paulus: »Du verbreitest hier einen falschen Glauben. Du führst hier fremde Sitten ein. Das können wir nicht dulden!«
Paulus kommt vor die Richter. Er wird verurteilt. Er wird eingekerkert. Er wird ausgepeitscht. Dann wird er ausgewiesen: »Du mußt die Stadt verlassen!«
Paulus und Silvanus tun, wie ihnen befohlen wird. Sie verlassen die Stadt. Aber sie wissen: Es gibt jetzt viele Christen in Philippi. Darüber sind sie glücklich.

Aus: Dietrich Steinwede, Paulus aus Tarsus, Kaufmann Verlag Lahr 1975 (leicht geändert)

Text: Gefangennahme und Tod des Paulus

Paulus reist nach Jerusalem. Lange Zeit ist er durch Griechenland und Kleinasien gereist, um den Glauben an Jesus Christus zu verkündigen.
Nun reist Paulus zurück nach Jerusalem. Freunde haben ihn gewarnt: »Gehe nicht! Viele Juden sind deine Feinde! Sie wollen dich töten!« Aber Paulus hat keine Angst. Und er kommt zu den Brüdern in Jerusalem und wird freudig begrüßt.
Jakobus sagt zu ihm: »Gehe in den Tempel! Zeige dich dort! Zeige, daß du ein Jude bist, der nach dem Gesetz lebt!«

Schon an die Korinther hatte Paulus geschrieben: »Wenn ich bei den Juden bin, lebe ich wie sie. Wenn ich bei den Griechen bin, lebe ich wie sie. Ich bin den Juden ein Jude, den Griechen ein Grieche. Es geht doch nur darum, daß ich alle für Jesus gewinne.«
Paulus geht in den Tempel. Er zeigt, daß er nach dem Gesetz leben kann. Sieben Tage ist er dort, da erkennen ihn Juden aus Kleinasien. Sofort schreien sie los: »Das ist Paulus! Männer! Israeliten! Zur Hilfe!« Sie legen Hand an Paulus. Sie schleppen ihn fort: »Der lehrt falsch! Der lästert! Der hetzt gegen das Volk!«
Sie schreien. Sie machen einen Tumult. Sie schlagen Paulus. Sie wollen ihn töten.
Da kommen die Römer. Sie haben Meldung erhalten. Der Tribun kommt, der Befehlshaber, Offiziere und Soldaten mit ihm. Sie kommen aus der Burg Antonia beim Tempel. Sie schreiten ein. Sie verhaften Paulus. Sie legen ihn in Ketten. Die Juden werden still.
»Wer ist dieser Mann? Was hat er getan?« fragt der Tribun: »Bringt ihn in die Burg!« Paulus wird fortgetragen. »Weg mit ihm!« schreien die Juden wieder los. »Weg mit ihm! Schlagt ihn tot!« Sie toben. Sie schwenken ihre Mäntel vor Zorn. Staub wirbelt auf.
»Peitscht diesen Mann aus!« befiehlt der Tribun. Aber da wird ihm gemeldet, daß Paulus ein Römer ist. Ein römischer Bürger darf nicht gegeißelt werden. Da läßt der Tribun Paulus fortbringen, fort aus Jerusalem nach Caesarea am Meer.
In Caesarea am Meer hat Felix, römischer Statthalter von Palästina, seinen Amtssitz. Felix hält Gericht über Paulus. Juden aus Jerusalem klagen Paulus an: »Der Mann ist ein Volksverführer! Ein Aufrührer! Er hetzt gegen den Tempel, gegen das Gesetz! Der Mann ist schlimmer als die Pest!«
Paulus sagt: »Nein! Das ist nicht wahr. Ich bin unschuldig. Ich habe nichts verbrochen: Nichts gegen den Tempel! Nichts gegen das Gesetz! Nur zehn Tage war ich in Jerusalem. Ich habe keinen Tumult gemacht. Ich glaube an den Gott der Juden. Eins allerdings ist wahr: Ich glaube auch an Jesus Christus!«
Der Statthalter Felix spricht kein Urteil. Er findet keinen Grund. Aber er möchte Geld für die Freilassung von Paulus. Paulus hat kein Geld.
Zwei Jahre lang bleibt Paulus in Haft in Caesarea. Dann wird Festus Statthalter. Die Juden bestürmen ihn sofort: »Bringe Paulus nach Jerusalem! Halte dort Gericht!« Festus sagt: »Er muß in Caesarea bleiben!«
Wieder kommt es zur Verhandlung. Die Juden fordern die Todesstrafe. Aber sie können nichts beweisen.
Paulus sagt: »Ich habe kein Gesetz übertreten, auch kein Kaisergesetz!« Festus sagt: »Willst du nicht nach Jerusalem vor Gericht kommen?« Paulus sagt: »Ich rufe den Kaiser an! Ich bin ein Römer!« »Gut«, sagt Festus, »dann kommst du vor den Kaiser, vor Nero! Du kommst nach Rom vor das Kaisergericht!«
Sie bringen Paulus auf ein Schiff. Andere Gefangene sind dabei. Die Fahrt geht übers Mittelmeer nach Italien. Das Schiff gerät in Seenot: Ein Sturm kommt auf, ein Wind, ein wilder Orkan. Das Schiff ist in höchster Gefahr. – Aber alle werden gerettet.
Paulus kommt nach Rom – nicht in Freiheit, nicht mit Freunden. Sondern er wird bewacht, denn er ist ein Gefangener in Ketten.
Paulus wartet auf sein Urteil. Viele Christen aus Rom besuchen ihn. Er predigt ihnen von Jesus. Sie beten zusammen.

Zwei Jahre lang wartet Petrus. Dann ist es soweit. Er kommt vor das Kaisergericht. Das Urteil wird gesprochen. Es lautet auf Tod.
Paulus wird mit dem Schwert hingerichtet. Etwa sechzig Jahre ist er alt. Er stirbt für Jesus.
Dreißig Jahre sind es her, daß Jesus gekreuzigt ist. Fünfundzwanzig Jahre lang hat Paulus von Jesus gepredigt. Durch ihn kam die Botschaft von Jesus Christus in die Welt.

Aus: Dietrich Steinwede, Paulus aus Tarsus, Kaufmann Verlag Lahr 1975 (leicht verändert)

Bibeltext:
Aus dem Brief des Paulus an die Philipper, Kapitel 1

*1 Paulus und Timotheus, Knechte Jesu Christi,
an alle Christen in Philippi:*
*2 Gnade sei mit euch und Friede von Gott, unserem Vater,
und dem Herrn Jesus Christus!*
3 Ich danke meinem Gott, sooft ich an euch denke.
4 Immer, wenn ich für euch alle bete, tue ich das mit Freuden.
5 Ich danke Gott, daß ihr vom ersten Tag an, als ich zu euch kam, bis heute fest mit der frohen Botschaft von Jesus Christus verbunden seid.
12 Ich lasse euch wissen, liebe Brüder, daß meine Gefangenschaft im Gefängnis die Verbreitung der frohen Botschaft von Jesus Christus nicht verhindert, sondern sogar noch gefördert hat.
13 Denn daß ich meine Fesseln für Christus trage, das ist den Richtern und allen Menschen hier sehr deutlich geworden.
14 Viele Brüder glauben wegen meiner Gefangenschaft um so zuversichtlicher an den Herrn Jesus und sind um so kühner geworden. Gottes Wort ohne Scheu zu verkündigen.
19 Ich weiß, daß mir Gottes Liebe sicher ist trotz meiner Gefangenschaft, weil ihr für mich betet und weil der Geist Jesu Christi mir beisteht.
20 Gottes Liebe ist mir sicher, sei es im Leben oder im Tod. Denn Christus ist mein Leben und Sterben ist mein Gewinn.
23 Manchmal sehne ich mich danach, aus der Welt zu scheiden und nach dem Tod bei Christus zu sein.
24 Aber es ist nötiger, daß ich weiterlebe, damit ich für euch dasein kann.
27 Lebt als Gemeinde zusammen, wie es der frohen Botschaft von Jesus Christus entspricht und kämpft einmütig für den Glauben!

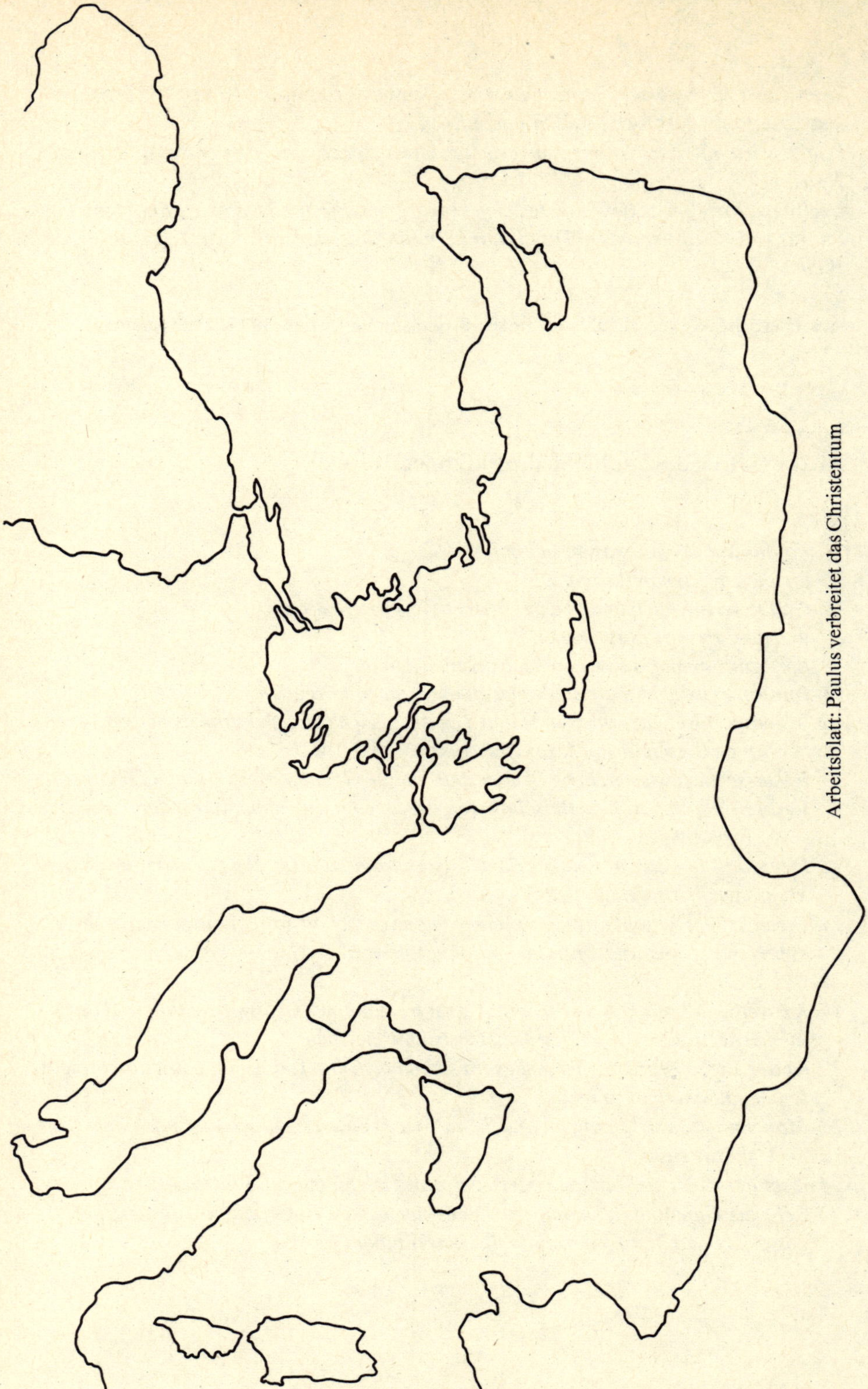

Arbeitsblatt: Paulus verbreitet das Christentum

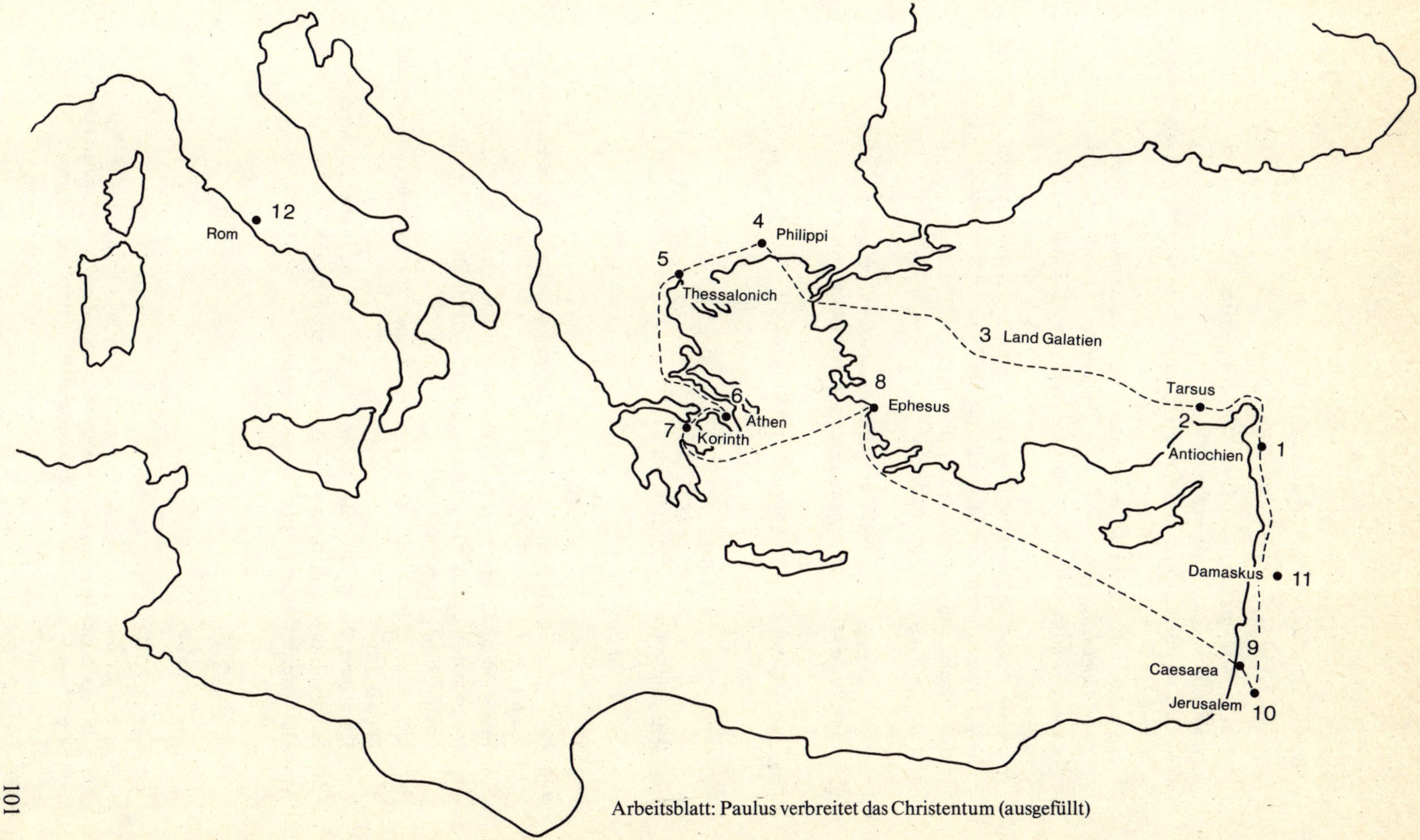

Arbeitsblatt: Paulus verbreitet das Christentum (ausgefüllt)

Bibeltext:
Aus dem 1. Brief des Paulus an die Korinther

1,1 *Paulus, berufen zum Apostel Jesu Christi durch den Willen Gottes:*
1,2 *An die Gemeinde Gottes in Korinth*
1,3 *Gnade sei mit euch und Friede von Gott, unserem Vater, und dem Herrn Jesus Christus!*
9,24 *Ihr wißt es. Läufer in der Rennbahn laufen und laufen, sie kämpfen um den Sieg. Jeder will gewinnen. Jeder will als erster im Ziel sein. Aber nur einer kann gewinnen. Nur einer erhält den Siegespreis. Lauft ihr auch so, daß ihr gewinnt!*
9,26 *Ich laufe auch. Ich laufe mein ganzes Leben lang. Ich habe auch ein Ziel. Ich will auch gewinnen, aber anders als die Läufer in der Rennbahn.*
9,16 *Ich will und muß das Evangelium predigen!*
9,25 *Und weil dieses Ziel unvergänglich ist, ist auch mein Siegespreis unvergänglich.*
4,5 *Der Preis ist, daß ein jeder von Gott sein Lob empfängt.*
15,57 *Gott aber sei Dank, der uns den Sieg gibt durch unsern Herrn Jesus Christus!*

Auswahl und Übersetzung nach Dietrich Steinwede, Paulus aus Tarsus, Kaufmann Verlag Lahr 1975

Leseszene: Steffi will Pastorin werden (2)

Auf dem Schulhof

Steffi: Gott sei dank, daß eine Pastorin heute kein so schweres Leben hat wie der Paulus.
Uschi: Ins Gefängnis kommt sie ja nicht, nur weil sie den christlichen Glauben hat.
Lars: Ich möchte nicht zu jedem Sonntag eine Predigt machen müssen und vor allen Leuten so lange reden müssen.
Ute: Ich glaube, manche Menschen werden heimlich über sie reden und vielleicht auch lachen.
Peter: Ich glaube, das Schlimmste für eine Pastorin ist, daß immer nur so ein paar Leute sie hören wollen. So war es beim Paulus doch auch.
Steffi: Dann werde ich eben die Leute besuchen und mit ihnen reden.

Literatur

Arbeitsgruppe Steinbach, Die Botschaft breitet sich aus, in: Die Christenlehre 12/1981
Baetz, Kurt, Paulus und Jesus im Dialog zwischen Christen und Juden, in: Entwurf 1/1983
Bizer, Eugen, Paulus – der letzte Zeuge der Auferstehung, in: Lebendiges Zeugnis 3/1982

Bornkamm, Günther, Paulus, Urban Taschenbuch, Kohlhammer Stuttgart 1969

Conzelmann, H., Die Apostelgeschichte, Mohr, Tübingen 1963

Feneberg, Wolfgang, Die Wandlungen des Paulus, in: Entschluß 2/1980

Feneberg, Wolfgang, Ich danke Gott, wenn ich an euch denke. Ratschläge zum Lesen der Paulusbriefe, in: Entschluß 2/1980

Haenchen, E., Die Apostelgeschichte, Vandenhoeck & Ruprecht, Göttingen 1961

Haensch, Helmut, Paulus – ein Leben im Dienst des Evangeliums in: Der Kindergottesdienst 3/1980

Hörspiel: Herbert Ruhland, Die Bekehrung des Saulus, Patmos Verlag Nr. 48006, Reihe »Hörspiele zur Bibel«

Schroeger, Friedrich, Steine erzählen von der Welt des Paulus, Zu Fuß nach Jerusalem, in: Entschluß 6/1982

Steinwede, Dietrich, Paulus aus Tarsus, Kaufmann Verlag Lahr 1975

Tresmontant, Claude, Paulus in Selbstzeugnissen und Bilddokumenten, Rowohlt, Hamburg 1959

Was soll das heißen, lieber Paulus? Themaheft in: Mitarbeiterhilfe 1/1981

Reich Gottes

Erzählung und Spiel:
Das Gleichnis vom großen Gastmahl (Lukas 14,16–24)

a) Umräumen
Die Schultische werden zu einer großen rechteckigen Tafel in der Mitte des Klassenraumes zusammengestellt. Auf die Tafel kommen Tischtücher, evtl. aus Papier, Kleinigkeiten zum Essen (nicht zum Knabbern oder Naschen), wie kleine Brotscheiben, Knäckebrot oder leichter Kuchen und Gläser mit Saft, vielleicht Blumen und Kerzen.
Die Schüler sitzen im großen Kreis an den Wänden des Klassenzimmers. Der Lehrer sitzt zunächst allein an dem großen Tisch und erzählt die Geschichte, die die Schüler pantomimisch begleiten. Die Schüler sprechen also nicht selber, spielen aber stumm mit.

b) Erzählung und Spiel
Beim ersten Spielen kann einer der Schüler die Regie-Anweisung für das pantomimische Spiel jeweils vorlesen, bei Wiederholung wird die Regie nicht mehr gelesen, und statt des Lehrers kann ein Schüler die Erzählung lesen

Lehrer ↓ *Spiel der Schüler* ↓

Ein Mann gab einmal ein großes Abendessen und lud dazu viele Gäste ein. Als alles soweit vorbereitet und das Abendessen fertig war, ließ der Mann einen Knecht kommen, –

Ein Schüler kommt zum Lehrer, verneigt sich, um die Anordnung entgegenzunehmen,

den schickt er aus, um zu den Eingeladenen zu sagen:
Kommt, denn es ist alles bereit! Da ging der Knecht los zu dem ersten. –

Der Knecht geht los zu einem Schüler im Kreis,
bleibt vor diesem stehen.

Er sagte zu ihm: Kommt, denn es ist alles bereit! –

Der Knecht winkt mit einladender Geste.

dreimal lesen

Aber der Eingeladene freut sich gar nicht –

Der Eingeladene steht auf, so daß sich Knecht und Eingeladener gegenüberstehen.

sondern war ganz verlegen, zuckte die Schultern, –

Der Eingeladene zuckt die Schultern,

kratzte sich am Kopf, –

dreimal lesen

Der Eingeladene kratzt sich am Kopf.

hob bedauernd und abwehrend die Hände –

Der Eingeladene hebt dieHände, um Bedauern und Abwehr zu zeigen.

schüttelte den Kopf –

Der Eingeladene schüttelt den Kopf

und sagte: Entschuldige mich bei deinem Herrn. Aber in diesen Augenblick ist es mir wichtiger, meinen neuen Acker zu besichtigen. Ich habe nämlich ein neues Stück Ackerland gekauft, das muß ich mir unbedingt ansehen. Bitte entschuldige mich bei deinem Herrn! Dann ging der Eingeladene auf seinen Acker –

Der Eingeladene geht aus dem Kreis in eine Ecke des Klassenzimmers.

der Knecht aber berichtete alles seinem Herrn. –

Der Knecht geht zum Lehrer und übermittelt die Gesten der Ablehnung: Schultern zucken, am Kopfkratzen, Hände heben, Kopfschütteln.

Da schickte ihn der Mann zum nächsten Eingeladenen –

Der Knecht geht zu einem anderen Schüler, bleibt vor ihm stehen.

und ließ ihm sagen: Komm, denn es ist alles bereit!

Der Knecht winkt mit einladender Geste.

Aber der Eingeladene …

(Spiel und Erzählung werden sinngemäß fortgesetzt: der zweite Eingeladene hat fünf Gespanne Ochsen gekauft, die er besichtigen muß, der dritte hat gerade an diesem Tag geheiratet.)

Da wurde der Hausherr zornig und sagte zu seinem Knecht: Geh schnell hinaus auf die Straßen und Gassen der Stadt und hole die, die du da findest, zu meinem festlichen Abendessen! Da ging der Knecht los –

Der Knecht geht im Kreis herum.

mehrfach lesen

und fand einen mit einer verkrüppelten Hand –

Der Knecht bleibt vor einem Schüler stehen, der seine Hand zusammenballt und unbeweglich an den Körper preßt.

den lud er ein, zum festlichen Abendessen zu kommen –

Der Knecht führt den Schüler mit der verkrüppelten Hand an den großen Tisch.

dann ging der Knecht wieder auf die Straße und fand einen Blinden …

(Das Spiel wird entsprechend fortgesetzt, bis etwa die halbe Klassengruppe am Tisch sitzt: einen mit einer Krücke, einen Buckligen, eine Frau mit 6 hungrigen Kindern, einen mit starken Zahnschmerzen, Zöllner …)

Da sagte der Knecht: –

Der Knecht unterbricht seine Einladungen und stellt sich vor dem Lehrer auf.

Herr, es ist geschehen, wie du befohlen hast. Es ist aber noch Platz da! Und der Herr sagte zu dem Knecht: Geh hinaus auf die Landstraßen und an die Zäune und bitte alle, herzukommen, damit mein Haus voll wird! Da ging der Knecht hinaus auf die Landstraße …

Das Spiel wird entsprechend fortgesetzt, bis alle Schüler – mit Ausnahme der drei zuerst Eingeladenen, die die Einladung abgelehnt hatten – am Tisch sitzen und essen: Tippelbrüder, Aussätzige, Hirten, Arbeitslose, Zigeuner, Sklaven …

Kommentar zum Gleichnis vom Großen Gastmahl (Lukas 14,16–24)

Aus: K. H. Rengstorf, Das Neue Testament Deutsch, Vandenhoeck & Ruprecht, Göttingen 1958

Jesu Hinweis auf die Auferstehung der Gerechten lenkt den sehnsüchtigen Blick eines der anwesenden Pharisäer auf Gottes kommende Herrschaft, die man sich seit langem als ein von Gott den Seinen bereitetes Festmahl vorstellte (Jesaja 25,6; Psalm 22,27; Offenbarung 19,9). Sein Ausruf zeigt, daß er und seine Genossen ihrem Anbruch mit der Ruhe von Leuten entgegensehen, die keine Zweifel an ihrer Berufung haben (vgl. 13,23).

Mit dem Gleichnis vom großen Abendmahl erweist Jesus diese pharisäische Hoffnung als gefährlichen Selbstbetrug, indem er den Gedanken von V. 12 ff. in einer bestimmten Richtung weiterführt: Wer Gottes selbstlose und großzügige Güte nicht zu würdigen weiß, beraubt sich ihrer, wer es auch sein mag.

Nur wenige Züge des Gleichnisses bedürfen der Erklärung. Eine doppelte Einladung war feste Sitte; man lud zunächst ganz allgemein ein und ließ dann, wenn es Zeit war, die Aufforderung zum Kommen folgen. Dann mag es manches Mal vorgekommen sein, daß sich ein Eingeladener entschuldigte, nachdem er die Einladung früher angenommen hatte.

Die hier vorgebrachten Gründe sind jedoch beleidigend, da aus ihnen die Geringschätzung der Geladenen für den Gastgeber spricht.

Wenn die Ausleger recht haben, die in dem einen Knecht bei Lukas Jesus sich selbst zeichnen lassen, so liegt darin ein erster allegorischer Zug vor. Dann würden die Geladenen sein Volk sein, das durch die Propheten auf sein Kommen vorbereitet wurde, und die vorgebrachten Entschuldigungen würden beweisen, wie tief es, gerade in seinen Frommen, trotz aller Erwartung in die Bindungen dieser Welt verstrickt ist.

Ganz deutlich wird der allegorische Charakter des Gleichnisses in V. 21 ff.: Hausherren wie diesen, die ihr Haus um jeden Preis voller Gäste haben wollen, gibt es auf Erden nicht; dieser Hausherr ist vielmehr in seinem Ernst wie in seiner Güte Gott selbst. Für die zur Freude seines Festes Berufenen – und zu ihnen rechnet Jesus auch die Pharisäer – wirkt sich das allerdings so aus, daß, wer sich dem »heute« und »jetzt« entzieht, seinen Platz an der Tafel für immer verwirkt, da dieser nun einem anderen Gaste gegeben wird.

Jesus ist also dessen gewiß, daß Gott sein Ziel in seinem Reiche auch dann erreichen wird, wenn sein eigenes Volk sich selbst von ihm ausschließt. Man darf indes nicht übersehen, daß er die neuen und endgültigen Gäste als Arme, Krüppel und Obdachlose schildert. Wir haben darin sein nüchternes Urteil über den religiösen Besitz der außerjüdischen Welt (A. Schlatter), erkennen aber auch, wie weit sein Blick ging, wenn er die Armen selig pries (Lukas 6,20).

Jesu Verheißung an sie schließt also auch die Heiden in ihrer Gesamtheit ein, sofern es sie nach der Gemeinschaft mit Gott verlangt; Jesus deutet sogar an, daß Gott sich herablassen wird, sie in aller Form zu bitten, seine Gäste zu werden, bis sie ihre in ihrem Zustand liegenden Hemmungen überwinden und tatsächlich kommen.

Das Werk der Heidenmission erscheint so seinem Wesen nach als ein Stück des gnädigen Sich-herab-neigens Gottes in diese Welt, wie sie sich am deutlichsten in der Menschwerdung Jesu ausdrückt. Ob V. 24 noch zum Gleichnis gehört oder ob Jesus in ihm dessen Quintessenz zusammenfaßt, läßt sich nicht sicher entscheiden. In jedem Falle stellt er fest, daß eine Ausschließung von Gottes Freude unwiderruflich ist (so auch Matthäus 25,1 ff; 22,12 ff.; 8,12). Insofern betont er die Verantwortung, die angesichts des Rufes, der jetzt durch Jesus ergeht, jeder, der ihn hört, für sein ewiges Geschick trägt.

Theologische Überlegungen zum Reich Gottes

Jesus spricht: »Tut Buße, denn das Reich Gottes ist nahe herbeigekommen!« (Matthäus 4,17). »Reich Gottes« ist der Schlüsselbegriff der Verkündigung Jesu. Aber er ist nicht erst von Jesus geprägt worden, sondern jeder Jude wußte, was damit gemeint war.

Das alttestamentliche Israel erwartet im Vertrauen auf Gottes Verheißungen eine zukünftige und endgültige Verwirklichung der Königsherrschaft Gottes im

Messias, *in dem die Verheißungen an David ihre Erfüllung finden werden, oder auch in der*

Apokalyptik *als dem Hereinbruch des Reiches Gottes als kosmische Umwälzung und als endgültigen Sieg über alle Reiche und Mächte der Welt.*

Jesus verkündet nun die unmittelbare Nähe des Reiches Gottes: »Die Zeit ist erfüllt, das Reich Gottes ist herbeigekommen« (Markus 1,15). Im Matthäus-Evangelium steht meistens der Begriff »Himmelreich« für »Reich Gottes«. Jesus hat hauptsächlich in Gleichnissen dieses Reich Gottes und die richtige Einstellung der Menschen zum Reich Gottes beschrieben. Im Ausmalen des vollendeten Gottesreiches ist Jesus zurückhaltend. Jesus spricht vom Durchbruch der Freude (Matthäus 13,44), der Gerechtigkeit (Matthäus 6,33) und des Friedens (Römer 14,17). »Blinde sehen und Lahme gehen, Aussätzige werden rein und Taube hören, Tote stehen auf und Armen wird die frohe Botschaft gepredigt« (Matthäus 11,5). Bilder und Situationen, in denen Jesus das Reich Gottes beschreibt, sind die Hochzeit (Matthäus 22,1–14), das Festmahl (Lukas 14,16–24), die Belohnung (Matthäus 20,1–16), die Vergebung (Matthäus 18,23–35).

Das richtige oder falsche Einstellen der Menschen zum Reich Gottes wird von Jesus in vielen Gleichnissen ausgeführt. Das Reich Gottes läßt sich durch eigene Aktivität und Leistung nicht erzwingen, sondern ist ein Geschenk Gottes (Lukas 12,32), das die Menschen annehmen sollen wie ein Kind (Markus 10,14 und 15). Das Reich Gottes gehört den Armen, die mit leeren Händen vor Gott stehen (Matthäus 5,3), während es die Reichen schwer haben (Markus 10,23–25). Wer die Einladung nicht annimmt (Lukas 14,15 und 24), wer die Perspektive der Zukunft nicht erkennt (Lukas 9,62), wem die täglichen äußeren Sorgen größer sind (Matthäus 6,31–33), wer sein Herz an die Sachen der Welt hängt (Lukas 12,19–21) oder wer es versäumt, sich rechtzeitig auf das Reich Gottes hin einzurichten (Matthäus 25,1–13), wird es verfehlen.

Die Predigt Jesu vom kommenden Gottesreich lebt von der Spannung zwischen Gegenwart und Zukunft. Die Vollendung des Reiches Gottes liegt in der Zukunft.

Diese Zukunft wird aber nicht als Vermutung oder Vertröstung, sondern als festes Versprechen Gottes, als verbindliche Verheißung zugesagt und ist durch Jesus Christus bereits angebrochen und in der Gegenwart zeichenhaft erfahrbar geworden. Wenn Jesus zur Umkehr und zum Glauben aufruft, wenn er mit seinen Taten zeichenhaft Krankheit und Not beseitigt, so bahnt sich damit das Reich Gottes an, auch wenn es erst in der Zukunft sichtbar vollendet wird.
Deshalb gehören Jesu Gleichnisse als Predigt vom Reich Gottes und Jesu Wundertaten als Zeichen des Anbruchs des Reiches Gottes eng zusammen.
In dieser Spannung von Gegenwart und Zukunft leben auch Christen heute. Sie hören die Botschaft vom Reich Gottes und beten zu Gott »Dein Reich komme«. Aber für sie ist die Konsequenz aus der gegenwärtigen Verborgenheit des Reiches Gottes nicht das bloße Warten oder distanzierte Zuschauen. Sondern die Verheißung des Reiches Gottes schenkt ihnen Hoffnung und Mut und gibt ihrem Handeln auf Grund des Rufes Jesu »Tut Buße« die Richtung. Vor einer Überforderung oder Überschätzung eigener Leistungen, das »Reich Gottes zu bauen« schützt die Gewißheit, daß das Aufrichten seiner Herrschaft letztlich allein Gottes Sache ist.

Die Grundschüler und das Reich Gottes

Es ist ungewohnt, das Reich Gottes im Religionsunterricht der Grundschule zu thematisieren, aber es ist durchaus üblich, vom Reich Gottes zu sprechen. In vielen biblischen Zusammenhängen wird das Reich Gottes erwähnt, in Gleichnissen und in Jesusworten, z. B. »Laßt die Kinder zu mir kommen und hindert sie nicht daran, denn Menschen wie ihnen gehört das Reich Gottes« (Markus 10,14).
Wenn solche Redewendungen auftauchen, befinden sich die Religionslehrerinnen und -lehrer der Grundschule oft in Verlegenheit. Einerseits wollen sie den Begriff nicht einfach aus der Geschichte ausklammern, weil er offensichtlich einen Kern der biblischen Aussagen dieser Geschichte darstellt. Andererseits soll die Geschichte nicht durch langatmige theologische Erörterungen zerredet werden. Als Ausweg bleibt nur eine kurze, möglichst passende Übersetzung in grundschulgemäße Sprachformen, z. B. »solche Menschen liebt Gott ganz besonders«. Die Verlegenheit kann so leicht zur Hilflosigkeit werden und die Aussagekraft der Geschichte durch seichte Abflachung schwächen oder gar verfälschen.
Der Versuch einer ausführlicheren Unterrichtseinheit soll dieses didaktische Defizit auszufüllen versuchen, auch wenn die theologische Kompliziertheit des Verständnisses vom Reich Gottes den Zugang der Grundschüler nicht eben leicht macht.
Die zitierte Bibelstelle zeigt uns, wie eng das Kind-Sein mit den Verheißungen des Reiches Gottes zusammenhängt. Die Kinder sind nicht nur eine von der Verkündigung Jesu betroffene und von Gott beachtete und geliebte Gruppe von Menschen, sondern sie sind geradezu ein Musterbeispiel für die Einstellung, mit der die Menschen das kommende Gottesreich erwarten sollen. Im Gegensatz religionspädagogischer Auffassung, die Reich-Gottes-Frage in der Grundschule wegen ihrer theologischen Kompliziertheit nicht explizit zu behandeln, sieht die Bibel gerade bei den Kindern einen Zugang zum Reich Gottes, der betont und hervorgehoben wird.

Freilich kann dieser Zugang nicht als Theologie-Seminar auf Grundschulebene gedacht werden, sondern muß auf die besonderen Fähigkeiten der Grundschüler vertrauen, sich emotional und mit allen Sinnen auf diese Botschaft vom Reich Gottes einzulassen. Vielseitige Methoden, Spiele, Bilder, Collagen, Musik, und nicht zuletzt anschauliche Erzählungen sind deshalb wichtiger als eine bis ins Detail reichende intellektuelle Durchdringung des Themas.
Haben nicht unsere Grundschüler die Botschaft vom Reich Gottes besonders nötig? Ihre Zukunft wird von einer Welt geprägt sein, die zwar noch mehr Wohlstand, aber andererseits zunehmende Probleme bringt in der Gefährdung der Umwelt, in der Angst vor kriegerischen Katastrophen, im Verlust vor verbindlicher Lebensorientierung. Grundschüler brauchen die Verheißung des Reiches Gottes als Zusage der Hoffnung, als Ermutigung zum Handeln, als richtungsweisende Perspektive ihres Lebens.

Lernziele

Auf elementare und vielseitige Weise werden die Schüler mit einem zentralen Inhalt der Botschaft Jesu bekannt und vertraut gemacht: Tut Buße, das Reich Gottes ist nahe herbeigekommen! Der Zusammenhang zwischen dieser Predigt Jesu und seinen Taten als Zeichen, daß mit ihm das Reich Gottes angebrochen, wenn auch noch nicht vollendet ist, wird didaktisch hergestellt durch das Gegenüber von Gleichnis und Wundergeschichte.
Vielfältige Gestaltungen, wie Erzählungen, Collagen kleben, Dias malen, pantomimische Spiele, Streitgespräch, instrumentale Untermalung und ein Lied sollen den Zugang zu den schwierigen Zusammenhängen erleichtern und emotional bereichern.
Die Schüler sollen die Botschaft vom kommenden Gottesreich nicht als eine Vertröstung auf unerreichbar ferne Zukunft auffassen. Auch wenn die Schüler vieles nur erahnen können, so sollten sie doch vom Anbruch des Gottesreiches in Jesus Christus hören, was dem Glauben und Handeln von Christen die Richtung des Fortschritts in die Zukunft weist, ihnen Motivation und Hoffnung spendet und dennoch die Gewißheit gibt, daß die letzte Erfüllung des verheißenen Gottesreiches nicht menschliche Leistung, sondern Gottes Geschenk ist.

Unterrichtseinheit

I. Schritt (3 Unterrichtsstunden)

Das Gleichnis vom großen Gastmahl

1. Erzählung: Jesus beim Essen (siehe Seite 116)

2. Umräumen
   Die Schultische werden zu einer großen rechteckigen Tafel in der Mitte des Klassenraumes zusammengestellt. Auf die Tafel kommen Tischtücher, evtl. aus Papier, Kleinigkeiten zum Essen (nicht zum Knabbern, Naschen) wie kleine Brotscheiben, Knäckebrot oder leichter Kuchen und Gläser mit Saft, vielleicht auch Blumen und Kerzen.
   Die Schüler sitzen im großen Kreis an den Wänden des Klassenzimmers. Der Lehrer sitzt zunächst allein an dem großen Tisch und erzählt die Geschichte, die die Schüler pantomimisch begleiten. Die Schüler sprechen also nicht selber, spielen aber stumm mit.

3. Erzählung und Spiel: Das Gleichnis vom großen Gastmahl (siehe Seite 104)

> *Reich Gottes:* zentrale Verkündigung Jesu von der umfassenden Herrschaft Gottes, nicht als räumlich und zeitlich begrenzter Bereich, sondern als unumschränkter Durchbruch von Freude, Gerechtigkeit und Friede. Mit Jesus ist das Reich Gottes zeichenhaft angebrochen und für seine Jünger erfahrbar. Gott bleibt es vorbehalten, sein Reich in Zukunft zur Vollendung zu bringen, wie er es durch Jesus verbindlich verheißen hat.

4. Gespräch beim Essen
   Nach Beendigung der Erzählung und des pantomimischen Spiels beginnt das Essen.
   Während des Essens findet ein Gespräch statt, dessen Ausgangspunkt die immer noch draußen in den Ecken des Klassenzimmers stehenden Schüler – Ackerkäufer, Ochsenkäufer, Jungverheirateter) bilden. Sie sollten aber nicht völlig selbstverständlich und ohne Diskussion mit am Tisch Platz nehmen. Sondern die Schüler sollten gegensätzliche Meinungen darüber sozusagen in Fortsetzung der Gleichniserzählung austauschen. Natürlich ist das Ziel des Gespräches, die drei Schüler am Mahl teilnehmen zu lassen, aber der Lehrer sollte in dem Gespräch darauf hinweisen, daß Jesus mit dem Gleichnis tatsächlich den Ausschluß der Ablehnenden aus dem Reich Gottes gemeint hat.

> Bericht einer Lehrerin:
> Die Schüler sind sehr aufmerksam, sie beteiligen sich lebhaft. Bei der Erzählpantomime sprechen die Schüler ganz selbstverständlich. Sie wollen den, den sie darstellen, gern richtig spielen. Ich fing an zu erklären, wie die Gäste sich jetzt wohl fühlen, während alle essen. Die Zahnschmerzen sind weg; die Kinder sehen die beiden Zigeunerinnen gar nicht mehr als alte Weiber an; der eine Landstreicher erzählt, wie gut es ihm tut, daß mal nicht gleich der Hund auf ihn gehetzt wird ... Die Kinder stimmen mit ein und simulieren, welche köstliche Gerichte auf dem Tisch stehen: Gib mir noch von dem Braten rüber! Wer möchte noch Hähnchen? Hier ist noch viel! Ah, diese Hammelkeule!

5. Gespielte Streitgespräche

Bericht einer Lehrerin:
Ich bin ratlos, wie die nächste Stunde in drei Tagen aussehen soll. Wie können die Kinder Personen spielen, die Jesus widersprechen? Ich suche nach einer Begründung für das Thema dieser Stunde. Welche Funktion hat der Widerspruch im Ganzen des Entwurfs? Ich entschließe mich, das Streitgespräch mit einer Lehrererzählung vorzubereiten. Dabei suche ich den Widerspruch dort besonders verständlich zu machen, wo er den Kindern nachvollziehbar ist, zum Beispiel in der Ablehnung von Kindern, die glücklicherweise in der Pantomime vorkamen!

Schüler und Lehrer sitzen im Kreis.
Jeder Schüler zieht eine Karte mit einer Rolle (siehe Seite 117f.)
Auf der Vorderseite der Karte steht je eine Bezeichnung von Menschen, die in den Erzählungen »Jesus beim Essen« und »Das Gleichnis vom großen Gastmahl« vorgekommen sind:
Pharisäer, reicher Kaufmann, Bauer mit viel Land und Vieh, Bürgermeister, wohlhabender Handwerker, Verwandter des Pharisäers, Freund des Pharisäers, Ochsenkäufer, Ackerkäufer, Jungverheirateter.
Diese 10 Karten sollte je einmal vorhanden sein.
Die übrigen Karten für die ganze Klasse können auch mehrfach ausgeschrieben werden:
Armer, Gelähmter, Blinder, Mann (oder Frau) mit verkrüppelter Hand, ... mit einem Buckel, ... mit Krücken, ... mit einem Bein, ... mit 6 hungrigen Kindern, ... mit starken Zahnschmerzen, Zöllner, Tippelbruder, Aussätziger, Hirt, Arbeitsloser, Zigeuner, Sklave ...
Auf der Rückseite der Karte ist ein passender Satz notiert als Argumentationshilfe. Die Schüler können, wenn sie ihre Rolle spielen, diesen Satz ablesen und dann evtl. selber entsprechend weiter argumentieren.
Die Schüler versuchen, entsprechend der auf der Karte beschriebenen Rolle die Bedeutung des Gleichnisses vom großen Gastmahl zu diskutieren.
Der Lehrer »spielt« Jesus, erläutert das Gleichnis und verteidigt es gegen die Ansichten der reichen Kaufleute, Pharisäer, usw.

Jesus: Ich habe euch das Gleichnis vom großen Gastmahl erzählt. So wird es im Reich Gottes sein.
Blinder: Da kann ich Bäume, Häuser, den Himmel – und meine Frau sehen!
Reicher Kaufmann: Das Lumpenpack kommt ins Reich Gottes?
...
...

Ziel des Gespräches ist der Ausdruck der Freude über das von Jesus verheißene Gottesreich. Die kritischen Einwände, die sich leicht in den Vordergrund drängen, sollten dagegen zurücktreten. Vorsicht vor Albernheiten! Es sollte mehr diskutiert als gespielt werden.

Bericht einer Lehrerin:
Ich bin nicht der Meinung, daß der Lehrer Jesus spielen sollte. In meiner Erzählung kommt Jesus nicht vor. Seine Antwort sind die nachfolgenden Seligpreisungen. Ich hätte erwartet, daß bei der durch die Karten festgelegten Rollenverteilung keiner Jesu Meinung vom Reich Gottes verteidigt. Aber nun geschieht das Erstaunliche: Einige Kinder fallen aus ihrer Rolle. So widerspricht ein »Pharisäer« und erklärt, warum er meint, Kinder gehörten doch dazu. Weil einige wenige (gegen die Abmachung) Jesu Haltung verteidigen, fühlen sich die andern um so mehr herausgefordert, ihre Rolle ernsthaft zu spielen. Manche Vorurteile aus dem Elternhaus werden gebracht, z. B. gegen Arbeitslose und Landstreicher. So entsteht ein faszinierendes Streitgespräch. Übrigens bringen auch »Knechte« Argumente, warum Jesus die Verachteten zu Recht einlädt.

6. Collage
   Die Schüler malen mit Filzstiften die Armen, Gelähmten, usw. die nach dem Gleichnis am Tisch im Reich Gottes sitzen. Das Bildformat für eine Person ist etwa 10×10 cm.
   Einige Schüler malen einen gedeckten Tisch, ca. 80×40 cm. Die Festtafel nach dem Gleichnis wird als Collage zusammengeklebt, aufgehängt, betrachtet und besprochen.

II. Schritt (1 Unterrichtsstunde)

Seligpreisungen

1. Gespräch: Die Armen und das Reich Gottes
   Tafelanschrift der Teile eines Wortes Jesu
   .... seid ihr Armen
   Die Schüler suchen nach Wörtern, die auf die punktierte Linie passen könnten, z. B. unglücklich, traurig, hungrig, krank.
   Dann wird das Wort ergänzt:
   Selig seid ihr Armen,
   denn das Reich Gottes gehört euch!
   Die Schüler wiederholen im Gespräch, was sie im Reich Gottes aus dem Gleichnis vom großen Gastmahl erfahren haben. Das Wort »selig« wird erläutert und evtl. durch eine Reihe von ähnlichen, passenden Begriffen ergänzt, z. B. glücklich, froh, hoffnungsvoll.

> Bericht einer Lehrerin:
> Wörter für »selig« zu finden ist sehr schwierig. An der Tafel stehen am Ende die Worte »froh«, »glücklich«, »behütet«, »fröhlich« und »reich«. Wir probieren das Einsprechen der Seligpreisungen mit diesen Synonymen für »selig«. Einem Jungen fällt der Gegensatz bei der vierten Seligpreisung auf: »Das paßt doch gar nicht zusammen!« Ein Mädchen antwortet: »Später, nach dem Tod bekommen sie es.« Angesichts dieser Tendenz, die Erfüllung des Versprochenen im Jenseits zu erwarten, bin ich froh über die Wendung der Unterrichtseinheit zu der Frage nach dem Reich Gottes in unserer Zeit.

2. Arbeitsblatt: Seligpreisungen (siehe Seite 118)
   Das Arbeitsblatt wird verteilt, gelesen und besprochen.

> Seligpreisungen sind keine Zustandsbeschreibungen, keine Forderungen, keine Vertröstungen, sondern Verheißungen, Versprechen Jesu im Namen Gottes, wie die Realität im Sinne des Gottesreiches überwunden werden wird. Mit Jesu Kreuzestod und Auferstehung garantiert Gott die Wahrheit dieser Seligpreisungen.

3. Dias malen
   Die Schüler erhalten Glas-Diarahmen (24×36 mm) und gute Arbeitsprojektor-Stifte in verschiedenen Farben. Man kann auch mit Buntstiften (nicht mit Filzstiften) auf Write-on-Slides von Kodak (4×4 cm) malen.
   Weitere Möglichkeiten: mit Arbeitsprojektoren auf unbelichtete, entwickelte Kleinbildfilme malen (zu alt gewordenes Filmmaterial), oder mit Filzstiften auf Architektenpapier malen (ähnlich Butterbrotpapier, aber transparenter), das dann in Diarahmen eingelegt wird.

Die Schüler malen auf die Dias Gegensatzpaare der Seligpreisungen, z. B. Dia vom Hungern, ein Dia vom Sattsein.

4. Dias betrachten
   Die gemalten Dias werden mit Hilfe eines Diaprojektors betrachtet, den jeweiligen Seligpreisungen zugeordnet und besprochen.

III. Schritt (1 Unterrichtsstunde)

Gottes Reich in unserer Zeit?

1. Gruppenarbeit
   Gruppen von Schülern erhalten je ein ausgewähltes Material, das Not, Schrecken, Gefahr usw. unserer Zeit ausdrückt, z. B. Zeitungsnotiz eines Verkehrsunfalles, Bild hungernder Menschen, Umweltgefahren, Bedrohung durch Atomraketen, Krankheit.
   Die Schüler unterhalten sich über den Inhalt und gestalten bzw. formulieren dann in den Gruppen ein Gegenmaterial, z. B. Brief eines Menschen, der nach einem Verkehrsunfall wieder gesund geworden ist, Beseitigung von Umweltgefahren, Bericht über Verschrottung von Atomraketen, Bild satt gewordener Menschen.

> Foto einer Frau, die in einer schmutzigen Hütte unter Lumpen hockt. Ihr Kind kriecht auf dem Fußboden herum.
> Aufgabe: Schreibe zu diesem Bild eine Gegengeschichte! Stell dir vor, die Familie müßte nicht mehr in diesem Elend leben. Was würde die Frau dann sagen?
> Schülerantworten:
> Ich lebe in einer glücklichen Welt. Ich fühle mich wohl und habe genug zu essen, um mein Kind und mich zu ernähren. Wir haben genug Kleidung. Wenn der Winter kommt, damit wir nicht frieren. Wir sind nicht reich und auch nicht arm. Ich bin gesund, und geimpft gegen schlimme Krankheiten. Ich erlerne einen Beruf. Und habe genug Vitamine. Wir haben ein Dach überm Kopf.
> Mein Kind ist gesund, und wir fühlen uns wohl in unserer Welt. Mein Kind ist ein Junge und freut sich. Es hat genug zum Spielen: 26 Autos und ein Holzpferd und einen Ball. Mein Kind ist 3 Jahre alt. Ich mixe ihm einen Brei. Es ist gerade draußen und spielt mit seinem Ball.

2. Vorstellung
   Materialien und Gegen-Materialien werden vorgestellt, zunächst ohne weitere Kommentare und Bewertungen.

3. Es wird unterschieden zwischen Realität und Wunschvorstellungen. Das ist sehr wichtig!
   Vergleich mit den Seligpreisungen.
   Können uns die Aussagen vom Reich Gottes die Richtung angeben, in der es mit unserem Leben weitergehen soll, in der Probleme gelöst werden sollen?

IV. Schritt (1 Unterrichtsstunde)

Mit Jesus ist das Reich Gottes angebrochen

1. Erzählung: Hunger (siehe Seite 120)

2. Gespräch
   Spontane Äußerungen
   Erfahrungen mit dem Hunger in der Welt
   Evtl. können gemalte Dias aus dem II. Schritt wiederholend gezeigt werden.

> Bericht einer Lehrerin:
> Die Erzählung »Hunger« ist außerordentlich eindrücklich. Ich habe sie frei erzählt; das macht etwas Arbeit, aber der Inhalt erreicht die Hörer unmittelbar.
> Den Schlußsatz habe ich geändert, weil er die Sprache der Kinder nicht trifft. Ich habe stattdessen formuliert: »Ihr versteht jetzt sicher auch, warum Jesus sagt, Gottes Reich ist mit einem Festmahl zu vergleichen. Und darum haben die Evangelisten Geschichten vom Hunger aufgeschrieben, mit denen sie sagen wollten: Da seht ihr, Jesus kommt von Gott, denn er zeigt, wie Hungrige satt werden.«

3. Erzählung: Die Speisung der 50 000 (siehe Seite 121)

4. Musikalische Gestaltung
   Die Geschichte wird noch einmal erzählt, während die Schüler sie durch Orff-Instrumente mit Klängen untermalen.

> Bericht einer Lehrerin:
> Wir haben die Geschichte mit den Instrumenten so lange geübt, bis wir sie »vorführreif« hatten.
> Dann haben wir sie einer anderen Klasse, in der ich auch Religion habe, vorgespielt. Den Text haben wir auch mit verteilten Rollen gelesen.
> Ein großer Erfolg war unsere Vorführung anläßlich eines Sommerfestes unserer Grundschule.

V. Schritt (1 Unterrichtsstunde)

Auf dem Weg zu Gottes Reich

1. Einführung des Liedes:
   Wir haben Gottes Spuren festgestellt (siehe Seite 123)
   Das Lied wird mit Hilfe von Instrumenten (Gitarre, Blockflöte, Orff-Instrumente) oder zur Schallplatte/Kassette eingeführt. Die Schüler erhalten Textblätter.
   Das Lied kann auch schon zu einem früheren Zeitpunkt eingeführt werden und dann die Unterrichtseinheit begleiten.

Bericht einer Lehrerin:
Das Lied ist meines Erachtens vom Text her zu schwer. Der Refrain wurde nach Wiederholung in den darauffolgenden Stunden gerne gesungen, später auch das Lied. Dazu war aber nötig, auf den Text der Verse ausführlich einzugehen, und zu jeder Strophe entsprechende Beispiele – möglichst aus der Unterrichtseinheit – heranzuziehen (etwa 20 Minuten).

2. Wiederholendes Gespräch

Das Gleichnis vom großen Abendmahl und die Speisung der 5000 werden erzählt, möglichst durch Schüler.

Beziehung beider Geschichten: Vom kommenden Gottesreich

a) Lukas erzählt nach, was Jesus gepredigt hat

b) Matthäus erzählt, was Jesus getan hat

Unsere Situation: Das Reich Gottes ist verheißen und zeichenhaft erfahrbar, aber noch nicht erfüllt.

Vorstellungen vom Reich Gottes geben dem Handeln von Christen die Richtung und die sichere Hoffnung, daß seine Vollendung von Gott geschenkt wird.

Zu dem Gespräch werden die Materialien wie Collage, gemalte Dias, Rollenkarten, Seligpreisungen, Gegengeschichten herangezogen.

3. Lied: Wir haben Gottes Spuren festgestellt
(möglichst mit Begleitung)

Erzählung: Jesus beim Essen (nach Lukas 14,1 und 12–15)

Als Jesus einmal zu einem Zöllner ins Haus ging, um mit ihm zu essen, da murrten viele Menschen, die das sahen: »Mit einem Zöllner ißt er zusammen, einem Betrüger, einem Unreinen!« Am meisten schimpften die Pharisäer. Sie meinten nämlich, man müßte unbedingt alle Gebote strikt und haargenau einhalten, um von Gott geliebt zu werden.

In der Bibel steht aber auch eine Geschichte, wie Jesus einmal von einem Pharisäer zum Essen eingeladen war. Lukas hat sie aufgeschrieben. Von ihr wollen wir heute hören und spielen.

Ein vornehmer Pharisäer lud einmal Jesus zum Essen ein. Er ließ den Tisch festlich decken: kostbares Geschirr stand auf dem Tisch, alles war aufs Feinste zubereitet, Öllampen brannten, Wein stand in Krügen bereit, der Pharisäer hatte auch eine Reihe von Gästen eingeladen, mehrere reiche Kaufleute, Bauern mit viel Land und Vieh, den Bürgermeister, wohlhabende Handwerker, Verwandte und Freunde, die meisten von ihnen auch Pharisäer wie der Gastgeber.

Der Pharisäer, der alle eingeladen hatte, sprach ein Gebet, dann begann das Essen. Alle unterhielten sich miteinander. Aber es kam kein fröhliches Geprâch auf, wie sonst, wenn die Leute zum Essen zusammenkamen. Jeder wußte es: Jesus war nicht

wie ein guter Freund eingeladen worden, sondern die Pharisäer wollten ihn ausfragen, sie wollten sich mit Jesus streiten, wollten ihn von ihrer Meinung überzeugen. »Sag uns, Jesus«, wandte sich schließlich der vornehme Pharisäer an Jesus, »was es mit dem Reiche Gottes auf sich hat. Du predigst so oft vom Reich Gottes, und wir wissen uns darunter wenig vorzustellen!« Alle schwiegen, um Jesu Antwort zu hören und blickten gespannt zu ihm hin. »Wer ist hier alles zum Essen eingeladen?« fragte Jesus. »Was hat das mit dem Reich Gottes zu tun, wenn ich sage, wer hier eingeladen ist?« fragte der Pharisäer zurück. »Sehr viel!« erwiderte Jesus. Da stand der vornehme Pharisäer auf: »Das hier sind reiche Kaufleute – das sind Bauern mit viel Land und Vieh – das ist der Bürgermeister – das sind wohlhabende Handwerker, alles Verwandte und Freunde, die meisten sind Pharisäer wie ich.«
Da sprach Jesus: »Wenn du wissen willst, wie es im Reiche Gottes zugeht, dann solltest du nicht einfach deine reichen Freunde einladen, sondern ...« – »... sondern bestimmt nur diejenigen, die bis ins Letzte hinein genau die Vorschriften der Gebote einhalten. Nur diese wenigen wird Gott für würdig halten, daß er sie in sein Reich aufnimmt!« so fiel einer der Pharisäer Jesus ins Wort. »Nein«, lächelte Jesus, »gerade diese Leute werden das Reich Gottes verfehlen. Wenn sie zu dir kommen, so laden sie dich gleich wieder zu sich ein. Sie nehmen deine Einladung nicht als Geschenk an, sondern für sie ist eine Einladung wie kaufen und verkaufen: gibst du ihnen was, sie geben dir dafür etwas anderes wieder. Lade Arme, Behinderte, Gelähmte, Blinde ein! Tut Buße, ändert euer Leben, denn das Reich Gottes ist nahe herbeigekommen! Ich will euch eine Geschichte vom Reich Gottes erzählen. Hört zu!«

Karten mit Rollen

zum Streitgespräch über das Gleichnis vom großen Abendmahl.

Beispiel für die, die am Mahl teilnehmen:

Armer Ich habe mir schon immer mal gewünscht, an so einem festlichen Tisch sitzen zu dürfen.	Gelähmter Alle haben mir geholfen, haben mich hereingetragen und an den Tisch gesetzt und mir zu Essen gegeben. Das war schön!
Blinder Ich konnte hören, wie lustig es beim Essen zuging. Alle haben gelacht und geredet und sich vor Freude in den Arm genommen.	... mit verkrüppelter Hand Ich war so froh, daß ich dabei sein durfte! Sonst stehe ich als Arbeitsloser ja immer nur allein herum.
... mit einem Buckel Alle haben gegessen und getrunken und waren fröhlich. Keiner hat mich ausgelacht.	... mit Krücken Sie haben alle gewartet, bis ich nachgekommen bin. Ich kann ja nicht so schnell laufen.
Zöllner Ich habe mit allen zusammen gegessen und getrunken. Sonst mag mich keiner leiden, und jeder spuckt vor mir aus.	Sklave Ich saß mitten in der fröhlichen Gesellschaft, als wenn ich ein feiner Herr wäre.

Beispiele für die, die nicht am Mahl teilnehmen:

Pharisäer Ein Gottesreich mit lauter Faulpelzen? Das ist unerhört! Damit will ich nichts zu tun haben!	Reicher Kaufmann Das Lumpenpack soll ins Reich Gottes kommen? Die haben doch nichts, höchstens Schulden!
Bauer mit viel Land und Vieh Ich glaube nicht, daß die Leute, die einem das Vieh von der Weide stehlen, ins Reich Gottes kommen!	Bürgermeister Ich habe ein wichtiges Amt. Aber mit Lumpen setze ich mich nicht zusammen an einen Tisch, auch nicht im Reich Gottes.
Ochsenkäufer Soll ich mich vom Viehhändler übers Ohr hauen lassen, nur weil der Herr mit seinem Mahl nicht warten kann?	Jungverheirateter Das Reich Gottes wird wohl warten können. Man heiratet schließlich nicht alle Tage!
Wohlhabender Handwerker Ich arbeite Tag für Tag am Webstuhl und hoffe, daß Gott meine Arbeit segnet. Aber die da sind ja nur Faulpelze!	Verwandter des Pharisäers Ich stimme meinem Schwager zu. Wer nichts dafür tut, Gottes Gebote genau zu erfüllen, hat im Reich Gottes nichts zu suchen.
Ackerkäufer Erst mal ist mir das Land wichtiger. Vielleicht habe ich später Lust, zum Mahle des Herrn zu gehen.	Freund des Pharisäers Gott wird mich bestimmt in sein Reich aufnehmen, wenn ich nur eifrig genug seinen Willen tue. Und der steht in den Geboten. Aber die da – tun gar nichts!

Arbeitsblatt: Seligpreisungen (Lukas 6,20–22)

Jesus sagte:

Selig seid ihr Armen, denn das Reich Gottes gehört euch!

Selig seid ihr, die ihr jetzt hungert, denn ihr sollt satt werden.

Selig seid ihr, die ihr jetzt weint, denn ihr werdet lachen.

Selig seid ihr, wenn euch die Menschen hassen,
einsperren, beschimpfen, verachten,
nur weil ihr an mich glaubt.

Dann könnt ihr euch freuen und jubeln, denn im Reich Gottes werdet ihr reichlich belohnt werden.

Kommentar zu den Seligpreisungen (Lukas 6,20–22)

nach: K. H. Rengstorf, Das Neue Testament Deutsch, Vandenhoeck & Ruprecht, Göttingen 1962

Die Seligpreisungen nach Lukas haben sämtlich eine Parallele bei Matthäus (5,3–12), doch weichen die Fassungen voneinander ab. Matthäus bringt die Seligpreisungen in der Mehrzahl in der dritten Person, Lukas aber alle in der zweiten Person in direkter Anrede. Die Sprüche bei Lukas betonen den Gegensatz zwischen der Gegenwart und dem, was kommt, und weisen auf die Umwertung aller Werte in der Zukunft des Reiches Gottes hin. Die Sprüche sind an die Jünger gerichtet, was einen größeren Hörerkreis nicht ausschließt.

Bei Matthäus gilt Heilruf den »im Geiste Armen«, bei Lukas den Armen allgemein, ohne daß die Art ihrer Armut erläutert würde. Gemeint sind dieselben Menschen: die Armen im doppelten Sinn der äußeren Armut und des Armseins vor Gott, die nichts haben, aber alles von Gott erwarten und sehnsüchtig dem Anbruch seiner Herrschaft entgegenharren. Lukas sieht die Christenheit durch die Welt und ihre Werte gefährdet, darum schließt er die äußere Armut in seine Formulierung der Seligpreisung mit ein.

In der Seligpreisung vom Hungern und Sattwerden wird von Lukas das »Jetzt« ausdrücklich betont. Ebenso wie bei der Armut sind bei Lukas auch die mitgemeint, die nach Matthäus »nach der Gerechtigkeit hungern und dürsten«. Wenn Gottes Tag anbricht, sein Recht sich durchsetzt und sein lebenswirkendes Wort allein gilt, dann wird es keinen Hunger mehr geben, und ebenso wird vor dem Trost der Gotteszeit alles dahinschwinden, was die Tränen fließen läßt.

Was Jesus hier verheißt, hat später Paulus seinen Gemeinden als in Jesus erfüllt bezeugt: Wißt ihr nicht, daß die Ungerechten das Reich Gottes nicht ererben werden? Laßt euch nicht verführen! ... Und solche sind etliche unter euch gewesen. Aber ihr seid abgewaschen, ihr seid geheiligt, ihr seid gerecht geworden durch den Namen des Herrn Jesu und durch den Geist unseres Gottes (1. Korinther 6,9 und 11).

Gottes Heil gilt denen, die sich zu Jesus als dem Sohn Gottes bekennen und deshalb geschmäht und aus der Gemeinschaft ausgestoßen werden. Sie dürfen aber gewiß sein, daß sie nicht umsonst leiden.

Zur Zeit Jesu haben die Menschen viel gehungert. Ihr wißt, daß auch heute noch viele Menschen in der Welt an Hunger leiden. Sie haben nicht genug zu essen. Sie werden nicht satt. Sie werden nie richtig satt.
Wahrscheinlich weiß keiner von euch aus eigener Erfahrung, wie es ist, wenn man hungert. Vielleicht habt ihr manchmal keinen Appetit, mögt nichts essen. Oder ihr dürft nichts essen, weil es euch vom Arzt verboten wurde. Oder ihr müßt mal auf das Essen länger warten, so daß euch der Magen knurrt.
Das ist alles nicht schön, aber es ist noch kein Hunger. Zur Zeit Jesu haben viele Menschen in Palästina an Hunger leiden müssen. Die Kinder in den Dörfern sind des Morgens aufgestanden, ganz früh, wenn kaum die Sonne aufgegangen war. Da gab es kein reichhaltiges Frühstück mit Milch oder Kakao oder Kaffee, mit Brötchen und Marmeladen oder Schokoladenkrem. Die Kinder kriegten – gar nichts. Der Tag fing ohne Essen an. Ein Schluck Wasser – das war alles. Und dann sagte die Mutter: Geht aufs Feld, lest die Ähren, die beim Ernten auf die Erde gefallen sind. Und nun mußten die Kinder ohne einen Bissen Brot mit einem Korb oder einem Beutel auf die Felder der Bauer gehen und Ähren sammeln.
Das ist kein Spiel, wenn die Sonne brennt und der Rücken schmerzt und der Korb gar nicht voll werden will. Da haben die Kinder oft heimlich eine Ähre genommen, die Körner herausgeholt, zwischen die Handflächen gerieben, so daß die Spelzen abfielen und dann die Körner in den Mund gesteckt und gekaut, nur um den ärgsten Hunger zu stillen.
Kamen die Kinder mittags müde und abgespannt nach Hause, so mußten sie noch der Mutter mit allerlei Arbeit zur Hand gehen, und dann endlich erhielten sie ihr Essen: einen Teller Brei aus gemahlenen Körnern mit Wasser oder mit Milch vermischt. Oder es gab so etwas ähnliches als Pfannkuchen gebraten oder eine Suppe mit Kräutern. – Fleisch, Kartoffeln, Soße, Pudding gab es nicht, höchstens Rüben, Kohl oder ähnliche Gemüse. Und wenn die Kinder dann wegen ihres großen Hungers eine zweite Schüssel voll haben wollten, war das Essen bereits alle. Mehr gab es nicht. Im Gegenteil, die Familie mußte wohl auch noch Essen abgeben: an den Großvater, der schwach nebenan lag, an den kranken Bruder, der draußen vor dem Dorfe lag, weil er als Kranker unrein war, an die Nachbarn, die ihnen vor einiger Zeit in der ärgsten Not mit Essen ausgeholfen hatten.
Abends erhielten die Kinder vielleicht ein Stückchen Brot und einen Schluck Milch – das war dann das Essen für den ganzen schweren langen Tag. Kam die Erntezeit, so wurde vorsichtig geerntet und gedroschen, damit ja kein Korn verloren ging. Und wenn die Vögel die Saat aufgepickt hatten, wenn das Unkraut das Getreide überwucherte, wenn Hagel oder Unwetter oder Zeiten der Trockenheit das Getreide verdarben, wenn der Grundbesitzer hohe Zinsen in Form von Säcken voller Getreide verlangte – dann wurde das Essen für die Familie noch mehr gekürzt.
Gelegentlich gab es im ganzen Land eine Hungersnot. Da konnte man nichts zu essen kaufen, selbst für teures Geld nicht, weil es nichts gab. Die armen Leute mit wenig Geld waren die ersten, die starben, besonders die alten Menschen, die Kranken, die kleinen Kinder. Sie mußten sterben vor Hunger. Der Hunger machte sie

krank, und der Körper war so geschwächt, daß er sich gegen die Krankheit nicht wehren konnte und nicht wieder gesund wurde.
Darum hat Jesus oft vom Hunger gesprochen, wenn er Not und Elend meinte. Die Leute wußten dann ganz genau, wovon er sprach. Sie wußten, wie elend ein hungriger Mensch ist und wie fröhlich man ist, wenn man sich satt essen kann. Und darum haben auch die Evangelisten Geschichten vom Hunger aufgeschrieben, mit denen sie sagen wollten: Jesus verkündet den Willen Gottes, wenn er den Menschen zeigt, wie Hungrige satt werden.

Erzählung und instrumentale Untermalung: Die Speisung der 5000 (Matthäus 14,13–21)

Klangsymbole für die Menschenmenge:	Trommeln
für die Jünger:	Xylophon
für Jesus:	Metallophon mit Jesus-Motiv

Der Evangelist Matthäus erzählt:	*Vorschläge für Klänge auf Orff-Instrumenten:*
Viele, viele Menschen liefen hinter Jesus her, wenn er irgendwo mit seinen Jüngern auftauchte. Kinder an der Hand ihrer Mutter, junge Leute, die ihre Arbeit stehen ließen, alte Menschen und Kranke, die kaum gehen konnten – alle wollten Jesus sehen und hören. Sie ließen ihm keine Ruhe, auch wenn Jesus einmal allein sein wollte.	*Trommeln: viele Schritte hüpfend, trippelnd, gleichmäßig, kräftig, schlurfend, stolpernd* *abebben*
	Stille
Jesus sprach zu dem Volk. Er redete vom Reich Gottes, er predigte von der Liebe Gottes, er forderte die Menschen auf, ihr Leben zu ändern und Gottes Güte anzuvertrauen, er heilte Kranke.	*Metallophon: Jesus-Motiv – wiederholend, z. B.*  *dazwischen: Trommeln*
Über alledem wurde es Abend	*abebben*
Da traten die Jünger zu Jesus und sagten:	*Xylophon: klopfend*
Die Gegend ist öde	*auf Trommeln schaben*

und die Nacht bricht herein.	*leise Paukenschläge*
Laß das Volk nach Hause gehen, damit sie in ihre Dörfer heimgehen oder sich irgendwo etwas zu essen kaufen können!	*leise Trommel-Töne* *Xylophon: klopfend*
Aber Jesus antwortete ihnen: Es ist nicht nötig, daß sie fortgehen. Gebt ihr ihnen zu essen	*Metallophon: Jesus-Motiv*
Die Jünger aber sagten zu Jesus: Wir haben hier nichts als fünf Brote und zwei Fische.	*Beckenschläge deutlich, bestimmt* *Xylophon zögernd* *Rasseln* *Triangel*
Jesus sagte: Bringt sie mir her!	*Metallophon: Jesus-Motiv*
Und er ließ das Volk sich auf das Gras lagern, und alle setzten sich hin und ruhten aus, die Kinder mit ihren Müttern, die jungen kräftigen Menschen, die Alten und die Kranken	*Trommeln:* *hüpfen* *trippeln* *gleichmäßig* *kräftig* *schlurfend* *stolpernd* *abebbend, ruhig werdend*
Dann nahm Jesus die fünf Brote und die zwei Fische, sah zum Himmel auf, dankte Gott und brach das Brot. Dann gab er die Brote und Fische den Jüngern, die sollten sie an das Volk verteilen.	*Metallophon: Jesus Motiv* *dazu Rasseln* *dazu Triangeln* *kräftiger Beckenschlag* *Xylophon: schreitend* *Trommeln: murmelnd*
Und sie aßen alle und wurden satt.	*kräftiger Beckenschlag* *Metallophon: Jesus-Motiv*
Man sammelte sogar noch 12 Körbe voll Brocken Brot ein, die übrig geblieben waren!	*kräftiger Beckenschlag,* *Rasseln laut*
5000 Männer, dazu Frauen und Kinder wurden satt!	*Alle Instrumente laut, tanzend im Rhythmus des Jesus-Motivs*

Kommentar zur Speisung der 5000 (Matthäus 14,13–21)

nach: J. Schniewind, Das Neue Testament Deutsch, Vandenhoeck & Ruprecht, Göttingen 1962

Die größere Geschlossenheit der Erzählung (gegenüber der Markusfassung 6,31–44 hat Matthäus einiges gekürzt) verleiht dem Text eine gewisse Feierlichkeit. Jesu Worte sind knapp und haben eine bestimmte Strenge des Fragens und Befehlens. Die entscheidende Stelle der Erzählung, Vers 19, erinnert an das christliche Abendmahl. Dennoch bleibt unsere Geschichte die Überlieferung von einem wirklichen Mahl, das an einer bestimmten Stelle des Lebens Jesu ein bedeutsames Zeichen war.
Es ist gemeint, daß Jesus auch Herr ist über die äußeren Nöte, daß, wie Krankheit und Tod, auch der Hunger ihm kein unüberwindlicher Feind ist. Immer, wenn in der christlichen Kirche die soziale Frage als besonders dringlich empfunden wurde, hat man sich an unsere Erzählung erinnert. Dennoch bleibt das Wunder, durch das er hilft, ein Vorgang, den man nicht voraussetzen kann und nicht fordern darf.
Daß Jesus am Anfang der Geschichte allein sein wollte (Vers 13), ist ein Verweis auf Jesu Passion. Jesus »entweicht«, als er vom Tode Johannes des Täufers erfährt (Vers 12). Auch Jesus ist auf dem Weg zum Tode. Daß das Wunder der Speisung der 5000 ein Zeichen für den Anbruch des Gottesreiches ist, wird mit Jesu Tod und Auferweckung bestätigt.

Wir haben Gottes Spuren festgestellt

2. Blühende Bäume haben wir gesehn, wo niemand sie vermutet, Sklaven, die durch das Wasser gehn, das die Herren überflutet.
Zeichen und Wunder sahen wir geschehn ...

3. Bettler und Lahme sahen wir beim Tanz, hörten, wie Stumme sprachen, durch tote Fensterhöhlen kam ein Glanz Strahlen, die die Nacht durchbrachen.
Zeichen und Wunder sahen wir geschehn ...

Französischer Originaltext: M. Scouarnec

Literatur

Burk, Karlheinz, Religionsunterricht für Grundschüler, Patmos Verlag Düsseldorf 1981

Dittmer, Uwe, Das Verständnis vom Reich Gottes in Theologie und Gemeinde, in: Die Christenlehre 11/1982

Fischer, Karl Martin, Jesu Verkündigung vom Reich Gottes, in: Die Christenlehre 2/1982

Koch, Reclams Bibellexikon, Reclam Verlag Stuttgart 1978, Stichwort: Reich Gottes

Nordsieck, Reinhard, Reich Gottes – Hoffnung der Welt, Neukirchener Verlag Neukirchen-Vluyn 1980

Osterloh, Edo, Biblisch-theologisches Handwörterbuch, Vandenhoeck & Ruprecht, Göttingen 1954, Stichwort: Reich Gottes

Schlatter, Theodor, Calwer Bibellexikon, Calwer Verlag Stuttgart, 1959, Stichwort: Reich Gottes

Sievers, Eberhard, Wundergeschichten – neu erzählt und gestaltet im Religionsunterricht Grundschule, Schroedel Verlag Hannover 1979

Sievers, Eberhard, Jesus entdecken Band 2 (Kapitel: Wundergeschichten) Patmos Verlag Düsseldorf 1983

Steinwede, Himmel-Reich Gottes, Sachbilderbuch zur Bibel

Strunk, Reiner, Reich Gottes und Nachfolge, in: Werkstatt Gemeinde 1/1983 und 2/1983

Vom Reich Gottes und seiner Gerechtigkeit, Themaheft in: Mitarbeiterhilfe 2/1982

Weiser, A., Was die Bibel Wunder nennt, Katholisches Bibelwerk Stuttgart 1977

Religionsunterricht

Figuren für den Tageslichtprojektor

Zeichnung: Eberhard Sievers

Arbeitsblatt:
Das Gleichnis vom Sämann (Markus 4,2–9)

Jesus erzählte den Menschen ein Gleichnis

Ein Sämann ging aufs Feld, um zu säen.

(1) Und als er säte, fielen manche Körner statt aufs Feld auf den festen Weg. Und die Vögel kamen und fraßen sie auf.

(2) Andere Körner fielen auf felsigen Boden, wo sie nicht viel Erde fanden. Die Saat ging sogleich auf, weil die Erde nicht tief war. Aber von der Sonne, die am Him-

mel stand, wurden die kleinen Pflanzen verbrannt, und weil sie keine rechten Wurzeln hatten, verdorrten sie.

(3) Manche Körner fielen unter Dornen und Unkraut. Und die Dornen und das Unkraut wuchsen und wuchsen und erstickten das Korn, so daß es unfruchtbar blieb.

(4) Wieder andere Körner fielen auf guten Boden, gingen auf und wuchsenund trugen Ähren. So wurden aus einem Saatkorn dreißig Körner, aus einem anderen sechzig Körner, und aus einem anderen gar hundert Körner.

Und Jesus sprach: Wer Ohren hat zu hören, der höre!

Kommentar zum Gleichnis vom Sämann (Markus 4,2–9)

nach: J. Schniewind, Das Neue Testament Deutsch, Vandenhoeck & Ruprecht, Göttingen 1962

Die besonderen Verhältnisse Palästinas sind vorausgesetzt, wenn erst gesät, später umgepflügt wird. Auf dem steinigen Boden, der nur eine dünne Erdschicht als Oberfläche hat, geht das Korn im Tau der Nacht besonders schnell auf und versengt um so schneller nach dem Aufgang der Sonne. Und wo Dornensaat verborgen im Boden liegt, geht guter Same und Dornengestrüpp zugleich auf, und die Dornen sind stärker als das zarte Korn. Erst zuletzt wird das gute Land beschrieben, gleichsam wie eine Ausnahme. Aber um so stärker macht das Bild den Ertrag, das Aufgehen und Wachsen der Pflanze, die dreißig-, sechzig-, hundertfache Frucht.

Wie alle Gleichnisse drückt auch das Gleichnis vom Sämann das Geheimnis der Gottesherrschaft aus, haben wir ein Bild vom Werden des Gottesreiches vor uns. Wer begreift, daß das Wort Jesu Gottes Forderung und Gottes Verheißung in sich trägt? Wer sieht Jesu Taten und nimmt zugleich wahr, daß damit die Gottesherrschaft anhebt?

Die anschließende Deutung des Gleichnisses (Markus 4,14–20) »Der Sämann sät das Wort ...« darf nicht dazu verführen, das Gleichnis allegorisch in allen Einzelzügen zu übertragen und diese Übertragung auf die Form der christlichen Predigt einzuengen. Mit der Gefährdung und Ausbreitung des Wortes Jesu ist selbstverständlich nicht nur ein formaler Vorgang gemeint, sondern der Inhalt christlicher Verkündigung überhaupt: das Kommen des Reiches Gottes.

Wo der Satan wie ein gefräßiger Vogel das Wort wegnimmt, wird die Botschaft des kommenden Gottesreiches gar nicht erst angenommen, weil es sogleich an anderen Ideologien oder Weltanschauungen abprallt.

Wo das Wort wie auf dem Felsigen schnell wieder verkommt, wird die Botschaft des kommenden Gottesreiches zwar »sogleich mit Freuden aufgenommen«, hat aber keinen Bestand und kann sich auf Dauer gegen den Widerstand anderer Anschauungen nicht durchsetzen.

Wo das Wort wie unter Dornen erstickt, drängen »die Sorgen der Zeit und der Trug des Reichtums und die Begierden nach allem anderen« die Botschaft des kommenden Gottesreiches langsam, aber wirkungsvoll zurück.

Wo das Wort »gute Frucht trägt«, wird die Botschaft vom kommenden Gottesreich gehört und geglaubt und durchgehalten.
So schließt das Gleichnis mit der Verheißung, daß das Gottesreich trotz aller Widerstände kommen wird und sich somit stärker als alle Widerstände erweisen wird.

Der Religionsunterricht und die Grundschüler

Untersuchungen über die Urteile von Schülern über den Religionsunterricht ergeben zumeist ein düsteres Bild. Sie sind aber nicht nach Schulstufen differenziert. Es ist zu vermuten, daß eine sehr große Zahl von Grundschülern den Religionsunterricht gern hat. Einzelbefragungen von Grundschulklassen, die natürlich keine statistisch gesichterte Gesamtaussage zulassen, haben ergeben, daß Grundschüler besonders die vielseitigen Arbeitsformen des Religionsunterrichts schätzen.
Es erhebt sich die Frage, ob Grundschüler noch mehr zu einer Reflexion des Religionsunterrichts angeleitet werden können, zu einem Nachdenken über die Bedeutung dieses Faches, seiner Inhalte, Methoden und Ziele für sie selbst, für ihre Gegenwart und ihre Zukunft, für den Sinn ihres Lebens. Ahnen Grundschüler, welchen Schatz sie im Kanon der Schulfächer mit dem Religionsunterricht haben? Daß die frohe Botschaft, von der im Religionsunterricht geredet wird, einsetzbar ist gegen allen Leistungsdruck und alle Orientierungslosigkeit? Kennen sie die besonderen Bedingungen des Faches »Religionsunterricht« zwischen Kirche und Schule? Nehmen sie ihre Chancen für einen offenen Lehrplan, für Wünsche, Anregungen, Fragen und Probleme wahr?
Wenn die Unterrichtseinheit »Religionsunterricht« diese Frage systematisch beantwortete, machte der Unterricht den Schülern sicherlich keine Freude mehr. Aber das Nachdenken und das Mitgestalten im Religionsunterricht lohnt sich. Allerdings braucht es einen eigenen Zeitraum, um in Gang zu kommen, kann nicht nebenbei geleistet werden.
Es genügt auch nicht, »Mitbestimmung« im Religionsunterricht einfach als Inanspruchnahme eines Rechtes zu gewähren. Sondern es handelt sich um einen langen pädagogischen Prozeß, wenn Grundschüler dahingeführt werden sollen, ein Fach nicht nur über sich ergehen zu lassen, sondern denkend mitzugestalten.
Um Reflexionen als gedanklichen Prozeß in Gang zu bringen, kann man nicht auf frühere Unterrichtserfahrungen zurückgreifen. Man muß gleichzeitig einen Inhalt exemplarisch anbieten und an diesem das kritische Nachdenken einüben. Entsprechend der gegenwärtigen religionspädagogischen Konstellation, daß Inhalte sich entweder von der Bibel her auf die Schüler zubewegen (hier: das Gleichnis vom Sämann – die Probleme von »Karlchen«), oder von den Schülererfahrungen biblischer Aussagen einbeziehen (hier: das Schuldproblem – der Psalm 32), sind in dieser Unterrichtseinheit beide didaktischen Wege beschrieben und anschließend reflektiert.
Eine gut gelungene Unterrichtseinheit wird nach dem V. Schritt möglicherweise weiter überlegen, ob in Zukunft die Schüler im Sinne eines offenen Curriculums bei der Planung und Gestaltung mehr als vor der Unterrichtseinheit mitwirken können. Das muß aber den Lehrern und Schülern jeder Religionsunterrichtsgruppe selbst überlassen bleiben.

Lernziele

Die Grundschüler werden angeleitet, über ihren Religionsunterricht nachzudenken, Kritik zu äußern, Vorschläge zu machen. Sie können zunächst ihre Zufriedenheit und Unzufriedenheit mit der bisherigen Art des Religionsunterrichts offen äußern. Sodann wird an zwei Inhalten, die typisch für gegenwärtige religionsdidaktische Lernprozesse sind, die Bedeutung des Unterrichts für das gegenwärtige und zukünftige Leben der Grundschüler erörtert.
Diese Erkenntnisse können sicherlich nur andeutungsweise gewonnen werden. Aber es soll versucht werden, sie auch auf andere Inhalte des Religionsunterrichts und auf die allgemeine Bedeutung des christlichen Glaubens hin zu übertragen. Dazu helfen Informationen über das Wesen biblischer Aussagen und über die Bedingungen, im christlichen Glauben zu leben. Das kann zu einer besseren Einstellung zum Religionsunterricht, zu einem besseren Verständnis seiner besonderen Möglichkeiten im Rahmen der Schule und zu einem offenen Miteinander von Lehrern und Schülern bei der Planung und Gestaltung des Religionsunterrichts führen.
Offenheit im Verhältnis von Schülern und Lehrern zueinander ist sicher eine Bedingung für das Gelingen der Unterrichtseinheit. Die Anleitung zum Nachdenken und Mitdenken kann auch ein Mittel sein, um das Miteinander von Schülern und Lehrern unter der frohen Botschaft von Jesus Christus zu bereichern.

Unterrichtseinheit

I. Schritt (1–2 Unterrichtsstunden)

Erfahrungen mit dem Religionsunterricht

1. Weshalb der Religionsunterricht fragwürdig ist.
   Einige Sätze des Religionslehrers, die einen Anlaß bieten zum Nachdenken und Sprechen über den Religionsunterricht.
   Beispiele: Ich habe bemerkt, daß euch der Religionsunterricht in letzter Zeit gar nicht mehr so viel Freude macht wie früher
   oder
   Ich möchte jetzt schon im November planen, was wir nach Weihnachten im Religionsunterricht behandeln wollen. Das möchte ich mit euch zusammen überlegen ...
   oder
   Ich finde es nicht so schön, wenn ich allein planen muß, was wir im Religionsunterricht durchnehmen und was wir dabei tun wollen. Deswegen bitte ich euch, bei der Planung mitzumachen ...
   Kurzes Klassengespräch mit spontanen Reaktionen der Schüler

2. Gruppenarbeit: Zustimmung und Kritik zum Religionsunterricht.
   Auftrag an die Gruppen: Bereitet zwei Blätter vor, eines mit der Überschrift »Was

mir am Religionsunterricht gefällt«, und eines »Was mir am Religionsunterricht nicht gefällt«. Unterhaltet euch in der Gruppe und schreibt zu jedem, was gesagt wird, ein wichtiges Stichwort auf das entsprechende Blatt.

> Bericht einer Lehrerin:
> In der ersten Unterrichtsstunde konnte ich nur Punkt 1 und 2 erarbeiten. Als Einstieg wählte ich: »Ich habe bemerkt, daß ihr jetzt viel mehr Freude am Religionsunterricht habt als zu Beginn des Schuljahres. Woran liegt das?« Bei diesem Sprechanlaß waren die Schüler nicht zu bremsen. Es war wahrlich das erste Mal, daß sie so intensiv erzählten, wie und was sie früher in ihrem unterschiedlichen Religionsunterricht gemacht haben. Das hätte ja eigentlich vor mir schon zu Beginn des Schuljahres gemacht werden können, aber da sieht man, wieviel man nicht sieht, und wozu eine solche Einheit »Religionsunterricht« führen kann: zur notwendigen Korrektur des Lehrerverhaltens.

3. Zusammentragen

   Aus den Gruppen, die mit der Diskussion fertig sind, geht einer mit den Blättern zur Tafel und überträgt die Stichworte in entsprechende Rubriken an der Tafel.

   Sind alle Gruppen damit fertig, werden die Stichworte erläutert und zugleich diskutiert.

   Der Lehrer notiert sich die Stichworte und die damit zusammenhängenden Wertungen, Erfahrungen, usw. der Schüler.

> Bericht einer Lehrerin:
> Der Zusammentrag aus der Gruppenarbeit mußte in die zweite Stunde verlegt werden. Ich hatte ihn auf Matrize zusammengestellt, so daß er zu Beginn der Stunde den Schülern vorlag. Interessant ist, daß fast alle Schüler hauptsächlich Tätigkeiten des Religionsunterrichts gut fanden, die auch im gesamten anderen Unterricht vorhanden sind, während auf der Kritikseite sehr wenig geäußert wurde und auch nur von wenigen Schülern. Es gab erregte Gruppengespräche über störende Verhaltensweisen, wie wenn andere laut sind, andere einen auslachen, wenn Horst weint und keiner hilft.

4. Wettspiel: Was unsere Klasse im Religionsunterricht schon alles durchgenommen hat.

   Die Klasse wird in zwei Gruppen geteilt. Alle sollen sich an Inhalte oder Themen des Religionsunterrichts erinnern, auch bei anderen Lehrern.

   Auf Zuruf des Lehrers schickte die erste Gruppe einen, der ein Thema weiß, an die Tafel, um ein entsprechendes Stichwort anzuschreiben. Noch während er schreibt, ruft der Lehrer die andere Gruppe auf, dann wieder die erste, usf. Die Schüler beraten sich leise untereinander innerhalb der Gruppe. Kommt eine Gruppe an die Reihe, ohne daß einer sich an ein Thema erinnern kann, so erhält die andere Gruppe dafür einen Pluspunkt. Der Lehrer muß sich zuvor in den Arbeitsplänen informieren, um ergänzen, korrigieren oder auch Streitfälle schlichten zu können.

Bericht einer Lehrerin:
Die Gruppenarbeit gestaltete sich etwas schwierig, da die Schüler sich nur darauf beschränken, Arbeitstechniken zu nennen, die ihnen Spaß machen oder nicht. Erst beim Wettspiel haben sie über die inhaltliche Seite des Religionsunterrichts nachgedacht. Vielleicht wäre den Schülern die Gruppenarbeit leichter gefallen, wenn das Wettspiel vorangegangen wäre.

II. Schritt (2 Unterrichtsstunden)

Der Sinn des Religionsunterrichts

Erstes Beispiel: Was haben wir davon, wenn wir das Gleichnis vom Sämann im Religionsunterricht kennenlernen?

1. Lehrer: Wir wollen an zwei Beispielen durchsprechen, welchen Sinn der Religionsunterricht hat. Im ersten Beispiel heute wollen wir mit einer biblischen Geschichte beginnen und von dort weiterfragen.

2. Bibeltext »Das Gleichnis vom Sämann« (siehe Seite 125)
Das Arbeitsblatt wird verteilt, gelesen und kurz besprochen.

3. Arbeitet am Tageslichtprojektor: Gestaltung des Gleichnisses (siehe Seite 125)
Die vier verschiedenen Aufwuchs-Arten des Getreides werden langsam gelesen. Zugleich werden die ausgeschnittenen und mehrfach vervielfältigten Figuren entsprechend auf den Arbeitsprojektor gelegt und bewegt. Werden die Figuren auf eine Folie übertragen, so kann man auch die entsprechende Folie auf den Arbeitsprojektor legen und verschieben.
Vorschläge:
(1) Mehrere Getreidepflanzen werden langsam über die Spitze auf die Projektorfläche geschoben, so daß der Eindruck wachsender Pflanzen entsteht. Einige Vögel werden von oben kommend und »pickend« auf die Pflanzen geführt, die daraufhin wieder zurückgezogen werden.
(2) Wieder werden mehrere Getreidepflanzen »wachsend« auf die Projektorfläche geschoben. Die Sonne wird oben mitten auf die Fläche gelegt. Stechende Sonnenstrahlen werden aus der Sonne kommend durch Stricknadeln, Mikadostäbchen, o. ä. dargestellt. Darauf läßt man die Pflanzen wie verdorrt umkippen.
(3) Zugleich mit den Getreidepflanzen läßt man das Unkraut wachsen. Das Unkraut schießt jedoch schneller in die Höhe, erfüllt schließlich die gesamte Projektorfläche und unterdrückt die Getreidepflanzen.
(4) Die Getreidepflanzen wachsen und wachsen und erhalten schließlich die Ähren aufgelegt, so daß der Eindruck eines reifen Getreidefeldes entsteht.

Bericht einer Lehrerin:
Meinen Schülern war diese Art des Umgangs mit dem Arbeitsprojektor neu. Nach dem Besprechen des Gleichnisses und der Arbeit am Arbeitsprojektor wollten die Schüler nun selbst die Figuren legen und bewegen. Sie waren sehr geschickt und hatten viel Freude daran. Wir haben den Rest der Stunde damit verbracht, das Gleichnis immer wieder neu vorzuführen und zu gestalten.

4. Lehrer: Es geht bei diesem Gleichnis darum, wie das, was Gott will, sich durchsetzt und wie es gefährdet wird. (Vielleicht kann das auch im Gespräch mit den Schülern herausgefunden werden. Die bekannte Deutung »Der Sämann sät das Wort Gottes« wird hier erweitert und auf den göttlichen Willen allgemein bezogen, was dem Bild des Gleichnisses durchaus entspricht.) Wir wollen überlegen, wie dieses Gleichnis einem Schüler helfen kann, der es im Religionsuntereicht hört.

5. Gespräch: Was das Gleichnis für Schüler bedeuten kann.
Falls in diesem Gespräch ein brauchbares Beispiel für die Weiterarbeit genannt wird, sollte es der Lehrer aufgreifen. Sonst wird die Geschichte von »Karlchen« zur weiteren Bearbeitung vorgeschlagen.

6. Lehrer: Als ein Beispiel, wie Gottes Wille sich bei den Menschen durchsetzt und doch gefährdet ist, wollen wir uns mit dem Problem des »Karlchen« beschäftigen.

Kurze Inhaltsangabe der Lehrererzählung:
»Karlchen« wurde ein Junge genannt, der immer sehr still war. Er hatte so gut wie keinen Freund, war fast immer allein und wäre doch so gern mit anderen Kindern zusammen gewesen. Manchmal mußte er deswegen richtig heulen. Was sollte er bloß tun?

7. Wenn Karlchens Problem dieses ist, daß er keine Freunde hat, daß er oft allein ist, daß er kaum einen zum Spielen und zum Erzählen hat, dann kann ihm dieses Gleichnis sagen: Gott will, daß du nicht allein sein mußt. Höre aus dem Gleichnis heraus, wie sich dein Wunsch, der auch Gottes Wille ist, gegen alle möglichen Widerstände durchsetzen wird. Ihr wißt, daß es Menschen mit diesem Problem gibt.
»Der Sämann ging aufs Feld, um zu säen«, heißt es in unserem Beispiel, »Karlchen sprach einen aus seiner Klasse an in der Hoffnung, daß er sich vielleicht mit ihm ein bißchen anfreunden könnte«. Nun versucht in Gruppen, die vier Aufwuchs-Arten der Getreidekörner aus dem Gleichnis auf unser Beispiel zu übertragen. Was heißt »die Vögel fraßen's auf«, »sie verdorrten in der Sonne«, »das

Unkraut erstickte es« und »es fiel auf guten Boden« für Karlchen, der hofft, einen Freund zu finden?

8. Gruppenarbeit: »Wuchsarten« der Freundschaft
Die Schülergruppen erhalten arbeitsteilig je eine Situationsbeschreibung, wie die Freundschaftsversuche Karlchens »wachsen« und diskutieren untereinander:
   a) wie sie sich die Situation vorstellen
   b) was das mit dem Gleichnis zu tun haben könnte

Beispiele für
Situationen als »Wuchsarten« der Freundschaft:
(1) Er sprach Martina an, die ihm gut gefiel. Aber sie spielte lieber mit ihren Freundinnen.
(2) Stefan fand die Freundschaft mit Karlchen erst ganz toll. Aber dann wollte er immer wieder nur mit ihm zusammen fernsehen. Da zog sich Karlchen wieder zurück.
(3) Karlchen schloß sich einer Gruppe aus der Klasse an, die immer zusammen waren. Aber bei ihnen ging es immer um Geld, und um Klauen in Warenhäusern. Dazu hatte Karlchen keine Lust.
(4) Endlich fand Karlchen zwei Freunde, die in seiner Straße wohnten. Bald war er in der Klasse so beliebt, daß er nicht mehr einsam war.

9. Arbeit am Arbeitsprojektor: Gestaltung der Übertragung mit den gleichen Figuren wie beim Gleichnis.
Zu den langsam vorgelesenen Sätzen von »Wuchs-Arten« der Freundschaft werden nochmals die Figuren (Getreidepflanze, Vogel, Sonne, Unkraut und Dornen, Ähren) gelegt. Der letzte Satz des Gleichnisses wird ohne Übertragung gelesen.

10. Gespräch: Was haben wir davon, wenn wir das Gleichnis vom Sämann im Religionsunterricht kennenlernen?
Ist dem »Karlchen« in seiner Einsamkeit durch das Gleichnis geholfen? Gibt es vielleicht noch andere Probleme, für deren Lösung uns das Gleichnis Hoffnung und Mut machen kann?

III. Schritt (2 Unterrichtsstunden)

Der Sinn des Religionsunterrichts

Zweites Beispiel: Was haben wir davon, wenn wir im Religionsunterricht über Schuld sprechen?

1. Lehrer: Heute wollen wir an einem zweiten Beispiel diskutieren, welchen Sinn der Religionsunterricht hat. Wir wollen mit einer Frage beginnen, die viele Menschen bedrückt, und dann nach Gott und der Bibel weiterfragen.

2. Arbeitsblatt: Stefanie hat Schuld (vorher anfertigen und vervielfältigen)

Stefanie hat ihrer Mutter heimlich 10 DM aus der Geldtasche geklaut. Sie wollte für ihre Freundinnen großzügig Eis ausgeben. Die Mutter hat sich lange Sorgen gemacht um die 10 DM, hat viel gesucht und nachgedacht und beim Mittagessen immer wieder von dem verlorenen Schein geredet. Stefanie hat ein ganz schlechtes Gewissen der Mutter gegenüber. Sie kann gar nicht mehr richtig fröhlich sein, weil sie weiß, daß sie Schuld auf sich geladen hat.

3. Gespräch: Verständnis für die Schuld, die Stefanie bedrückt.
   Mögliche Motive für Stefanies Vergehen.
   Mögliche Konsequenzen, wenn das Problem ungelöst bleibt.
   Wie könnte die Schuld von Stefanie wieder genommen werden?

Bericht einer Lehrerin:
Das Gespräch »Stefanie hat Schuld« hat viel Zeit in Anspruch genommen. Die Schüler diskutieren nicht nur über die Geschichte, sondern brachten viele eigene Erlebnisse mit ein, erzählten von ihrem schlechten Gewissen und berichten von verschiedenen Möglichkeiten, die Schuld wieder abzutragen. Man sollte den Schülern hierfür auch genügend Zeit einräumen, da dieses Problem der Schuld sie hautnah berührt und sie sonst kaum Gelegenheit haben, darüber zu sprechen.

4. Gruppenarbeit (höchstens 5 Minuten): Menschen werden schuldig.
   Diskutiert und zählt auf, warum Menschen schuldig werden, z. B. Flugzeugentführer, Mörder, Verkehrssünder, aber auch alltägliche Fälle, z. B. den Freund im Stich lassen, die Wahrheit verschweigen, andere aufhetzen.
5. Vorlesen der Ergebnisse (ohne große Diskussion des Für und Wider).
6. Lehrer: Die Beispiele zeigen, daß Schuld nicht immer etwas Harmloses ist, sondern daß es ganz schwere, ganz schlimme Schuld gibt. Ob ein Mensch frei von Schuld leben kann oder ob er sagt, mein Leben hat keinen Sinn mehr, weil ich so viel Schuld auf mich geladen habe, das ist so wichtig, daß es etwas mit Gott zu tun hat, wie alles, was uns ganz wichtig wird. In der Bibel gibt es einen Psalm (ein Gedicht oder ein Lied), das von der Schuld der Menschen und von Gott handelt. Ich lese euch den Psalm zunächst einmal vor.
7. Arbeitsblatt: Psalm 32 (siehe Seite 135)
   Aufträge für Gruppen-, Partner- oder Einzelarbeit:
   a) Unterstreicht *rot,* was David, der Dichter, zu sich selbst sagt
   b) Unterstreicht *grün,* was zu Gott gesagt wird
   c) Unterstreicht *blau,* was zu den Menschen gesagt wird
8. Gespräch: Vergleich der Unterstreichungen und Korrektur strittiger Fragen
   Nachziehen der Linie: schuldig werden – schweigen – bedrückt sein – eingestehen – Vergebung erfahren – fröhlich sein – danken – Gott vertrauen, anhand des Psalmes, evtl. auf dem Tageslichtprojektor kennzeichnen (siehe Seite 136).

Was hat Stefanie (haben Schüler) davon, wenn sie im Religionsunterricht den Psalm kennenlernt?
Durchbrechen des Schweigens vor Gott: Hinweis auf das Gebet »... und vergib uns unsere Schuld ...«
Durchbrechen des Schweigens vor der Mutter: Hinweis auf Vertrauenspersonen, die als Außenstehende Rat geben können.

> Bericht einer Lehrerin:
> Die Schüler erledigen die Arbeitsaufträge in Einzelarbeit ohne Mühe, zuverlässig. Wir hatten den Psalm vorher erst still gelesen, dann haben einige Schüler im Wechsel vorgelesen. Informationen und Erklärungen zu den Psalmen hatte ich vor dem Lesen gegeben. Zur nächsten Religionsstunde hatten einige Schüler den Psalm völlig freiwillig auswendig gelernt. Und dadurch ermutigt, meldeten sich vor den nächsten Stunden immer wieder Schüler, die den Psalm aufsagen wollten.

IV. Schritt (1 Unterrichtsstunde)

Die drei Rollenspiele (siehe unten) werden nach kurzer Einteilung der Klassen in Gruppen und kurzer Auftragserteilung von den Gruppen gleichzeitig vorbesprochen und dann vorgespielt. In allen Spielen muß für den Religionsunterricht argumentiert werden. Die Argumente sind in der Spielplanung vorzubereiten und im anschließenden Gespräch zu bewerten, zu kritisieren, zu ergänzen. Man kann auch ein Spiel auswählen und dieses evtl. mehrfach spielen lassen.
Erstes Spiel: Religion im Lehrerzimmer
Einige Lehrer, die bestimmte Fächer vertreten, z. B. ein Mathematiklehrer, ein Sportlehrer, ein Religionslehrer, sitzen um einen Tisch herum, am Kopfende der Rektor, zur Tür heraus und herein mit Telefon-Nachrichten die Sekretärin oder Schulassistentin.

Sekretärin:	Hallo, da kommt eben von Frau M. ein Anruf für den Rektor, daß sie im nächsten Schuljahr wegen Krankheit längere Zeit ausfällt.
Rektor:	Das ist schlimm für uns alle. Vielleicht können wir in Rechnen und Deutsch vertreten lassen, einige Fächer kürzen und Religion ganz ausfallen lassen.
Lehrerin:	Ausgerechnet Religion?

...

Zweites Spiel: Religion am Mittagstisch
Die Mutter ruft die Familie zum Mittagessen zusammen, ein Stuhl bleibt frei. Man fragt sich, warum Tim noch nicht da ist. Endlich kommt er atemlos an.

Vater:	Warum kommst du denn so spät?
Tim:	Wir hatten Reli, das dauerte ein bißchen länger
Schwester:	Was habt ihr denn in Reli gemacht?
Tim:	So'ne Geschichte gelesen, wie eine Stefanie ihrer Mutter Geld geklaut hat.
Mutter:	Was hat denn das mit Religion zu tun?

Drittes Beispiel: Religion auf dem Bolzplatz

Mehrere Schüler spielen Fußball auf ein Tor.

Erster: Hurra, das Siegestor! – Schlußpfiff!

Zweiter: Ist ja ein Wunder, daß du mal getroffen hast.

Erster: Kein Wunder, das ist Training!

Dritter: Er ist ja nicht Jesus, daß er Wunder tun könnte.

Zweiter: Glaubst du etwa den Quatsch mit den Wundern von Jesus? Sind doch alles nur Märchen!

...

> Bericht einer Lehrerin:
> In dieser Stunde habe ich nicht die angebotenen Rollenspiele eingesetzt, sondern ich habe die Schüler vor die fiktive Situation – der Religionsunterricht fällt im kommenden Halbjahr aus – gestellt. Es war für mich besonders aufschlußreich, wie wichtig den Schülern der Religionsunterricht ist. Die ausgelöste echte Betroffenheit veranlaßte die Schüler sofort, im Kreisgespräch für den Religionsunterricht zu argumentieren.

Bibeltext:
Psalm 32

Wohl dem Menschen, dem seine Schuld vergeben ist!
Wohl dem Menschen, dem der Herr Schuld nicht anrechnet!
Erst wollte ich alles verschweigen.
Aber Gottes Hand lag Tag und Nacht schwer auf mir.
Darum gestand ich Dir, Gott, meine Schuld ein,
  alles gestand ich und verschwieg nichts.
Ich versprach: ich will dem Herrn bekennen, was ich
  falsch gemacht habe.
Du vergabst mir meine Schuld.
Wie ein Schirm vor Regen schützt,
  so behütest Du mich vor der Angst,
  rettest mich vor meiner Schuld,
  so daß ich fröhlich werde
  und Dir danken kann.
Du hast gesagt: »Ich will dir den Weg zeigen,
  den du gehen sollst.«
Wer sich darauf verläßt, daß Gott ihm hilft,
  der hat es immer gut.
Freut euch über Gott und seid fröhlich
  ihr Menschen, die ihr Gott liebt!

Psalm 32 mit Kennzeichnungen

Wohl dem Menschen,
dem seine Schuld vergeben ist!
Wohl dem Menschen,
dem der Herr Schuld nicht anrechnet!

Erst wollte ich alles verschweigen.
Aber Gottes Hand lag Tag und Nacht schwer auf mir.
Darum gestand ich Dir, Gott, meine Schuld ein.
  alles gestand ich und verschwieg nichts.

Ich sprach: ich will dem Herrn bekennen,
  was ich falsch gemacht habe.
Da vergabst Du mir meine Schuld.

Wie ein Schirm vor Regen schützt,
  so behütet Du mich vor der Angst,
  rettest Du mich vor meiner Schuld,
  so daß ich fröhlich werde
  und Dir danken kann.

Du hast gesagt:
  »Ich will dir den Weg zeigen,
  den du gehen sollst.«

Wer sich darauf verläßt, daß Gott ihm hilft,
  der hat es immer gut.

Freut euch über Gott und seid fröhlich,
  ihr Menschen, die ihr Gott liebt!

schuldig werden
↓
verschweigen
bedrückt sein
eingestehen
↓
Vergebung erfahren
↓
fröhlich werden
danken
↓
Gott vertrauen

- - - - - - - - was David, der Dichter, zu sich selber sagt.
. . . . was zu Gott gesagt wird
———————— was zu den Menschen gesagt wird

Kommentar zum Psalm 32

nach: A. Weiser, Das Alte Testament Deutsch, Vandenhoeck & Ruprecht, Göttingen 1955

Der Psalm 32 ist kein eigentliches Bußgebet, das unmittelbar aus der Sündennot heraus gesprochen wäre, sondern ein Dankpsalm, der auf Buße und Sündenvergebung zurückblick und aus der persönlichen Erfahrung des Psalmsängers die Lehre zieht für jeden Frommen. In einer Stilmischung werden die beiden Motive des Dankes und der Belehrung nebeneinander gesetzt.
Der Dichter hatte versucht, seine Sünde vor Gott zu verbergen. Schwerste innere Gewissensnot ist die Folge gewesen, deren Qual erst von ihm genommen wurde, als er es über sich brachte, vor Gott ein offenes Geständnis abzulegen. In dem glücklichen Gefühl der Befreiung und der Gewißheit der Vergebung seiner Sünde drängt es ihn, andere vor dem Irrweg zu warnen, den er gegangen ist, und sie auf den richtigen Weg zu führen, sich nicht durch Trotz der Gnade Gottes zu verschließen, sondern sich ihr durch Offenheit und Vertrauen zu öffnen. So ist der Psalm durch die Unmittelbarkeit einer Erfahrung eines der gewaltigsten Zeugnisse im Psalter von Gewissenskampf und -not des Menschen, der seinem Gott nicht entrinnen kann. In der Realistik der Darstellung, die fühlen läßt, was Gewissen heißt, liegt die besondere Eigenart und der bleibende Wert des Psalmes.
Über die äußeren Lebensumstände des Dichters kann ebenso wenig Sicheres gesagt werden wie über die Zeitverhältnisse seiner Entstehung. Ob der Psalm 32 tatsächlich von David selbst stammt, ist nicht sicher. Der Psalm ist eingeleitet mit einer Seligpreisung, die in allgemeiner Form die persönliche Erfahrung des Dichters vom Glück der Sündenvergebung gleichsam als Thema voranstellt. Dann wird in der Gestalt eines Bekenntnisses vor Gott der harte Weg des Beters geschildert, der ihm durch Gewissensangst und -kampf hindurch zum Bekenntnis der Sünden und Vergebung Gottes geführt hat. Mit einem persönlichen Vertrauensmotiv und Hoffnungsblick in die Zukunft schließt der erste Teil: »... Du rettest mich vor meiner Schuld, so daß ich fröhlich werde und dir danken kann.«
Im zweiten Teil wird ein Ausspruch Gottes selbst angeführt, auf den sich der Psalmdichter berufen kann. Dann wird die lehrhafte Folgerung in Gestalt einer Mahnung zum Vertrauen auf Gottes Gnade gezogen. Entsprechend dem persönlichen Ausblick im ersten Teil steht am Ende des zweiten Teiles eine Aufforderung zum Jubel und zur Gottesfreude für alle Frommen.

Literatur

Baltzer, Dieter, Zu einer Didaktik des Alten Testaments für die Grundschule, in: Der ev. Erzieher 1/1984
Bochinger, E., Distanz und Nähe, Calwer Verlag Stuttgart 1968
Burk, Karlheinz, Religionsunterricht für Grundschüler, Patmos Verlag Düsseldorf 1981

Buschbeck, Bernhard, Religion von sechs bis zehn, Gütersloher Verlagshaus Gerd Mohn, Gütersloh 1981
Feifel, Erich, Handbuch der Religionspädagogik, 3 Bände, Gütersloher Verlagshaus Gerd Mohn, Gütersloh 1977
Fraas, H. J., Religiöse Erziehung und Sozialisation im Kindesalter, Vandenhoeck & Ruprecht, Göttingen 1973
Niehl, Franz, Vom Sämann und der Saat, in: Katechetische Blätter 4/1981
Nipkow, Karl Ernst, Grundfragen der Religionspädagogik, Band 1 und Band 2, Gütersloher Verlagshaus, Gütersloh 1978
Reents, Christine, Planungshinweise, Bücher und Medien für den RU in der Grundschule, Schroedel Verlag, Hannover 1981
Religionsunterricht für Kinder, Themaheft, in: Grundschule 2/1979
Saller, M., Religionsdidaktik im Primarbereich, Kösel Verlag, München 1980
Sievers, Eberhard, Jesus entdecken. Die Bibel in der Welt der Grundschüler, Band 1 und Band 2, Patmos Verlag, Düsseldorf 1983
Wegenast, Klaus, Religionsdidaktik Grundschule, Kohlhammer Verlag, Stuttgart 1983

Schöpfung

Bibeltext:
Psalm 104

Lobe den Herrn, meine Seele!

Herr, mein Gott, du bist sehr herrlich.
Du breitest den Himmel aus wie einen Teppich,
Du fährst auf den Wolken wie auf einem Wagen
und kommst daher auf den Flügeln des Windes.
Das Erdenreich hast du auf festen Boden gegründet,
damit es immer und ewiglich bleibe.
Du läßt Wasser in den Tälern quellen,
daß es zwischen den Bergen dahinfließt,
daß alle Tiere des Feldes trinken
und das Wild seinen Durst löscht.
Die Bäume des Herrn stehen voll Saft,
darin sitzen die Vögel des Himmels
und singen unter den Zweigen.
Du feuchtest die Berge von oben her,
du machst das Land voll Früchte, die du schaffst.
Du läßt Gras wachsen für das Vieh
und die Saat für die Menschen,
damit du Brot aus der Erde hervorbringst,
das das Herz der Menschen stärkt
und Wein, der das Herz der Menschen erfreut.
In den hohen Bergen wohnt der Steinbock,
in den Felsklüften der Dachs.
Da ist das Meer, das so groß und weit ist,
da wimmelts von großen und kleinen Tieren alle Zahl,
da ziehen die Schiffe drüber hin.
Du hast den Mond gemacht, nach dem das Jahr eingeteilt wird,
die Sonne weiß ihren Weg,
du machst Finsternis, daß es Nacht wird.
Herr, wie sind deine Werke so groß und viel!
du hast sie alle wohl geordnet,
und die Erde ist voll deiner Güter.
Lobe den Herrn, meine Seele, Halleluja!

(gekürzt und leicht verändert)

Kommentar zum Psalm 104

nach: A. Weiser, Das Alte Testament Deutsch, Vandenhoeck & Ruprecht, Göttingen 1955

Psalm 104 gehört hinsichtlich dieses dichterischen Wertes mit zu den schönsten Liedern des Psalters. Dieser Naturrhymnus mutet wie eine farbige Ausmalung der in strengen holzschnittartigen Zügen gehaltenen Schöpfungsgeschichte von 1. Mose 1 an. Dies erklärt sich vielleicht damit, daß beide Texte auf eine gemeinsame kultische Überlieferung zurückgehen.

Das Weltbild, das dem Dichter des Psalmes vorschwebt, trägt den Stempel seiner Zeit und ist aus den mannigfaltigen Zügen zeitgenössischer Weltanschauung zusammengewoben. Am auffallendsten ist die Verwandtschaft des Psalmes mit dem Sonnenhymnus des altägyptischen Königs Echnaton aus dem Anfang des 14. Jh.s v.Chr.

Nach einer kurzen Selbstaufforderung zum Lobgesang, auf das der Dichter am Ende des Psalmes wieder zurückgreift, faßt der Ausruf des andächtigten Staunens über Gottes Größe und Herrlichkeit die Veranlassung, die Stimmung und die Grundgedanken des ganzen Psalmes kraftvoll zusammen: Hier sieht sich ein Mensch vor Gott gestellt, dem er im hymnischen Gebet bekennt, wovon seine Seele erfüllt ist. Was er in der Natur sieht, was er von der Entstehung der Welt und ihrem Leben weiß, seine Gedanken über das, was die Welt im Innersten zusammenhält, alles redet ihm in seiner Weise von dem einen machtvollen Geist, ist für den Psalmisten Erweis von Gottes Erhabenheit und Weisheit.

Blick und Gedanken des Dichters verweilen zunächst bei der Göttlichkeit des Himmels. In prächtigen Bildern stellt er seinen Gedanken dar, daß Gott diese Himmelswelt um seiner selbst willen geschaffen hat, daß sie seinem Willen diene, von seiner Macht und Weisheit zeuge und seine Herrlichkeit offenbare.

Mit gleichem ehrfürchtigem Staunen gedenkt der Dichter des Psalmes der Erde. Gott hat die Urflut verscheucht und dem Wasser eine unüberschreibbare Grenze gesetzt. Mögen auch unsere Vorstellungen von Welt und Weltenwerden andere sein als die des Altertums, die Motive des Glaubens, die hinter diesen Vorstellungen stehen, die Ehrfurcht vor der Schöpferkraft Gottes, die die Elemente bändigt, und das Vertrauen zu seinem machtvollen Willen, der uns in den festumschriebenen Psalmen der Weltordnung entgegentritt, sind auch angesichts der modernen Naturbetrachtung wesentliche Elemente des Schöpfungsglaubens.

Daran knüpft die Schilderung der Entstehung des Lebens auf der Erde an. Mit vollendeter dichterischer Kleinkunst malt der Dichter reizvolle Bilder, die mit zum Schönsten alttestamentlicher Lyrik gehören. Allein der letzte Grund der Begeisterung des Dichters für die Natur liegt nicht in der Freude des Entdeckers der bunten Fülle ihrer einzelnen Schönheiten, sondern in der Schau einer sinnvollen göttlichen Weltordnung.

Wie wäre Leben möglich, wenn neben dem Raum nicht auch die Zeit einer weisen Ordnung unterzogen wäre! Für diesen Zweck hat Gottes Klugheit in Sonne und Mond die große Weltuhr geschaffen. Die Tiefe dieser Glaubenserkenntnis entlockt dem Dichter wiederum den Ausruf des Staunens über die Fülle göttlicher Weisheit und Werke.

Theologische Überlegungen zur Schöpfung

Die große Herausforderung theologischer Schöpfungsgedanken ist die Bedrohung unserer Welt, die wir als ökologische Krise zu bezeichnen pflegen. Früher stritten sich die Naturwissenschaften mit der Theologie um den Anspruch, die Wahrheit vom Anbeginn der Welt auszusagen. Diese Auseinandersetzung ist – jedenfalls in unserer Gesellschaft – weitgehend zur Ruhe gekommen in dem Einverständnis: was auch immer die Naturwissenschaften über die Entstehung der Welt herausfinden mögen, es berührt nicht das durch die Bibel begründete Glaubensbekenntnis zu Gott als dem Schöpfer der Welt. Naturwissenschaftliche Erkenntnisse und deutender Schöpfungsglaube liegen auf verschiedenen Ebenen, haben zwar einander viel zu sagen, treten aber nicht in Konkurrenz.

Die Spitze des von der Ökologie an die Theologie gerichteten Vorwurfs bezieht sich auf das Wort: Macht euch die Erde untertan, 1. Mose 1, 28. Dieses Wort habe zur von Gott abgeleiteten Legitimation gedient, die Welt und ihre Möglichkeiten nicht nur zu nutzen, sondern auch auszubeuten. So sei das Christentum mit schuld an den Umweltproblemen, deren Ausmaß wir in unserer Zeit erst zu erkennen beginnen.

Dieser massive Vorwurf hat zu einer Neubesinnung der Schöpfungstheologie geführt. Man spürte auf, wo in der Kirchengeschichte Äußerungen zu finden sind, die diese Anklage bestätigen, und wo Ansätze nachgewiesen werden, die einen behutsamen Umgang mit der Welt als ethische Konsequenz aus christlichem Schöpfungsglauben festgestellt haben. Immerhin – wenn es auch warnende Stimmen gegeben hat, so ist doch die Ideologie technischen Fortschritts (im Wesentlichen seit der Aufklärung im 18. Jahrhundert) von der christlichen Schöpfungstheologie mitvollzogen, jedenfalls nicht entscheidend eingeschränkt worden.

In dieser Diskussion ist auch wieder entdeckt worden, daß das Neue Testament bis auf wenige Stellen (Kolosser 1, 15–20, Römer 8, 18–28) die Schöpfung nicht thematisiert. Das große Thema des Neuen Testaments ist die Erlösung des Menschen. Das hat selbstverständlich auch die Wirkungsgeschichte bestimmt. Darum wurde der Schöpfung kein eigenständiger theologischer Wert zugemutet, sondern Schöpfung wurde ganz schnell und ausführlich immer auf den Menschen bezogen. Ein Musterbeispiel dafür ist Luthers Erklärung zum ersten Artikel des Glaubensbekenntnisses: die gesamte außermenschliche Schöpfung wird in dem Begriff»... samt allen Kreaturen« zusammengefaßt.

Allerdings wird unter dem Eindruck lebensbedrohender Umweltprobleme neu gesehen, wie vielfältig die Bibel den Glauben an eine gute, Leben ermöglichende Welt Gottes begründen kann. Einige dieser Merkmale der Schöpfungstheologie seien hier genannt:

- Der Mensch ist in der priesterschriftlichen Schöpfungserzählung eingebunden in das Ganze der Schöpfung. Ihm ist kein eigener Schöpfungstag gewidmet.
- Das Wort »Und Gott sah, daß es gut war« stellt einen übergeordneten Rahmen dar, innerhalb dessen dem Menschen Freiheit zur Gestaltung der Welt gegeben wird. Der Mensch hat dafür zu sorgen, daß Gottes Schöpfung auch durch menschliche Werke gut bleibt.
- es gilt, die jahwistische Schöpfungserzählung wieder mehr zu beachten, und zwar

nicht nur wiederum als Geschichte menschlicher Schuld, sondern als Erzählung des Gartens Eden, den der Mensch »bebauen und bewahren« soll.

- Die größeren urgeschichtlichen Zusammenhänge der Erzählungen von der Schöpfung (1. Mose 1, 1–2,4a und 1. Mose 2, 4b–3,24) der Erzählung von Kain und Abel (1. Mose 4, 1–16) der Arche Noah (1. Mose 6–8) und des Turmbaus zu Babel (1. Mose 11, 1–9) kommen unter dem Vierklang Gottes Gabe – Verfehlung der Menschen – Gottes Gnade (das Trotzdem Gottes) – Gottes Verheißung zu neuer, aktueller Bedeutung.
- Die Schöpfungspsalmen des Alten Testaments (z. B. 8, 104, 148) sind als den Schöpfungserzählungen gleichwertige Texte anzusehen, die das Bekenntnis zu Gott als dem Schöpfer in Lob und Dank ausführen.

Damit wird nicht zugleich schon eine völlig neue christliche Ethik im Bezug auf das Verhältnis der Menschen zur Welt gegründet, aber es ist möglich, gegen die teilweise fatalistische, teilweise resignative Haltung angesichts gegenwärtiger und zukünftiger Umweltbedrohung die biblisch begründete und christlich ausgeprägte Verantwortung und Hoffnung zu setzen: Solange die Erde steht, soll nicht aufhören Saat und Ernte, Frost und Hitze, Sommer und Winter, Tag und Nacht (1. Mose 8,22).

Die Schöpfung und die Grundschüler

Von der gegenwärtigen Diskussion um unsere Umweltkrise haben auch Grundschüler schon oft gehört. Insofern ist der Ansatzpunkt für die Beschäftigung mit dem Thema in den Erfahrungen der Schüler zu finden.
Allerdings darf man die Frage der Schüler nach der Beseitigung lebensbedrohender Gefahren nicht einfach schon als Frage nach Gott und Schöpfung identifizieren. Genauso ist auch das Schülerinteresse an der Entstehung der Welt, der Erde, des Menschen nicht bereits mit der Gottesfrage gleichzusetzen. Vielmehr bedürfte es eines längeren Lernprozesses, wollte man aus den schülernahen Weltproblemen die Beschäftigung mit dem christlichen Schöpfungsbekenntnis entwickeln.
Die vorliegende Unterrichtseinheit folgt einem anderen religionspädagogischen Weg, indem sie mit dem Schöpfungsbekenntnis in Form des Psalms 104 beginnt und die gegenwärtigen Umweltprobleme erst später in den Gedankengang einflicht. Die sprechend-einübende Gestaltung des Psalmes und seine klare Ausdrucksweise wirken unmittelbar motivierend auf die Schüler. Die Auseinandersetzung mit der Umweltkrise setzt dann als naheliegende kritische Anfrage an die »schönen« Aussagen des Psalmes ein.
Grundschuldidaktische Bedingung der Beschäftigung mit dem theologisch anspruchsvollen und gesellschaftlich aktuellen Thema ist eine Anreicherung des Unterrichts mit einer Vielzahl von emotionalen und nicht-sprachlichen Methoden. Erzählerische, rhytmische, musikalische und bildliche Gestaltungen helfen den Schülern, die biblischen Texte zu erschließen. Lieder können die Unterrichtseinheit begleiten. So wird ein Verständnis für die Welt als Gottes Schöpfung geweckt, das über eine kognitive Durchdringung hinausreicht.

Zugleich wirft dieser kreative Umgang ein bezeichnendes Licht auf die biblischen Schöpfungstexte zurück. In der textgestaltenden Tätigkeit wird eine Begegnung der Grundschüler mit den Autoren und Redaktoren der Bibeltexte angebahnt. Denn die Bindung an die Vorgabe eines sprachlich-konkreten Materials, die Freiheit der Nach- und Umgestaltung für die Anpassung an das eigene Verständnis und die Qualität des »Produktes« als Ausdruck der eigenen Überzeugung gilt für damals und heute. So erfahren die Grundschüler durch eigenes konkretes Tun, daß die Bibeltexte nicht etwa als »historische« Berichte in ihrer »Unwissenschaftlichkeit« zu belächeln sind, sondern daß sie als Glaubenszeugnisse für Gott, den Schöpfer des Himmels und der Erde und der Menschen, ernst genommen und gewürdigt werden müssen.

Lernziele

Dem Grundschüler wird der Blick auf die Gegenwart und die Geschichte der Welt geöffnet. Das heißt, zugleich auf Gott und die Menschen schauen. Das Bekenntnis der Christen zu Gott als dem Schöpfer wird nicht als unvereinbarer Gegensatz zu naturwissenschaftlichen Deutungen der Weltentstehung begriffen. Der Gedanke, unsere Welt als Gottes Welt anzunehmen, wird durch gegenwärtig erlebte Gefährdungen nicht geschmälert, sondern herausgefordert und profiliert.
Umweltprobleme dürften den Grundschülern in Beispielen bekannt sein. Ihre ausführliche Behandlung sollte einer sachkundlichen Unterrichtseinheit vorbehalten bleiben. Ebenfalls tritt die Information über naturwissenschaftliche Weltentstehungstheorien zurück zugunsten des Kennenlernens und der Gestaltung biblischer Schöpfungsaussagen.
Die Unterrichtseinheit zielt darauf, den Grundschülern das christliche Bekenntnis zu Gott als dem Schöpfer und Bewahrer der Welt zu erschließen und sie zugleich sensibel zu machen für die Erhaltung und Bewahrung der Erde. Die Schüler erproben ihr Engagement für den schonenden Umgang mit der Natur in Aktionen mit symbolischen Handlungsweisen. Doch ist das Ziel nicht nur auf tatkräftigen Einsatz gerichtet, sondern mehr noch auf die befreiende Hoffnung, daß Gott die Welt trägt, was immer auch geschehen mag.

Unterrichtseinheit

I. Schritt (2 Unterrichtsstunden)

Der Schöpfungspsalm

1. Ankündigung:
   Lehrer: Ich will euch heute ein Gedicht vorlesen, das sicher noch keiner von euch kennt. Zuvor will ich euch vier Wörter nennen, die in dem Gedicht vorkommen: Himmel, Wasser, Bäume, Mond.

Sagt mal zu jedem dieser vier Begriffe, was euch dazu einfällt.
Die Äußerungen der Schüler werden in Stichworten notiert.
Lehrer: Während ich das Gedicht vorlese, soll sich bitte jeder von euch einen kurzen Satz daraus, der ihm besonders gut gefällt oder sonst auffällt, merken. Es kann ein Satz mit Himmel, Wasser, Bäume, Mond oder auch mit einem anderen Begriff sein.

> Beispiele:
> Du breitest den Himmel aus wie einen Teppich.
> Du läßt Wasser in den Tälern quellen.
> Die Bäume des Herrn stehen voll Saft.
> Du hast den Mond gemacht.
> Du läßt Gras wachsen für das Vieh.
> Du feuchtest die Berge von oben her.
> Die Sonne weiß ihren Weg.
> Die Erde ist voll deiner Güter.

2. Vorlesen: Psalm 104 (siehe Seite 139)
3. Gespräch:
   Nennen einiger behaltener Sätze
   Vergleich der Kinderäußerungen und des Psalmtextes zu den Begriffen Himmel, Wasser, Bäume, Mond
   Das Besondere des Psalmes: alles wird auf Gott bezogen.
   Psalmen als Gedichte, Lieder in der Bibel mit besonderer sprachlicher Form.
4. Texte verteilen, leise durchlesen und laut vorlesen: Psalm 104
5. Lesen in Gruppen: Psalm 104
   Die Klasse wird in mehrere Gruppen eingeteilt, jede Gruppe erhält einen zusammenhängenden Teil mehrerer Zeilen des Psalmes. Jede Gruppe übt flüsternd ihren Teil, dann liest jede Gruppe ihren Teil laut im Sprechchor vor.
   Es soll auf sinnvolles, rhythmisches Lesen geachtet werden.

> Bericht einer Lehrerin:
> Der Psalm gefiel meinen Schülern gut. Der Vergleich der eigenen Sätze mit den Sätzen des Psalmes ergab ein lebendiges Gespräch. Aber das leise Lesen des Textes war für meine Klasse Schwerarbeit. Erst jetzt entdeckten die Schüler die besondere sprachliche Form des Psalmes. Das gruppenweise Vorlesen gelang nicht sofort, wurde dann aber gerne wiederholt.

6. Gespräch:
   Die Form des Psalmes: ein Gedicht, ein Lied, ein Gebet
   Aussagen suchen, in denen Gott (Herr, du) benannt ist

Gott als Ursache einzelner Erscheinungen, z. B. Quelle, Regen, Gras
Aussagen suchen, die die Ausdrücke »herrlich«, »groß«, »viel«, »wohl geordnet« und »voll deiner Güter« belegen
Empfinden wir die Welt auch so?

7. Improvisation: Psalm 104
   Lehrer: Lest die erste und die letzte Zeile des Psalmes.
   Psalmen sind früher oft auch gesungen worden.
   Wir können diese Zeilen auch leicht singen:
   Lobe den Herrn, meine Seele!
   Wer denkt sich eine Melodie aus?
   Eine geeignete Melodie wird mit der ganzen Klasse eingeübt, evtl. durch Klatschen oder Instrumente begleitet.
   Kommt keine Melodie zustande, so wird die Zeile im Sprechchor der ganzen Klasse eingeübt.

8. Vortrag: Psalm 104
   Der Psalm wird im Sprechchor der einzelnen Gruppen (siehe Punkt 5) laut als Psalmgedicht vorgetragen. Nach jedem Teil und auch ganz am Anfang singt (spricht) die ganze Klasse: Lobe den Herren, meine Seele!

II. Schritt (2 Unterrichtsstunden)

Was machen wir aus unserer Welt?

Zu diesem Unterrichtsschritt sollten vorher von den Schülern und vom Lehrer einige Materialien aus Zeitungen, Illustrierten, Plakaten, usw. gesammelt sein, die jetzt näher betrachtet und besprochen werden. Der Schritt soll aber bewußt die Umweltproblematik begrenzt behandeln. Ausführlicher sollte sich eine sachkundliche Einheit diesem Thema widmen.

1. Gespräch:
   Lehrer: Wir haben in unserem Psalmgedicht gehört, wie schön die Welt ist, die Gott gemacht hat. Wir haben aber auch schon gemerkt, daß wir teilweise ganz andere Beobachtungen machen können, wie schlimm die Welt ist.
   Beispiele, Gründe, Konsequenzen, Lösungen von Umweltproblemen. Das Gespräch sollte nicht zu lang werden und evtl. vorzeitig abgebrochen werden.

> Bericht einer Lehrerin:
> Die Schüler stellten schnell an vielen Beispielen fest, daß die Beschreibung im Psalm mit unseren Beobachtungen der Welt nicht übereinstimmt. Die Schüler erkannten, daß die Schöpfung Gottes von den Menschen nicht weitergeführt wird, sondern daß die Menschen dabei sind, ihre Erde selbst zu zerstören. Ein neunjähriger Schüler sagte: »Schöpfung ist schön, nur wir machen uns daraus einen Müllhaufen.«

2. Gruppenarbeit:
   Das mitgebrachte Material wird an Schülergruppen verteilt, die es selbständig bearbeiten. Je nach der Schwere und Kompliziertheit des angeschnittenen Problems und der Fertigkeit der Schüler müssen die Gruppen ihre Arbeitsanweisungen erhalten.
   Beispiele: a) Beschreibt, was auf den Fotos zu sehen ist
   b) Schreibt einen kurzen Satz über das Problem, um das es geht
   c) Sprecht über die Ursachen, warum es soweit kam
   d) Diskutiert Vorschläge über Verbesserungen

3. Vortrag:
   Die Gruppen tragen die Ergebnisse vor.

4. Gespräch:

Vergleich der Ergebnisse aus den Gruppen mit dem Psalm.
Der wichtigste Unterschied: menschliche Tätigkeit, nicht natürliche Vorgänge als Ursache der Umweltprobleme.

5. Sprechchor-Collage
   Der Psalm wird noch einmal gesprochen bzw. gesungen, jedoch an passenden Stellen unterbrochen. An dieser Stelle werden die Sätze (nur von je einem Schüler) gesprochen, die in der Gruppenarbeit (Punkt 2 b) formuliert worden waren. Evtl. müssen die Sätze noch leicht verändert werden.
   Diese Sprechchor-Collage kann bis zur nächsten Religionsstunde auch optisch sichtbar angefertigt und an die Stecktafel gehängt werden, z. B. mit verschiedenfarbigen Stiften auf große Papierbögen geschrieben, oder mit Fotos bzw. Zeitungsberichten, die mit dem Text grafisch interessant verbunden werden. Beispiele: Teile des Psalmes mit dicken Filzstiften quer über die auf dem Bogen dicht zusammengeklebten Fotos schreiben.

III. Schritt (1 Unterrichtsstunde)

Bebauen und bewahren

1. Einfälle zu Begriffen:

Die Schüler schreiben Stichworte, die ihnen zu einem der folgenden Begriffe einfallen: bebauen, ausbeuten, bewahren, vernichten.
Vorlesen bzw. vortragen der Ergebnisse.
Da die Begriffe »bebauen« und »bewahren« weniger gebräuchlich sind und keine aktuelle Problemlage wiedergeben, andererseits aber für das Verständnis des Themas sehr wichtig sind, sollten sie besonders sorgfältig und ausführlich besprochen werden.

Schüleräußerungen:
Ein Grundstück wird bebaut.
Ein Bauer bebaut sein Feld.
Meine Eltern bebauen das Feld mit Korn und Mais.
Wir bebauen einen freien Platz.
Die Verbrecher beuten einen aus.
Die reichen Leute werden von Räubern ausgebeutet.
Bankräuber beuten eine Bank aus.
Eine Frau beutet ihr Kind aus.
Manche Menschen bewahren Ruhe.
Die Naturschützer bewahren die Pflanzen vorm Aussterben.
Wir bewahren Fleisch und Äpfel in unserer Speisekammer auf.
Papa und Mama bewahren mich.
Der saure Regen vernichtet den Wald.
Eine Atombombe kann die ganze Welt vernichten.
Wenn ein Haus brennt, wird fast alles vernichtet.
Unsere Gemeinde vernichtet den Müll.

2. Erzählung
   Gott gibt den Menschen das Paradies (1. Mose 2,4b–10; 2, 15 und 2, 18–25) (siehe Seite 150)

3. Gespräch:
   Der Gegensatz von Wüste und Oase.
   Was Gott mit »bebauen und bewahren« gemeint haben mag:
   der Auftrag Gottes gibt die Menschen frei und bindet sie zugleich.
   Vergleich des Erzählers der Paradiesgeschichte mit dem Dichter des Psalmes in der Bibel.
   Ob die Menschen Gottes Auftrag verstanden und befolgt haben?

4. Erzählung:
   Wie die Menschen Gottes Auftrag (nicht) ausführen.
   Gestaltung der Erzählung in Anlehnung an 1. Mose 2, 16–17 und 3, 1–24.

IV. Schritt (1–2 Unterrichtsstunden)

Die Schöpfungsgeschichte

1. Gespräch:
   Wiederholung: Gott gibt den Menschen das Paradies, und wie die Menschen mit seinem Auftrag umgingen.

2. Erzählung: Die Schöpfungsgeschichte
   Gestaltung der Erzählung in Anlehnung an 1. Mose 1, 1 bis 2, 4a

3. Gestaltung der Schöpfungsgeschichte
   Evtl. muß eine Kurzfassung des Textes zum Nachlesen verteilt werden. Drei Gestaltungsarten können alternativ oder nacheinander oder zeitgleich in Gruppen angewandt werden:

A Wandfries
Einzelne Tage der Schöpfungsgeschichte werden von einzelnen Schülern oder Gruppen auf große Bögen mit Fingerfarben und breiten Pinseln gemalt und als Wandfries angeheftet.

B Tageslichtprojektor
Zu den einzelnen Tagen der Schöpfungsgeschichte werden aus einfachem Schreibpapier entsprechende symbolhafte Teile ausgeschnitten, die, auf den Arbeitsprojektor gelegt, als schwarzes Schattenbild erscheinen. Die Größenverhältnisse müssen untereinander und im Blick auf die Arbeitsfläche abgestimmt werden. Die ausgeschnittenen Papierteile werden nacheinander auf den Projektor gelegt, dazu wird der Text gesprochen. So geht ein Bild in das andere über.

C Orff-Instrumente
Die einzelnen Tage der Schöpfungsgeschichte werden musikalisch durch Klänge dargestellt und während bzw. nach den entsprechenden Textpassagen gespielt. Keine naturalistischen Nachbildungen suchen, sondern symbolische Klangmalerei. Auch »Gott« kann ein Klangmotiv erhalten, das jedesmal gespielt wird, wenn es heißt »und Gott sprach«. Der Mensch kann symbolisch durch Sprache (im Gegensatz zu Instrumenten) dargestellt werden.

V. Schritt (1–2 Unterrichtsstunden)

Gottes Schöpfung und Kreisläufe in Natur und Technik

1. Wiederholung:
   Betrachten bzw. vortragen einer Gestaltung der Schöpfungsgeschichte (IV. Schritt, Punkt 3)

2. Gespräch:
   Die Schöpfungsgeschichte als Bekenntnis zu Gott
   Vergleich mit dem Psalm: Gottes Schöpfung nicht nur am Anfang der Welt, sondern immer wieder neu. Vergleich mit der Paradiesgeschichte: »Bebauen und bewahren« interpretiert das »Untertan-machen«.
   Kein Gegensatz zwischen dem Bekenntnis zu Gott und naturwissenschaftlichen Erkenntnissen von der Entstehung der Erde und der Menschen.

3. Spiel: Kreisläufe in der Natur
   Lehrer: Den Auftrag Gottes, die Erde zu bebauen und zu bewahren, können wir auch dadurch besser erfüllen, daß wir nichts ausbeuten, was dann für immer vernichtet ist, sondern daß wir uns auf den Kreislauf besinnen, den es in der natürlichen Umwelt unserer Erde gibt. Das wollen wir mal spielen, auch wenn wir wissen, daß es in Wirklichkeit sehr schwierig ist.
   Der erste Kreislauf wird unter Anleitung des Lehrers gespielt. Acht Schüler erhalten je eine Karte mit einem Stichwort. Sie stellen sich im Kreis auf und sagen zu ihrem Stichwort der Reihe nach einen Satz. Die Aufgabe kann erleichtert werden, wenn der zu sprechende Satz schon auf der Rückseite der Karte eines jeden Schülers aufgeschrieben ist.

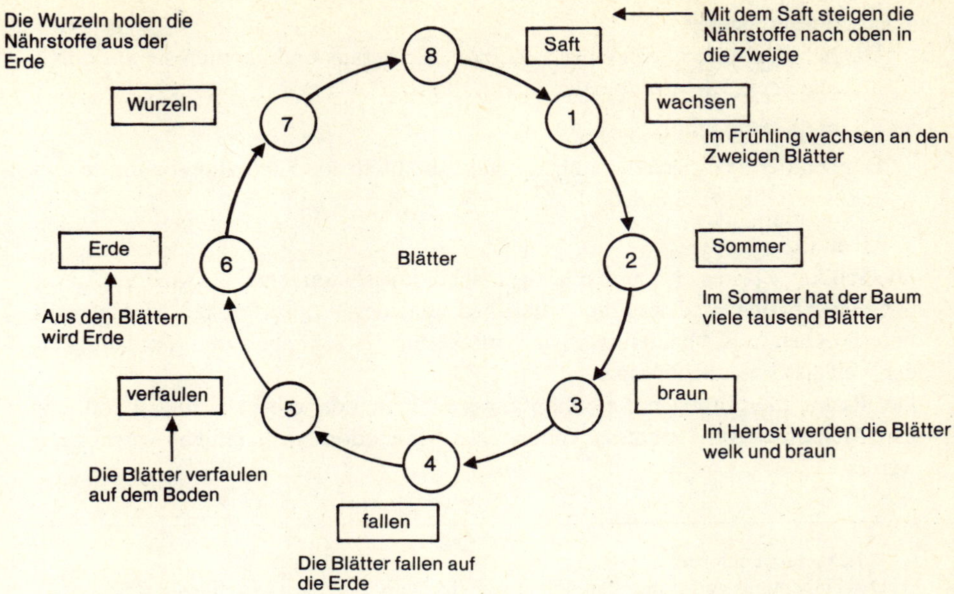

Bericht eines Lehrers:
Das Spiel haben die Schüler schnell verstanden. Ich habe nicht einfach die Karten verteilt, sondern die Schüler den Kreislauf der Blätter teilweise selbst finden lassen. Sie kannten den Kreislauf des Wassers aus dem Sachunterricht.

4. Spiel von Gruppen: Kreisläufe menschlicher Produkte
   Die Schüler spielen in drei Gruppen in derselben Weise:
   Papier – (Papierfabrik, Druckerei, kaufen, lesen, Altpapier, Sammelstelle)
   Autos – (Autofabrik, Fahrzeughändler, kaufen, fahren, Schrotthändler, Schrottpresse, Stahlwerk)
   Glas – (Glasfabrik, Getränkemarkt, kaufen, austrinken, Glascontainer, Altglas-Sammelstelle)

VI. Schritt (1–2 Unterrichtsstunden)

Der Schöpfungsbaum

Zu diesem Schritt müssen rechtzeitig saubere Abfälle in Kartons gesammelt werden: Eierkartons, Konservendosen, Bindfaden, Plastiktüten, alte Schuhe, Kleidungsstücke, Papprollen, usw. Dazu werden Farben, Pinsel, Scheren, Messer, Klebstreifen, Klebstoff, Heftzwecken usw. bereitgestellt.
Der Schöpfungsbaum besteht aus einem 2 m großen trockenen Ast oder aus einem mit Leisten vergrößerten Kartenständer. Der Schöpfungsbaum wird in einer Ecke der Klasse mit Draht so befestigt, daß er nicht umkippen kann.

1. Abfälle aufbereiten
   Die Schüler suchen sich einzelne Abfallteile heraus und bereiten sie auf durch Zerschneiden, Kleben, Bemalen usw.

2. Schöpfungsbaum schmücken
   Die Schüler befestigen die aufbereiteten Abfallteile am Schöpfungsbaum, so daß er aus Abfällen schön wird.

3. Meditation

Die Schüler setzen sich um den fertigen Schöpfungsbaum, erzählen von der Arbeit mit den Abfällen und was die Arbeit bedeutet: der Wegwerfprozeß wird bewußt unterbrochen, aus Abfällen werden Symbole für die Schönheit und Sinnhaftigkeit der Welt als Gottes Schöpfung.
Der Psalm, Gestaltungen der Schöpfungsgeschichte oder die Erzählung »Gott gibt den Menschen das Paradies« können zur Meditation noch einmal vorgetragen werden.

Bericht einer Lehrerin:
Der Höhepunkt der Unterrichtseinheit war für die Klasse die Herstellung des Schöpfungsbaumes. Er stand noch tagelang im Klassenzimmer. Bei der abschließenden Meditation fiel den Schülern auf, wie leicht heute weggeworfen wird, und daß wir damit unsere Erde, also Gottes Schöpfung immer mehr zerstören. Den Schülern ist bewußt geworden, daß jeder auch im kleinsten Bereich anfangen muß, mit der Erde als Gottes Schöpfung sorgfältiger umzugehen.

Erzählung: Gott gibt den Menschen das Paradies

(1. Mose 2, 4b–10; 2, 15 und 2, 18–25)

Eine der schönsten Geschichten der Bibel ist die Geschichte vom Paradies. Menschen erzählen sich die Paradiesgeschichte, die bekennen: Gott hat die Welt gemacht, und er hat sie gut gemacht und will, daß sie gut bleibt.
Die Menschen, die sich die Paradiesgeschichte zuerst erzählt haben, zogen mit ihrem Vieh durch die Wüste. Kühe, Ziegen und Schafe sollten Gras weiden, wo es gewachsen war. Wenn sie mal zu einem Brunnen kamen, in dem dauernd Wasser stand, so daß man um den Brunnen herum blühende Gärten, Bäume und Häuser haben konnte, fanden sie das ganz wunderbar. Eine solche Stelle nennt man Oase. Dann sagten sie: so wie in einer wunderschönen Oase hat Gott sich die Welt gedacht, als er sie erschaffen hat. Das Paradies ist eine Oase.
Und so geht die Erzählung vom Paradies:
Zuerst gab es noch keine Sträucher, keine Pflanzen auf der Erde. Da machte Gott einen Menschen aus Erde. Er blies ihm ins Gesicht, da wurde der Mensch ein lebendiges Wesen.

Dann machte Gott einen wunderschönen großen Garten. Man nennt ihn den Garten Eden oder das Paradies. Da ließ Gott Bäume wachsen im Garten, und Flüsse hindurchfließen, damit immer genug Wasser da war.
Und Gott machte die Tiere auf dem Felde und die Vögel unter dem Himmel und zeigte sie dem Menschen. Und der Mensch gab jedem Tier einen bestimmten Namen, den Tieren auf dem Land und den Vögeln im Himmel.
Und Gott der Herr sprach: es ist nicht gut, daß der Mensch allein ist. Ich will ihm eine Frau machen, die bei ihm ist. Und Gott entnahm dem Menschen im Schlaf eine Rippe und machte daraus die Frau und brachte sie zu dem Menschen. Mann und Frau sollten zusammengehören. Und beide waren nackt, der Mann und die Frau. Doch sie schämten sich nicht. Später hat man beide Adam und Eva genannt.
So hatte Gott der Herr die Menschen in das Paradies gesetzt. Er sagte zu ihnen: Ihr sollt den Garten bebauen und bewahren!

Kommentar zur Schöpfungsgeschichte 1. Mose 1, 1 bis 2, 4 a

nach: Gerhard Friedrich, Ökologie und Bibel, Verlag W. Kohlhammer Stuttgart 1982

Der Schöpfungsbericht 1. Mose 1, 1–2, 4 a ist der jüngere von den beiden Schöpfungsberichten der Bibel. Er stammt aus dem 6. oder 5. Jahrhundert und ist von Priestern verfaßt, die im babylonischen Exil lebten.
Während der Jahwist, der Verfasser des älteren Schöpfungsberichtes 1. Mose 2, 4 b–3, 24 seine Erzählung mit der Erschaffung der Menschen beginnt, erfolgt diese nach der Priesterschrift erst nach der Vollendung der übrigen Schöpfung am sechsten Tag der Woche. Der den Priestern eigene Ordnungssinn wurde jedoch nicht in voller Strenge durchgehalten, worauf eine Reihe von Unstimmigkeiten hinweisen:
Es gibt ein Nebeneinander von sechs Schöpfungsfragen und acht Schöpfungswerken, von der Erschaffung des Lichtes und der Gestirne, vom Schaffen durch das Wort und Schaffen durch ein Tun. Verschiedene Überlieferungselemente, u. a. aus den Mythen anderer Völker, mögen zu diesen Umstimmigkeiten geführt haben.
Der Schöpfungsbericht beginnt mit einer zusammenfassenden, grundsätzlichen Aussage: Am Anfang schuf Gott Himmel und Erde. Vom Chaos ausgehend wird dann über die Trennung von Land und Wasser, Licht und Finsternis die Schöpfung zunehmend verfeinert bis hin zu Pflanzen, Tieren und zum Menschen.
Der Mensch wird zum Herrschen über die Fische, Vögel und Landtiere eingesetzt, weil Gott ihn nach seinem Bilde geschaffen hat. Der Mensch sieht nicht ähnlich aus wie Gott, sondern er wird Gott in der Funktion, der Stellung, dem Amt und der Schöpfung ähnlich: der Mensch ist als Abbild Gottes der Repräsentant Gottes auf Erden. Die Erde ist nicht das Eigentum des Menschen. Herrschen heißt darum in diesem Zusammenhang nicht knechten, unterdrücken, zerstören und vernichten, sondern fördern und beschützen.
In der Folge wird dem Menschen der Auftrag erteilt, sich die Erde untertan zu machen. Das Wort, das im Hebräischen für untertan machen steht, hat im Alten

Testament einen sehr negativen Klang: Länder werden durch Krieg unterworfen, Völker unterjocht, Menschen zu Sklaven gemacht und Frauen vergewaltigt. Es ist kein Wunder, wenn man diese Stelle und ihre anscheinende Verwirklichung für die Bedrohung der Erde in der Gegenwart verantwortlich macht. Solange die Anweisung Gottes nur dem kleinen Volk der Juden am Ostrand des Mittelmeeres galt, habe sie für die Gestalt der Welt keine Bedeutung gehabt. Als sich dann aber das Christentum diese Botschaft zu eigen machte, sei die Welt veränderbar geworden.
Indem Gott als Schöpfer der Welt verkündigt wurde, wurde die Welt entmythologisiert, entdämonisiert und auch entheiligt. Entscheidend für das Verständnis des Auftrages an den Menschen ist, daß dieser in der Form seines Segenswortes geschieht. Die Zuwendung Gottes zu den Menschen in Form des Segens, die Gabe Gottes an den Menschen, zu herrschen, kann nicht die Konsequenz haben, daß die Schöpfung Gottes zerstört wird. Der göttliche Segen gibt dem Menschen keinen Freibrief, die Schöpfung eigenwillig zu unterjochen, sondern den Geschöpfen soll durch die ordnende Tätigkeit des Menschen die Möglichkeit erhalten bleiben, sich zu entfalten, ohne daß der andere eingeengt oder gar vernichtet wird. Zwischen dem »Herrschen« in der priesterschriftlichen Schöpfungsgeschichte und dem »Bewahren« in der jahwistischen Schöpfungserzählung besteht in der Sache kein Unterschied.

Kommentar zur Schöpfungsgeschichte 1. Mose 2, 4 b bis 3, 12

nach: Gerhard Friedrich, Ökologie und Bibel, Verlag W. Kohlhammer Stuttgart 1982

Der jahwistische Schöpfungsbericht ist älter als die Priesterschaft. Er wird zur Zeit Davids oder Salomos, etwa um das Jahr 950 v.Chr. entstanden sein. Während der priesterschriftliche Schöpfungsbericht den Charakter einer Lehre hat, schreibt der Jahwist eine Erzählung. Der Urzustand wird nicht als Chaos, sondern als Wüste beschrieben. Gott baut das Kulturland, einen Garten, eine Oase um den Menschen herum. Das Wasser ist ein Element, das dem Leben förderlich ist, während es in der Priesterschrift mehr ein Feind der Schöpfung ist.
Der Mensch wird von Gott aus Erde gebildet, aber zum menschlichen Lebewesen wird er erst durch die Einhauchung des göttlichen Lebensatems. Für den Menschen pflanzt Gott einen Kulturgarten als heiligen Bezirk mit dem Auftrag, ihn zu bebauen und zu bewahren.
Im Paradies ereignet sich aber etwas Ungeheuerliches. Das Ebenbild Gottes, der Stellvertreter Gottes, der die Schöpfung bebauen und bewahren soll, verstößt durch die Schlange verführt, gegen Gottes Gebot. Der Ungehorsam Adams und Evas zerstört nicht nur das Verhältnis des Menschen zu Gott. Er versucht auch eine vorher nicht bekannte Entzweiung zwischen dem Menschen und der übrigen Schöpfung. Der Grund allen Übels in der Welt ist der Zweifel des Menschen an Gottes Ordnung und die Entfremdung des Menschen vor Gott.
Der Fluch Gottes vernichtet nicht den Menschen, sondern fährt wie ein Blitzstrahl neben ihm in die Erde. Der Erdboden wird ärmer, er bietet keinen reich gedeckten

Tisch mehr. Wo früher Bäume köstliche Früchte trugen, wächst jetzt Unkraut. Die Entzweiung von Gott und Mensch hat eine Entzweiung von Mensch und Schöpfung herbeigeführt. Wo früher Freude, Friede und Ordnung herrschte, breitet sich jetzt Sorge und Not, Mühe und Arbeitslast, Angst und Ausbeutung aus.
Durch die Sünde des Menschen gegen Gott ist auch der Friede zwischen Mensch und Tier dahin. Der erste Fluch wegen der menschlichen Schuld trifft nicht den Menschen, sondern die Schlange, die den Menschen verführt hat. Mag man in der Geste, daß Gott den Menschen Kleider gibt, und in der Bezeichnung der Frau als »Mutter des Lebens« auch Elemente der Bewahrung und der Bejahung sehen, so steht am Ende doch der unwiederbringliche Verlust des Paradieses und der paradiesischen Zustände für den Menschen.

Meinem Gott gehört die Welt

2. Und sein eigen bin auch ich, Gottes Hände halten mich
gleich dem Sternlein in der Bahn; keins fällt je aus Gottes Plan.
3. Täglich gibt er mir das Brot, täglich hilft er in der Not,
täglich schenkt er seine Huld und vergibt mir meine Schuld.
4. Leb ich, Gott, bist du bei mir. Sterb ich, bleib ich auch bei dir.
Und im Leben und im Tod bin ich dein, du lieber Gott.

Text: Arno Pötzsch, Melodie: Christian Lahusen
Eigentum des Bärenreiter-Verlages, Kassel + Basel

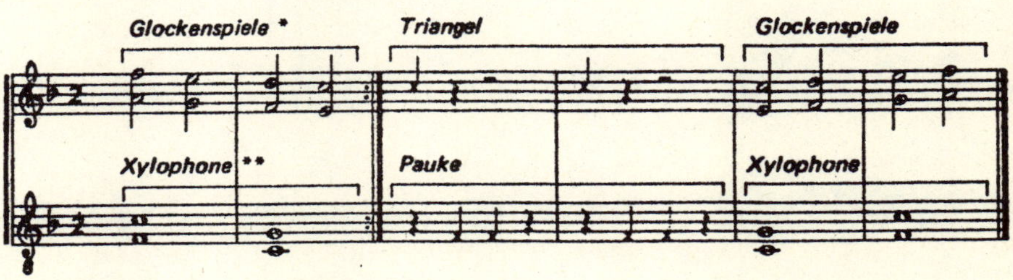

* oder Blockflöten
** oder Streichinstrumente

Quelle: Rosewich, Singt mit – spielt mit, Heft 1, Verlag Ernst Kaufmann, Lahr 1974

Wo ein Mensch Vertrauen gibt

Text: Hans-Jürgen Netz
Textrechte im
tvd-Verlag Düsseldorf
Melodie: Fritz Baltruweit
Musikrechte: Die Rechte liegen beim Dagmar Kamenzky Musikverlag

He's got the whole world

2. He's got the night and the day in his hand, he's got the earth and the sky in his hand, he's got the land and the sea in his hand, he's got the whole world in his hand.

3. He's got the sun and the moon in his hand, he's got the wind and the rain in his hand, he's got the springs and the falls in his hand, he's got the whole world in his hand.

4. He's got the birds on the trees in his hand, he's got the snakes and the bees in his hand, he's got the flowers on the ground in his hand, he's got the creatures in his hand.

5. He's got my father and my mother in his hand, he's got my brother and my sister in his hand, he's got the tiny little baby in his hand, he's got the whole world in his hand.

6. He's got you and me brother in his hand, he's got you and me sister in his hand, he's got you and me my friend in his hand, he has got you and me in his hand.

Er hält die ganze Welt

1. Er hält die ganze Welt in seiner Hand, er hält die ganze weite Welt in seiner Hand, er hält die ganze Welt in seiner Hand, er hält die Welt in seiner Hand.

2. Er hält den Tag und die Nacht in seiner Hand, er hält die Erde und den Himmel in seiner Hand, er hält das Land und das Meer in seiner Hand, er hält die Welt in seiner Hand.

3. Er hält die Sonne und den Mond in seiner Hand, er hält den Wind und den Regen in seiner Hand, er hält den großen Regenbogen in seiner Hand, er hält die Welt in seiner Hand.

4. Er hält die Bäume und die Büsche in seiner Hand, er hält die Tiere auf dem Felde in seiner Hand, er hält die Vögel und die Blumen in seiner Hand, er hält die Welt in seiner Hand.

5. Er hält den Vater und die Mutter in seiner Hand, er hält den Bruder und die Schwester in seiner Hand, er hält das süße kleine Baby in seiner Hand, er hält die Welt in seiner Hand.

6. Er hält auch dich und mich, mein Bruder, in seiner Hand, er hält auch dich und mich, mein' Schwester in seiner Hand, er hält auch euch, meine Freunde, in seiner Hand, er hält die Welt in seiner Hand.

Melodie: Spiritual
Deutscher Text: Halle 1972

Aus: Mein Liederbuch für heute und morgen, tvd 8100 N

Literatur

Appelt, Peter, Umwelt–Schöpfung–Zukunft, Studieneinheit 15, Deutsches Institut für Fernstudien, Beltz Verlag, Weinheim 1980

Benner, Dietrich, Elementares Reden von Gott. Die Schöpfungsgeschichte als Thema im 1. Schuljahr, in: Grundschule 8/1983

Bedrohte Schöpfung als Herausforderung an unser Denken und Handeln, Evangelische Akademie Bad Boll, Protokolldienst 11/1983

Daecke, Sigurd Martin, Gott – Opfer oder Schöpfer der Evolution? in: Kerygma und Dogma 4/1982

Das Überleben sichern, Die Ergebnisse und Empfehlungen der Nord-Süd-Kommission, Bonn 1980

Graesser, Erich, Das Leben entdecken, Ehrfurcht vor allem Lebendigen. Zur Aktualität der Ethik Albert Schweitzers, in: Deutsches Pfarrerblatt, 6/1980

Heinemann, Horst, Schöpfung – Zur Vorbereitung von Unterrichtsprojekten in der Grundschule, in: Informationen zum RU 3/1980

Heinemann, Horst, Schöpfung, in: Informationen zum RU 3/1980

Huber, Wolfgang, Ökonomie und Ökologie, in: epd-Dokumentation 11/1983

Joessen-Druehe, Ingrid, Macht euch die Erde untertan, in: Botschaft und Dienst 4/1980

Pannenberg, Wolfhart, Gott und die Natur, in: Theologie und Philosophie 4/1983

Schwerin, Eckart, Gott schuf den Menschen, ihm zum Bilde, in: Die Christenlehre, 1/1979

Splett, Jörg, Macht euch die Erde untertan, in: Theologie und Philosophie 2/1982

Stein, Christoph, 52 Bilder zum Thema Schöpfung, Deutscher Katechetenverein München 1983

Szagun, Anna Katharina, Bedrohte Umwelt und biblischer Schöpfungsglaube, Religionspädagogisches Institut Loccum, Loccum 1983

Teutsch, Gotthard M., Ethische Fragen der Umwelterziehung, in: Pädagogische Welt 11/1982

Vrijdaghs, Bartholomäus, Söhne der Erde, Rezension des gleichnamigen Tonfilmes, in: Der ev. Erzieher 4/1981

Westermann, Claus, Genesis 1–11, Wiss. Buchgesellschaft Darmstadt 1976

Westermann, Claus, Schöpfungsglaube und Zukunftshoffnung, Studienhefte 16, Pädagogisches Institut Villigst, Schwerte 1981

Zink, Jörg, Kostbare Erde, Biblische Rede über unseren Umgang mit der Schöpfung, Kreuz Verlag Stuttgart 1982

Sinn des Lebens

Bibeltext:
Das Gleichnis vom reichen Kornbauer (Lukas 12, 15–21)

Jesus sagte zu seinen Zuhörern: Niemand lebt davon, daß er viel besitzt! Und er erzählte ihnen ein Gleichnis:

Es war einmal ein reicher Mann,
dessen Felder brachten eine besonders gute Ernte.
Da überlegte er sich: Was soll ich tun?
Ich habe nicht genug Platz,
um meine Ernte unterzubringen!
Und er sagte: Das will ich tun:
ich will meine Scheunen abbrechen und größere bauen
und darin all mein Getreide und meine Vorräte sammeln
und will zu mir selber sagen:
Mein Lieber, du hast große Vorräte für viele Jahre liegen.
ruhe dich nun aus, iß und trink und sei fröhlich!
Aber Gott sagte zu ihm:
»Du Dummkopf! In dieser Nacht wirst du sterben.
Wem werden dann deine Vorräte und aller Besitz, den du angeschafft hast, gehören?«
So geht es mit dem, der sich Schätze sammelt
und ist nicht reich bei Gott.

Kommentar zum Gleichnis vom reichen Kornbauern (Lukas 12, 15–21)

nach: K. H. Rengstorf, Das Neue Testament Deutsch, Vandenhoeck & Ruprecht, Göttingen 1962

Das Gleichnis vom reichen Kornbauern gehört zum Sondergut des Lukas, d. h. die Geschichte kommt in anderen Evangelien nicht vor.
Durch das Gleichnis macht Jesus deutlich, daß jeder, der sein Leben durch Besitz gesichert zu haben meint, an der Wirklichkeit vorbeilebt und sich als Tor, als Narr, als Dummkopf erweist. Der Fehler des reichen Kornbauern ist, daß die Natur und ihr Ertrag, die erwirtschafteten »Sachen« dieser Welt für ihn nicht mehr in ursächli-

… Aber Gott sprach:
»Du Dummkopf!
In dieser Nacht wirst du sterben.
Wem werden dann alle Vorräte und aller Besitz,
den du angeschafft hast, gehören?«
So geht es mit dem, der sich selbst Schätze sammelt
und ist nicht reich bei Gott.

cher Beziehung zu Gott stehen. Das hat zur Folge, daß es für ihn in seinem bäuerlichen Blickfeld jenseits der gefüllten Scheunen keine nennenswerten Werte gibt und daß der Erntesegen auch keine Verpflichtung für ihn enthält.
So muß er sterben, um zu erfahren, daß es nicht die Natur, nicht die Erde, nicht der Besitz, nicht die Sachen sind, die das Leben ermöglichen, erhalten und mit Sinn erfüllen. Das Leben ist gemäß den Vorstellungen des Judentums Gottes Eigentum, das dem Menschen auf Zeit anvertraut ist und ihm also eines Tages von Gott wieder abgefordert wird. Wenn in diesem Zusammenhang von der »Seele« gesprochen wird, so ist damit eine Bezeichnung für den ganzen Menschen gemeint.
Es gehört zu dem Bilde dieses Großbauern, der die Verkörperung des Diesseitsmenschen, des Haben-Menschen ist, daß er mit seiner Seele spricht, als ob er über sie verfügen könnte. Daran wird der Fehler seiner Rechnung erkennbar.
Jesus beabsichtigt mit dem Gleichnis nicht, die Freude am Eigentum zu verbieten oder zum Teilen aufzufordern. Davon ist in dem Gleichnis jedenfalls nicht die Rede. Vers 21 faßt die Aussage des Gleichnisses zusammen: die Haltung, die dem Menschen allein ansteht, dem Armen wie dem Reichen, ist, sich in jeglichem Erwerb und Besitz von Gott abhängig zu wissen und demgemäß zu leben. Wer reich ist bei Gott, sammelt nicht Schätze für sich und sucht den Sinn seines Lebens nicht in den Sachen der Welt. Scheunen zu bauen nach einer guten Ernte, ist eine durchaus vernünftige Maßnahme, kann aber nicht den Lebenssinn ausmachen. Jesus zeigt den Menschen in all seinen Worten und Taten immer wieder, was es heißt, sich geborgen zu wissen in der Liebe Gottes, »reich zu sein bei Gott.«

Theologische Überlegungen zum Sinn des Lebens

Die von Menschen immer wieder gestellte Frage nach dem Sinn, den unser Leben hat, wird als christliche Frage an Gott gerichtet. Man kann sogar sagen, daß für Christen die Frage nach dem Sinn des Lebens und die Frage nach Gott identisch sind. Im Begriff »Gott« ist für Christen die Summe dessen enthalten, was wir profan mit »Sinn des Lebens« bezeichnen, also die Begründung unserer Herkunft und Geschichte, die Sinnhaftigkeit unseres gegenwärtigen individuellen und gemeinschaftlichen Lebens und die Bestimmung unseres Weges in die Zukunft. So sind in Gott Frage und Antwort zum Sinn des Lebens aufgehoben.
Und dieser Sinn erschließt sich eben nicht in abstrakter Religiosität, sondern in der persönlichen Beziehung zwischen Gott und den Menschen im »Du« des Gebetes und im Glauben an Christus, der von sich aus auf Gott weisend gesagt hat: »Ich bin der Weg, die Wahrheit und das Leben«. Wer der Erfüllung des Lebenssinnes nahe kommt, der ist »reich bei Gott«. In der Sünde wird der von Gott gegebene Sinn des Lebens verfehlt.
Nach christlicher Überzeugung muß der Sinn des Lebens nicht erarbeitet werden – unbeschadet der Verpflichtung zu verantwortlicher Lebensführung –, sondern die Sinnhaftigkeit wird dem Menschen durch Gottes Liebe im voraus geschenkt, durch

Gottes Gnade im Lebensvollzug immer wieder zugesprochen und letzten Endes durch Gottes Verheißungen erfüllt.
Spezifisch christliches Merkmal der Sinndeutung ist also die personale, auf jeden einzelnen Menschen unverwechselbar zugeschnittene Bestimmung seines Lebenssinnes, der ihm in liebevoller Zuwendung zugesprochen wird, so daß der Mensch auf Grund dieser geschenkten Vorgabe befreit wird und befähigt wird, sein Leben verantwortlich zu gestalten. Zwar wird ein Mensch immer hinter der Sinnerfüllung seines Lebens herlaufen, aber Christus hat mit seinem Tod diese Sinnverfehlung (Sünde) vor Gott gebracht. Und mit der Auferweckung Christi hat Gott dieses Opfer zur Entlastung der Menschen angenommen und Jesu Verheißungen für die Menschen bestätigt.
Dieser christliche Glaube wird immer wieder durch die Erfahrung der Sünde und des Leides in Frage gestellt. »Wie konnte Gott das Leid zulassen? ist die bekannte Formulierung der Sinnfrage unter dem Eindruck von Grenzerfahrungen. Darauf sind Antworten gesucht worden, seit es Christen gibt. Immerhin gilt die Klage des Leides Gottes selbst, dessen Zuständigkeit für Sinnerfüllung oder -verfehlung mit der Frage anerkannt wird. Weil aber Gott dem Leben eines jeden Menschen seinen Sinn gibt, ihn zugleich aber nicht darauf festnagelt, sondern ihm Freiheit gibt, der von Gott gegebenen Bestimmung zu folgen oder nicht, muß die Sinnfrage entsprechend zugleich an die Menschen gestellt werden: »Wie konnten die Menschen das Leid zulassen?« Erst in dieser gegenseitigen Spannung von der Macht Gottes und der Macht der Menschen kann die Sinnfrage sachgemäß gestellt und beantwortet werden.

Der Sinn des Lebens und die Grundschüler

Die Sinnfrage, sagen Grundschullehrer, wird erst in der Pubertät gestellt, Kinder fragen nur konkret und unmittelbar. Diese Feststellung ist jedoch nur richtig im Bezug auf die verbale Formulierung grundsätzlicher Fragen an das Leben. Es ist durchaus möglich, in vielen fragwürdigen Erfahrungen der Schüler die dahinterstehende Sinnfrage zu identifizieren.
So kann die Frage, was das Leben eigentlich soll, im Weinen des Kindes entdeckt werden, welches das gegenseitige Sich-Anschreien der Eltern mitbekommt, in der Angst des Kindes vor den Schlägen nach irgendwelchen Verfehlungen oder nach schlechten Leistungen, im Blick des Kindes auf den Vater, dessen Arbeitslosigkeit die ganze Familie zermürbt.
Deshalb ist es die vornehmste Aufgabe des Religionsunterrichts, den Grundschülern Sprachmöglichkeiten zu vermitteln, um ihre existentiell tief betreffenden Fragen als Sinnfragen formulieren zu können. Der Religionsunterricht kann die entsprechenden Begriffe, Zusammenhänge, Bilder, Situationen, Deutungsversuche usw. liefern. So können die Inhalte und Ziele des Religionsunterrichts in der Grundschule als Einführung in das christliche Sinn-Verständnis unter den Bedingungen der Schule beschrieben werden. Es gibt Grundschulklassen, in denen die Suche nach dem

»Reich-sein-bei-Gott« so gezündet hat, daß die Schüler noch lange Zeit nach der Unterrichtseinheit Gottesgeschichten, Jesusgeschichten und Menschengeschichten in dieses Kriterium einordneten.

Die vorliegende Unterrichtseinheit versteht sich deshalb als eine Bündelung dessen, was im Religionsunterricht sonst betrieben wird. Dieses wird in der Identifizierung von bekannten Jesusgeschichten als Sinn-Geschichten ausdrücklich thematisiert. Das Thema »Sinn des Lebens« bringt also nichts völlig Neues, sondern ordnet Bekanntes unter neuer Zielsetzung und sprachlicher Formulierung ein. Immerhin geht der Anspruch an das Reflexionsvermögen der Schüler über die Beschäftigung mit einzelnen Bibel- oder Gegenwartsgeschichten hinaus.

Während auch andere Fächer der Schule für ihr Sachgebiet sinngebend wirken, ist der Religionsunterricht der Ort, die Sinnfrage umfassend zu thematisieren. Seine besondere Möglichkeit ist die Einbringung des Evangeliums in die Auseinandersetzung um die Sinnfrage: der Sinn-Zuspruch Gottes als Vorgabe vor allen eigenen Leistungen und Lernziel-Normen.

Der Zugang der Grundschüler zur Sinnfrage wird in dieser Unterrichtseinheit in der Perspektive der Zukunft gewonnen. Es wäre natürlich auch denkbar, von der Herkunft des Menschen, z. B. von der Schöpfung her oder von gegenwärtigen existentiellen Fragen, z. B. von der Kriegsgefahr her auf die Sinnhaftigkeit des menschlichen Lebens zu kommen. Natürlich bewegt sich das Denken und Handeln der Grundschüler vornehmlich um ihre unmittelbare Gegenwart. Doch zeigen Erfahrungen mit den vorgeschlagenen Rollenspielen durchaus die Fähigkeit der Grundschüler, Lebenserwartungen der Zukunft auszudrücken. Wenn die gedankliche Vorwegnahme eigener Zukunft auch im Grundschulalter selten ist, so ist sie doch nicht unmöglich und kann mit entsprechenden Methoden geweckt werden.

Lernziele

Die Schüler entdecken im Nachdenken und Sprechen über ihre eigene Zukunft die Frage, was ihrem Leben eigentlich seinen »Sinn« gibt. Ein erstes Ziel der Unterrichtseinheit ist es, diese Frage in den Zusammenhang mit der Frage nach Gott zu bringen.

Da die Schüler aus vielen Erfahrungen den Wunsch nach besserem Einkommen, nach Erhöhung des Lebensstandards und nach entsprechendem sozialen Ansehen kennen, ist ein weiteres Ziel der Unterrichtseinheit, die Suche nach dem Sinn in immer mehr Sicherheit und Verfügungsspielraum durch die »Sachen« der Welt zu problematisieren.

Ein sinnvolles Leben soll unter dem Stichwort »reich sein bei Gott« in der Verheißung der Liebe Gottes gesucht werden. Die Schüler vergewissern sich dieser Verheißung sowohl in bekannten Jesusgeschichten als auch im verantwortungsvollen Verhalten in erlebten oder erlebbaren Situationen.

Schließlich zielt die Unterrichtseinheit auf die Erkenntnis, daß im christlichen Glauben der Sinn des Lebens letzten Endes nicht von Menschen geleistet werden muß und erarbeitet werden kann, sondern von Gott zugesprochen und geschenkt wird.

Unterrichtseinheit

I. Schritt (1–2 Unterrichtsstunden)

Wie mag es sein, wenn wir erwachsen sind?

1. Gespräch:
   Wie mag es sein, wenn wir erwachsen sind?
   Spontane Äußerungen der Schüler über ihre Lebenschancen und Zukunftsaussichten
   Beruf–Lebensstandard–Wohnung–Freizeit–Familie
   Gefährdungen, Ängste, Konflikte, Fragen, Krisen

> Schüleräußerungen:
> Ich möchte auf dem Bauernhof Kühe, Pferde, Schweine züchten.
> Ich will Hausfrau werden und ein Kind haben.
> Ich will Zoowärter für Wildkatzen sein.
> Verkäuferin in einem kleinen Laden.
> Lehrer in einer Grundschule und so nebenbei Jäger.
> Ich möchte bei VW arbeiten
> 3 Kinder, 2 Mädchen und 1 Jungen kriegen.
> Aber es gibt so viele Arbeitslose.
> Man hat auch viel Streß.

2. Rollenspiele:
   Die nachstehenden Rollenspiele sollten in den einzelnen Gruppen sorgfältig vorbesprochen werden, also nicht völlig spontan gespielt werden. Wichtig ist besonders die Zweiteilung jedes Rollenspieles in a) eine Situation, wie freudige Berufswünsche in Erfüllung gehen (1. Szene) und b) wie diese Freude jäh abgebrochen wird, z. B. durch einen Unfall, oder wie die Freude gar nicht erst eintritt, z. B. durch dauernde Einsamkeit (2. Szene). Die Schüler sollen den Auftrag erhalten, die Rollenspiele in der Spannung von Wunsch und Wirklichkeit mit großen Fragezeichen zu beenden und nicht schon im Spiel nach versöhnlichen Problemlösungen zu suchen.
   Vorschläge: (Es können natürlich auch andere Beispiele gefunden werden)
   a) Stewardess
      1. Szene: im Flugzeug, die Stewardess wird allseitig bewundert
      2. Szene: nach einem Autounfall sitzt die ehemalige Stewardess im Rollstuhl
   b) Maschinenbauer
      1. Szene: im Kraftfahrzeugwerk gibt der selbstbewußte und erfahrene Maschinenbauer als Vorarbeiter Anweisungen an seine Leute
      2. Szene: er sitzt arbeitslos zu Hause rum
   c) Geschäftsmann
      1. Szene: ein Geschäftsmann rackert sich ab, damit er das vom Vater ererbte Schuhgeschäft vergrößert an seine Kinder weitergeben kann
      2. Szene: Der Geschäftsmann und seine Frau beklagen ihre Kinderlosigkeit

d) Hausfrau

1. Szene: die stolze Hausfrau beim Mittagessen im Kreise ihrer fröhlichen zahlreichen Familie
2. Szene: die Frau beklagt sich bei einer Nachbarin, daß sie ihr ganzes Leben lang einsam geblieben ist, weil ihre große Familie nicht auf die Frau hören wollte

e) Sängerin

1. Szene: ein Mädchen träumt davon, eine große Sportlerin oder Schlagersängerin zu werden
2. Szene: Sie arbeitet in einer Imbißstube und verkauft Pommes und Cola

> Bericht einer Lehrerin:
> Ich hatte die Vorbereitung der Rollenspiele als Hausaufgabe gegeben. Es kamen viele Ideen. Die Kinder hatten Spaß und spielten ausgesprochen witzige Szenen. Die Tendenz ging aber mehr in die Richtung: Aus Angeberei wird nachher nichts, weniger in Richtung auf Abwesenheit von Lebensfreude, Lebenssinn. Das ist ja auch einfacher für die Kinder. In einem Spiel (reiche Frau will Schlaftabletten nehmen, weil sie völlig einsam ist) kamen die Mädchen im Spiel der Ernsthaftigkeit am nächsten, aber da ging das Bemühen darum, Abhilfe zu schaffen, weil die Schüler den offenen Schluß nicht ertragen konnten.

3. Gespräche über die Spiele
   Nachdenken und Sprechen darüber, was das Leben für einen Sinn hat, was wichtig und unwichtig ist.
   Andeutungen über Lösungen der Probleme unter dem Gesichtspunkt, worauf es im Leben *eigentlich* ankommt.
   Es sollte vermieden werden, sich mit kurzschlüssigen praktischen Vorschlägen zur Lösung der genannten Probleme zufriedenzugeben. Das Gespräch muß sich auf die Grundfrage nach dem Sinn, den das Leben hat, oder auf seine Sinnlosigkeit richten.

II. Schritt (1–2 Unterrichtsstunden)

Das Gleichnis vom reichen Kornbauer (siehe Seite 157)

1. Darbietung des Gleichnisses
   Vorlesen oder Nacherzählen durch den Lehrer, oder Austeilen des Textes auf Arbeitslättern und stilles oder lautes Lesen.

2. Kurzes Gespräch
   Spontane Äußerungen, Rückfragen, Meinungen
   Vergleich mit den Szenen im 1. Unterrichtsschritt
   Das Gleichnis zielt nicht auf eine Kritik an der Vermehrung der Güter, fordert nicht primär den sozialen Einsatz des Eigentums. Der grundsätzliche Fehler des Kornbauern ist es, seine Seele durch seinen Reichtum zu beruhigen. Er meint, viele »Sachen« zu haben, erfülle den Sinn seines Lebens. Die dagegengesetzte Position des Gleichnisses ist die Forderung nach dem »reich sein bei Gott«, die hier zunächst als Formel stehen bleiben kann. Sie wird später wieder aufgenommen (siehe III. Unterrichtsschritt).

Bericht einer Lehrerin:
Nach den Worten »Gott sagte zu ihm ...« habe ich die Erzählung unterbrochen. Die Schüler sagten:
... gib was ab!
... arbeite nur weiter so tüchtig!
... denk aber auch an deine Familie!
Lehrerin: »... Du Dummkopf! Diese Nacht ...«
Schüler: ... brennt die Scheune ab!
... gibt es ein schweres Gewitter!
... wirst du krank!

3. Bildgeschichte (siehe Seite 158)
Die Schüler erhalten ein Arbeitsblatt »Der reiche Kornbauer heute«, das in vier große Felder aufgeteilt ist. Drei Felder sind leer, in sie malen die Schüler eine Geschichte (es können auch Felder leer bleiben), die am Schluß in den Satz einmündet, der im letzten Feld abgedruckt ist: ... Aber Gott sprach: »Du Dummkopf! In dieser Nacht wirst du sterben. Wem werden dann alle Vorräte und aller Besitz, den du angeschafft hast, gehören?« So geht es mit dem, der sich Schätze sammelt und ist nicht reich bei Gott.

Beispiele von Schülern:

Ein Mann ging immer in die Gastwirtschaft und hat da alles vertrunken

Eine reiche Frau wollte sehr mächtig sein und alles bestimmen. Jeder sollte auf sie hören.

... Aber Gott sprach: Du Dummkopf! ...

Eine Frau, die sowieso schon alles hat, will nun auch unbedingt noch ein neues Haus haben

Ein Mann, der unheimlich reich war, wollte nie etwas abgeben, weil er so entsetzlich geizig war

4. Die Bildgeschichten werden vor der Klasse gezeigt und erzählt.

Alternative:
Wenn die Übertragung des Gleichnisses als Einzelarbeit der Schüler zu schwierig scheint, der kann nach Punkt 2 frontal mit der Klasse weiterarbeiten anhand der Geschichte »Der leere Garten« von Gundrun Pausewang (Vorlesebuch Religion 3, Seite 178). Die Schüler können ohne große Schwierigkeiten diese Geschichte mit dem »reichen Kornbauern« in Beziehung setzen.

III. Schritt (2 Unterrichtsstunden)

Was könnte bedeuten »reich sein bei Gott?«

1. Problemstellung
   Lehrer: Das Gleichnis und alle eure Geschichten endete mit dem Vorwurf: So geht es dem, der nicht reich ist bei Gott. Diesem Satz wollen wir nun etwas näher nachgehen. Was mag das wohl heißen, »reich sein bei Gott?« Welcher Mensch mag wohl reich bei Gott und welcher Mensch ist wohl arm bei Gott? Vielleicht könnt ihr euch Augenblicke in eurem Leben vorstellen, in denen ihr sagen könntet: ich bin reich bei Gott, oder aber im Gegenteil: ich bin nicht reich bei Gott.

2. Vorbereitung einer Collagenarbeit und Auftrag
   Die Schüler erhalten – am besten in Partner- oder Kleingruppenarbeit – eine Unterlage etwa A 3, sorgfältig ausgewählte gute Zeitschriften mit vielseitigen Fotos, Scheren, Klebstoff, und legen Filzstifte bereit.
   Arbeitsauftrag: Seht euch mal die Menschen auf den Fotos unter der Frage an, ob sie wohl reich sind bei Gott. Achtet auf die Gesichter, aber auch auf die Körperhaltung und die ganze abgebildete Situation. Schneidet die Gesichter oder die ganzen Figuren aus, klebt sie geordnet auf der Unterlage auf und schreibt jeweils dazu, warum die einen »reich sind bei Gott« und die anderen möglicherweise »nicht reich bei Gott«. Wenn ihr es nicht genau wißt oder nur vermutet, so könnt ihr das ja schreiben oder diese Menschen in einer Extragruppe zusammenfassen. Klebt deshalb die angeschnittenen Fotos nicht sogleich auf, sondern erst, nachdem ihr euch einigermaßen sicher seid.

3. Anfertigung der Collagen

Wird die zweite Unterrichtsstunde dieses Schrittes nicht sogleich angeschlossen, so muß Vorsorge für die Aufbewahrung der angefangenen Collagenarbeit getroffen werden.

> Bericht einer Lehrerin:
> Es war das erstemal, daß ich Collagen mit einer Klasse machte; einige Kinder hatten aber schon eine Ahnung davon. Die Kinder hatten sich schon gruppenweise arrangiert, das meiste Material lag bereit. Ich hatte echt Bedenken, ob sie Menschen, »die reich sind bei Gott« wohl entdecken würden – aber es ging großartig. Der Begriff »reich bei Gott« wurde akzeptiert und positiv besetzt; die Kinder kamen zwar häufig mit Rückfragen (»... sind die wohl reich bei Gott?«) und ganz läßt sich eine gewisse Führung nie vermeiden. Auch das Beschriften wurde nach anfänglichem Zögern gemacht, und es kamen z. T. ganz tolle Deutungen heraus; Beispiele und Menschen, auf die wir nie im Unterricht gekommen waren.

4. Gespräch
   Die fertigen Collagen werden aufgehängt, betrachtet, erläutert, interpretiert, ergänzt.
   Dabei sollte in Frage gestellt werden, ob die, die von vielen Menschen bewundert oder gut angesehen werden, oder die, die alles ihrer eigenen Tüchtigkeit verdan-

ken, reich sind bei Gott. »Reich sein bei Gott« hängt zwar mit konkret erlebbarem menschlichen Glück zusammen, ist aber letzten Endes auf das Vertrauen, von Gott geliebt zu sein und Gott das Glück des Lebens zu verdanken, zurückzuführen.

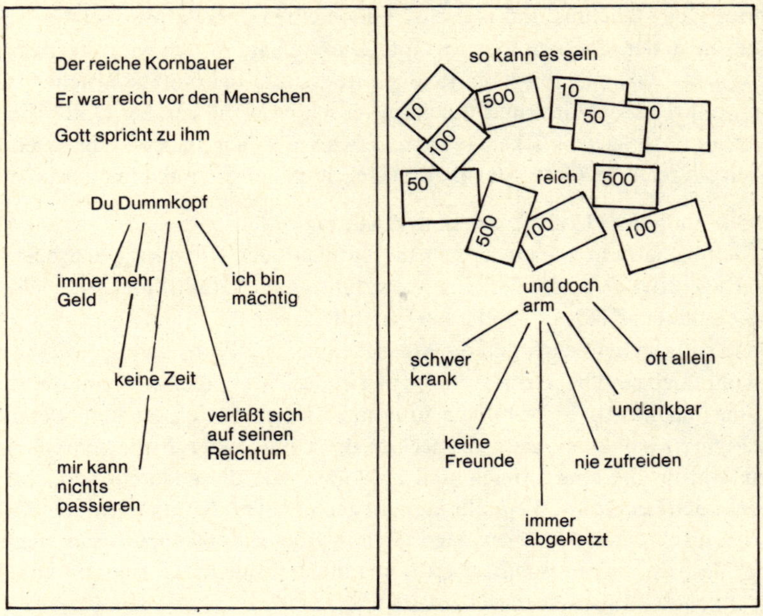

IV. Schritt (1 Unterrichtsstunde)

Jesus zeigt, was es heißt, bei Gott reich zu sein

1. Einleitung
   Lehrer: Wir haben uns in der letzten Stunde gefragt, was es heißt, bei Gott reich zu sein. Heute wollen wir uns biblische Geschichten, die wir schon kennen, unter dieser Frage genauer ansehen. Einer von euch soll bitte mal irgend eine Geschichte von Jesus erzählen, die allen Schülern bereits bekannt ist.

2. Erzählung einer Geschichte durch einen oder mehrere Schüler

Wer seine Klasse kennt, dem fällt es nicht schwer zu vermuten, welche Jesusgeschichten den Schülern einfallen könnten:
Der blinde *Bartimäus* erkennt in Jesus seinen Heiland. Indem er ihm nachfolgt, findet sein Leben Sinn.
Der *verlorene* Sohn findet in der Liebe und Vergebung seines Vaters neuen Sinn in seinem Leben.
Jesus bringt *Zachäus* durch seine Freundlichkeit Heil, d. h. er füllt sein Leben wieder mit Sinn.
Der *barmherzige Samariter* findet den Sinn seines Lebens in Hilfsbereitschaft, Sorgfalt und Freude über die Rettung des Überfallenen.

3. Gespräch:
   Wie Jesus in dieser Geschichte einen Menschen reich gemacht hat bei Gott
   Wie die, die diese Geschichte miterlebt haben, sie verstanden oder nicht verstanden haben
   Worin bestand genau das Reich-werden-bei-Gott, und worin bestand es nicht?

> Bericht einer Lehrerin:
> Die Suche nach Jesusgeschichten war zunächst problematisch. Wir haben bisher nicht viele Jesusgeschichten erarbeitet. Schließlich einigten wir uns auf Zachäus, zu dem wir voriges Jahr ein Hörspiel gelesen hatten. Wir schlugen es in dem Religionsbuch auf. Es wurde mehrmals gelesen, dann konnte sich ein Gespräch im beabsichtigten Sinne anschließen. Das lief dann allerdings gut. Folgende Punkte wurden genannt:
> zuerst: Zachäus ist nicht reich bei Gott, er ist ein Betrüger und er denkt nur an sein Geld! Die Leute ekeln sich vor ihm.
> dazu sagten dann einige Kinder: doch, er ist reich, denn er will alles zurückgeben, er will Freunde haben und Besuch einladen!
> Und zur Frage, wie das käme: Jesus hat das gemacht, weil er ihn besucht hat! Und weil er freundlich zu ihm war.
> Dies alles wurde schnell und spontan herausgefunden.

Mögliche Erweiterung und Ergänzung dieses Schrittes:

4. Bild malen:
   Lehrer: Denkt nach, in welcher anderen Jesusgeschichte uns gezeigt wird, was es heißt, wenn ein Mensch reich wird bei Gott. Malt ein Bild aus dieser Geschichte, aber tut das bitte jeder für sich. Nachher sollen die anderen Schüler raten, welche Geschichte und welche Menschen und welche Situation du gemeint hast.
   Die Schüler malen mit Farbstiften (nicht länger als 10–15 Minuten) ein typisches Bild aus der von ihnen gemeinten Jesusgeschichte.

5. Raten und besprechen
   Fertige Bilder werden hochgehalten, die Geschichte wird sogleich oder nach kurzen Hinweisen durch den Schüler, der das Bild gemalt hat, erraten und nach der bekannten Fragestellung interpretiert. Das Gespräch läuft auf das gleiche Ziel zu wie der Schluß des III. Unterrichtsschrittes: Reich sein bei Gott heißt: Unser Leben erhält seinen Sinn durch die Liebe Gottes. Der Sinn des Lebens wird letzten Endes nicht von Menschen erarbeitet.

V. Schritt (1 Unterrichtsstunde)

Auf der Suche nach dem Sinn des Lebens

1. Erzählung
   Der Lehrer erzählt etwas ausführlich (ca. 10 Minuten) von einer Familie, in der der Vater nach längerer Zeit der Arbeitslosigkeit endlich wieder eine gute Arbeitsstelle angeboten bekommt, jedoch soweit entfernt, daß die Familie umziehen müßte. Andreas, der Sohn, der hier seine Freunde hat und sich hier wohlfühlt, hat

in der ersten Reaktion auf mögliche Umzugspläne heftig protestiert und sich weinend auf sein Bett geworfen. Er glaubte, sein Leben wäre sinnlos, wenn er woanders leben müßte. Nach einigen Tagen wurde er ruhiger und bedachte, wie sein Vater unter der Arbeitslosigkeit litt, und überlegte, ob er in der neuen Umgebung vielleicht doch glücklich werden und ein sinnvolles Leben führen könnte. Andreas war gewohnt, abends zu beten. Er dachte nach, was er im Gebet zu Gott sagen könnte.

2. Gruppenarbeit
Gruppen von Schülern unterhalten sich über die Situation, in der Andreas und seine Familie steht, über die Entscheidung, die auch Andreas treffen muß und über Inhalte eines Gebetes in dieser Situation. Die Gruppe formuliert schriftlich ein mögliches Gebet. Notfalls sind der Klasse die Elemente, die ein Gebet zum Gebet machen, ins Gedächtnis zu rufen, z. B. Anrede an Gott, Klage, Bitte, Dank.

3. Vorlesen der Gebete

Beispiele von Schülern

Bianca:	Lieber Gott! Nun muß ich von hier weg, denn mein Vater kann nur arbeiten, wenn wir umziehen. Und ich muß meine Freunde verlassen. Mach es so, daß ich schnell und auch gute Freunde kriege. Nur du hast es gemacht und ich bin dir sehr dankbar. Und mach es so, daß wir nette Nachbarn kriegen. Amen.
Axel:	Lieber Gott! Ich möchte nicht gern von hier weg, weil ich meine Freunde verliere. Aber ich möchte auch meinem Vater einen Gefallen tun. Vielleicht finde ich, da wo wir hinziehen neue Freunde. Amen.
Silke und Birte:	Lieber Gott! Ich will nicht hier weg, weil meine Freunde und Verwandte hier bleiben müssen. Aber wenn ich nachdenke, bitte, lieber Gott, mach, daß ich da neue Freunde finde. Amen.
Elke:	Lieber Gott! Ich möchte nicht von hier fortziehen, weil ich hier meine Freunde habe. Aber wenn wir fortziehen, muß ich mit. Lieber Gott, hoffentlich gehen wir nicht hin. Aber mein Vater ist arbeitslos, und in Süddeutschland kriegt er vielleicht Arbeit. Amen.

4. Gespräch
Die Gebete werden im gemeinsamen Gespräch erläutert und besprochen, jedoch nicht mit dem Ziel auf pragmatische Konfliktlösung, sondern unter der grundsätzlichen Sinnfrage des Lebens und der Suche, sich der Liebe Gottes zu vergewissern. Möglicherweise erübrigt sich dieses Gespräch, wenn die Gebete so gut gelesen werden, daß ihr unmittelbarer Eindruck haften bleibt.

Sieben Leben möcht ich haben

2. Träte auf im nächsten Leben dann im Zirkus, bitte sehr,
und man würde mich bestaunen, mal als Clown, mal als Dompteur.
Und im dritten Leben käm ich als Politiker heraus,
konferierte täglich zwischen Moskau und dem Weißen Haus.

3. Filmstar und auch Schlagersänger, dieses reservier ich mir
(schnelle Autos, schöne Frauen) für das Leben Nummer vier.
Um der Menschheit aufzuhelfen, wär im fünften Leben ich
ein gar hochberühmter Arzt und Wunderdoktor sicherlich.

4. Sechstes Leben: Das Bisher'ge scheint mir alles zu gering.
Weltraumfahrer möcht ich werden. Das wär schon ein tolles Ding.
Und im siebten Leben wär ich – ja, was könnt ich da noch sein?
Ganz gewiß fällt mir bis dahin irgendwas Besondres ein.

5. Sieben Leben möcht ich haben! Eines ist mir zugeteilt.
Und nur eines kann ich leben, ehe es im Nu enteilt.
Daß dies eine, meines, hier mit Freude, Kummer, Pflicht und Spaß
doch ein gutes Leben würde: Hoffentlich gelingt mir das.

Text und Melodie: Martin Gotthard Schneider
Aus: »Sieben Leben möcht ich haben«, Christophorus-Verlag, Freiburg, und Verlag Ernst Kaufmann, Lahr

Von guten Mächten

2. Noch will das Alte unsre Herzen quälen, noch drückt uns böser Tage schwere Last, ach, Herr, gib unsern aufgescheuchten Seelen das Heil, für das du uns bereitet hast.
Von guten Mächten wunderbar geborgen ...

Text: D. Bonhoeffer, Melodie: S. Fietz
Text aus: Dietrich Bonhoeffer, Widerstand und Ergebung
Neuauflage ²1977, Chr. Kaiser Verlag, München, S. 435
Textrechte im Christian Kaiser Verlag, München
Musikrechte bei Ulmtal Musikverlags GmbH
6349 Greifenstein 2
(ABAKUS Schallplatten)

* Capo II - C-dur

Literatur

Adam, Gottfried, Sinnfrage und Erziehungsthematik, in: Theologische Zeitschrift 6/1983
Alpers, Harm, Jugend ohne Perspektive? in: Weltweite Hilfe 4/1983
Becker, Ulrich, Junge Generation ohne Orientierung? Comenius-Institut Münster 1980
Betz, Otto, Das Nichts breitet sich aus, in: Katechetische Blätter 12/1980
Birkert, Reinhard, Doch wer bist du, Herr? in: Katechetische Blätter 8/1983
Casper, Bernhard, Sinnerfahrung im Alltag, in: Zur Debatte 4/1983
Degen, Roland, Die Bedeutung der Bibel für Lernprozesse Heranwachsender, in: Die Christenlehre 11/1983
Einfach aussteigen? Themenheft Radius 4/1981
Gremmels, Christian, Arbeit um jeden Preis? in: Religion heute 1/1983
Imbach, Josef, Laßt euch nicht verführen – Der Gegenwartsmensch vor der Sinnfrage, in: Geist und Leben 2/1980
Jung, Hans-Gernot, Die Auferstehungshoffnung – eine Kraft in der Sinnkrise, in: Neue Stimme 11/1983
Kaiser, Michael, Die menschliche Arbeit im Zeichen der Sinnkrise, in: Schweizerische Kirchenzeitung 5/1983
Kasper, Helmut, Wissenschaft und Sinnfrage. Ein neues Sehen der Wirklichkeit als Ziel ohne Erziehung, in: Information 3/1982
Klasen, Edith, Erziehung im Kindergarten – die Sinn- und Wertfrage, in: Schulreport 1/1983
Krenn, Kurt, Der Sinn des Lebens in der Wahrheit Christi, in: Die lebendige Zelle 2/1983
Kuhlmann, Jürgen, Über den Sinn, in: Christ in der Gegenwart 42/1982
Langeveld, Martinus J., Das Kind und der Glaube, Westermann Verlag Braunschweig 1959
Lübbe, Hermann, Sinn- und Erfahrungsverluste, in: Lehren und Lernen 2/1982
Nipkow, Karl-Ernst, Die Kirche vor der Sinnfrage in Gesellschaft und Erziehung, in: Leben und Erziehen durch Glauben, Gütersloher Verlagshaus, Gütersloh 1978
Raths, Louis E., Werte und Ziele, Methoden zur Sinnfindung im Unterricht, Pfeiffer Verlag München 1976
Ringshausen, Gerhard, Erfahrung und Sinnfrage als Horizont des Religionsunterrichts, in: Der ev. Erzieher 3/1982
Ringshausen, Gerhard, Wie beantwortet der Religionslehrer die Sinnfrage? in: Religion heute 4–5/1983
Roth, Günther, Der unbewußte Gott und die Frage nach Sinn, in: Der ev. Erzieher 6/1981
Sauter, Gerhard, Sinn und Wahrheit, in: Ev. Theologie 2/1980
Stelter, Gertrud, Ein Teufelskreis unserer Zeit: Rastlose Langeweile – langweilige Rastlosigkeit, in: Christ und Bildung 7–8/1981
Walther, Christian, Die Frage nach Sinn und der christliche Glaube, in: Neue Zeitschrift für systematische Theologie 3/1983
Wartenweiler, Fritz, Wie werde ich reich? in: Der Weg zum Kinde 6/1981
Wieviel Arbeit braucht der Mensch? Themaheft in: Radius 1/1983

Zeit

Bibeltext:
Der 90. Psalm

(1) Herr Gott, du bist unsere Zuflucht für und für.

(2) Ehe denn die Berge wurden
und die Erde und die Welt geschaffen wurden,
bist du da, Gott, von Ewigkeit zu Ewigkeit.
(3) Du läßt die Menschen sterben
und sprichst: kehrt heim, ihr Menschen!

(4) Denn tausend Jahre sind vor dir
wie der Tag, der gestern vergangen ist,
dazu die letzte Nacht.

(5) Du läßt die Jahre dahinfließen wie ein Strom,
wie den Schlaf einer Nacht,
wie ein Gras, das morgens noch blüht
(6) und bald welk wird
und abends abgemäht wird
und verdorrt.

(10) Unser Leben dauert siebzig Jahre,
und wenn es hoch kommt
so sind es achtzig Jahre,
und was uns köstlich erschienen ist,
war oft doch vergebliche Mühe,
denn das Leben geht schnell vorbei,
als flögen wir davon.

(12) Lehre uns bedenken,
daß wir sterben müssen,
auf daß wir klug werden.

(13) Herr, komm doch wieder zu uns
und sei uns Menschen gnädig!
(14) Fülle uns immerzu mit deiner Gnade,
und wir wollen dich loben
und fröhlich sein unser Leben lang.

(15) Erfreue uns nun wieder,
nachdem du soviel Schweres von uns verlangt hast,
nachdem wir soviel Unglück leiden mußten.

(17) Und der Herr, unser Gott, sei freundlich zu uns.
Mach alles gut, was wir tun, Gott,
ja, was immer wir tun, mach du es gut!

(Leicht verändert und gekürzt)

Kommentar zum 90. Psalm

nach: Artur Weiser, Das Alte Testament Deutsch, Die Psalmen II, Vandenhoeck & Ruprecht, Göttingen 1950

Der Psalm 90 hat die Form eines Volks-Klageliedes, d. h. er ist nicht als Erfahrung eines einzelnen Menschen, sondern der Gemeinschaft des ganzen Volkes Israel geschrieben, und es überwiegt die Klage vor Gott gegenüber dem Lobpreis Gottes.
Man hat dem Psalm später eine Überschrift gegegen, die ihn dem Moses zuschreibt, was vielleicht seinen Grund in Anklängen an die Schöpfungs- und Sündenfallgeschichte sowie an das Lied und den Segen des Mose haben mag (5. Mose 32–33).
Vers 1 schlägt das Thema des Psalmes an, die Verse 2–6 gruppieren sich um den Gegensatz zwischen Gottes Ewigkeit und der Vergänglichkeit der Menschen, Verse 7–12 sehen diesen Gegensatz als Spannung zwischen menschlichem und göttlichem Willen, Vers 17–17 schließt den Psalm mit der Bitte um Gottes Gnade und Hilfe ab.
Der erste Vers ist der Form nach ein Rückblick, der die gesamte Vergangenheit durch das Vertrauen zu Gott umschließt.
Das Bewußtsein menschlicher Vergänglichkeit entspringt nicht etwa der Lebensmüdigkeit eines diesseitigen Pessimismus, sondern ist an dem Gedanken der Ewigkeit Gottes orientiert. Nicht ohne Absicht redet der Psalm in den traditionellen antiken Formen mythischer Vorstellung von der Entstehung der Welt. Es ist die alte verbreitete Vorstellung von der »Mutter Erde«, die Pflanzen und Tiere hervorgebracht hat. Und dieses Urgeschehen aus unvordenklichen Zeiten bedeutet wenig gegenüber der Ewigkeit Gottes, der Gott war, ehe die Erde wurde, und Gott sein wird, wenn es längst keine Erde mehr gibt. Das »Du bist Gott« bedeutet zugleich unbegrenzte Machtfülle und zeitüberwindende Gegenwart.
Das erfährt der Mensch am eigenen Leibe. Gott läßt das Menschenleben zu Ende gehen. Die letzten Worte des Verses 3 hat Luther auf die Entstehung neuer Generationen gedeutet, wenn er übersetzt »kommt wieder, Menschenkinder«. Doch wird die einheitliche Deutung des ganzen Verses auf das Sterben durch Form und Gedankenverbindung nähergelegt.
In den Versen 4–6 wird an mehreren Bildern gezeigt, wie das Menschenleben schrumpft, wenn es aus der Perspektive von Jahrtausenden gesehen wird. Das letzte

Bild vom Gras wird näher ausgeführt in nüchternem Realismus. In den Versen 7–12 wird der Gegensatz zwischen Gott und den Menschen nicht nur als nachdenkenswerter Tatbestand geschildert, sondern als Gewissensfrage beschrieben. Hier liegen die theologischen Fundamente des alttestamentlichen Gerichtsgedankens.
Die Verse 7–9, 11 und 16 sind aus didaktischen Gründen in der vorliegenden Fassung ausgelassen worden, weil die Erarbeitung ihres Verständnisses in der Grundschule zu viel Zeit erfordern würde.
Dem Vers 10 hat man auf Grund der Übersetzung Luthers »wenn es köstlich gewesen ist, dann ist es Mühe und Arbeit gewesen« den Ton der Verherrlichung der Arbeit beigelegt. Tatsächlich aber atmet der Vers die bittere Ironie des restlosen vom Leben enttäuschten Menschen, der seinen Willen und seine Lust im Leben gesucht hat.
Der Verfasser des Psalmes kennt wohl die Unfähigkeit des Menschen, aus eigener Kraft zu einer anderen Einstellung zum Leben zu gelangen, die nicht bei Negation und Verzweiflung endet. Darum wird im Vers 12 um die göttliche Weisheit gebeten, die im Wissen um die Begrenztheit des Lebens von Gott her aufbricht zu einem Ja des Glaubens und Vertrauens zu Gott.
Aus dieser Gotteshaltung heraus wird die Bitte der Verse 13–17 formuliert: Gottes Gnade und Erbarmen wird angerufen. Der Verfasser bittet weder um Gerechtigkeit, Vergeltung, Entschädigung, sondern allein um eine umfassende Gnade und Liebe Gottes, die dem Leben Inhalt und dem Werk des Menschen Bestand gibt.

Theologische Überlegungen zur Zeit

Daß wir so schlecht fertig werden mit der Zeit, ist eines der großen Probleme unseres Lebens. Aller Fortschritt und Wohlstand hat dieses Problem nicht lösen, sondern allenfalls verschieben können. In vielerlei Hinsicht hat die Entwicklung unserer Gesellschaft das Zeitproblem noch verschärft. Das Selbstverständnis einer Leistungsgesellschaft hat nicht nur die für den Arbeitsprozeß verfügbare Zeit immer knapper bemessen, sie beurteilt auch diese Knappheit als gesellschaftlich anerkannten Wert. Wer von sich sagen kann, er habe keine Zeit, weil er soviel arbeiten müsse, erhält hohes gesellschaftliches Ansehen, selbst wenn er am Herzinfarkt stirbt. Keiner kann sich erlauben, öffentlich zu erklären, er mache es sich in seiner Arbeit gemütlich. Entsprechend sinkt das gesellschaftliche Ansehen der Menschen, die viel Zeit haben, weil sie nicht arbeiten dürfen und arbeitslos sind. Und das schönste Geschenk, das Eltern ihren Kindern machen können, ist Zeit für sie zu haben.
Für Christen gerät dieses technisch bedingte Zeitverständnis in Spannung zu der biblischen Auffassung von der Zeit als Zeit Gottes. Die Verfügungsgewalt über die Zeit und die rhytmische Einteilung wird Gott zugesprochen: ... der du die Zeit in Händen hältst! Der Mensch ist Nutznießer und Verwalter dieser von Gott geschenkten und dem Menschen anvertrauten Zeit. So können die Menschen Gott danken für die Zeit, die er ihnen gewährt – eine geradezu unsinnig erscheinende Einstellung gegenüber dem technischen Zeitverständnis unserer Gegenwart, das Zeit als gleichmäßige Takteinteilung auffaßt, die uns zur Anpassung zwingt.

Der Bibel ist solche Gleichmäßigkeit fremd. Im Alten Testament wird erfüllte Zeit, Zeit voller dramatischer Gottesgeschehnisse, ausführlich erlebt und beschrieben. Dagegen scheint jedes Bedürfnis, leere Zeit zu empfinden und zu beschreiben, zu fehlen.

Im Neuen Testament wird viel von der Zeit gesprochen: »Die Zeit ist erfüllt, und das Reich Gottes ist herbeigekommen« (Markus 1,15). Dabei steht die Zeit einerseits im Verhältnis zum Kommen des Messias, andererseits zum Kommen des Reiches Gottes. In beiden Fällen unterscheidet der biblische Zeitbegriff nicht scharf zwischen Vergangenheit, Gegenwart und Zukunft, sondern bleibt in eigenartiger Schwebe. So bezeichnet in dem Satz »Tut Buße, denn das Reich Gottes ist nahe herbeigekommen« das »Wort »nah« zwar die Möglichkeit, das Reich Gottes in der Gegenwart zu erfahren, überläßt seine Erfüllung aber im Sinne einer Verheißung der Zukunft.

Bei aller Unendlichkeit des christlichen Zeitverständnisses von der Schöpfung der Welt bis zum ewigen Leben, und obwohl Vergangenheit, Gegenwart und Zukunft ineinander verwoben sind, gibt es doch einen festen, unverrückbar feststehenden Zeitpunkt in der Welt, und das ist die Offenbarung Gottes in Jesus Christus. Darum muß die Geschichte dieser Offenbarung immer wieder erzählt und weitergegeben werden.

Die Zeit des Lebens von der Geburt bis zum Tod ist ein Maß, das im christlichen Glauben aussagbare Deutung erfährt. Da der Tod nicht verdrängt zu werden braucht, kann die Begrenztheit des Lebens als von Gott gegebene Bedingung angenommen werden. Die Konsequenz dieses Glaubens ist nicht ein Leben in der dauernden Angst vor dem möglicherweise jederzeit zuschlagenden Richtschwert des Todes. Sondern die Überzeugung vom Sieg des Lebens über den Tod kann Christen dazu befreien, die Zeit des Lebens dankbar zu empfangen, als anvertraute Zeit sinnvoll zu nutzen und zugleich als schönes Geschenk zu genießen.

Die Zeit und die Grundschüler

Es ist erstaunlich, daß sich eine ganze religionspädagogische Epoche der Bearbeitung von Problemen der Schüler verschrieben hatte, nie auf den Gedanken gekommen ist, das Zeitverständnis und das Fertigwerden mit Zeitfragen bei Schülern aufzugreifen. Dabei ist die Zeit ja auch aus theologischer Sicht ein systematisch und biblisch vielseitiger und existentiell bedeutsamer Begriff. Im Religionsunterricht der Grundschule kann zwar nicht die ganze Tiefe des Gottesverständnisses und der Zeiterkenntnis ausgelotet werden. Aber die elementare Einsicht, daß das christliche Verständnis einer von Gott geschenkten und anvertrauten Lebenszeit einem rein technischen oder leistungsideologischen Zeitbegriff widerspricht, können auch Grundschüler schon gewinnen.

Das Vorurteil, Grundschüler könnten Zeit noch nicht bewußt wahrnehmen und als Lebensdimension bedenken, ist zwar weit verbreitet, aber unberechtigt. Denn die Schule selbst erzieht die Schüler im Hinblick auf Pünktlichkeit, Zeiteinteilung und Zeitbewertung mit unübertroffener Gründlichkeit. Schulbusse, 45-Minuten-Takt,

Rhythmus von Lernen und Spielen, Wettrechnen, Hausaufgaben, Sitzenbleiben, weiterführende Schulen. ... Zeiterfahrungen, sowohl in ihrem erfreulichen, bereichernden Sinn als auch in ihrer Problematik können vor Grundschülern durchaus zum Inhalt des Nachdenkens und Sprechens gemacht werden.
Auch der vorwegnehmende Ausblick auf die Zeit als Lebenszeit und auf die eigene Zukunft ist mit geeigneten Methoden (Fotos, Rollenspiele) in der Grundschule möglich. Allerdings sollte man die Gewinnung eines entsprechenden Zeitverständnisses nicht gleich mit Geschichtsverständnis gleichsetzen. Dazu bedarf es weitergehender Lernprozesse, die nicht Gegenstand der vorliegenden Unterrichtseinheit sind.
Aus dem 90. Psalm, der der Höhepunkt der Unterrichtseinheit ist, können die Grundschüler den Zusammenhang der Zeitdimension des menschlichen Lebens mit Gott entnehmen. Das sollte allerdings weniger in kognitiver Bearbeitung als vielmehr in der sprachlichen Gestaltung als Sprechchor und in der bildlichen Zuordnung von Fotos geschehen. Auf eine theologische Einführung in das Wesen von Psalmen wurde bewußt verzichtet, um das Thema nicht mit Formal-Stoffen ungebührlich zu belasten.
Die alttestamentliche Auffassung von Zeit nicht als Taktmaß von technischer Gleichmäßigkeit, sondern als reicher Zeit unter Gottes Willen und Schutz bzw. als verlorener Zeit in der Verfehlung, kommt dem religionspädagogischen Ziel, Zeit bewußt wertend zu beurteilen, entgegen: Neutestamentliche Texte mit der Perspektive der Endzeit als Anbruch des kommenden Gottesreiches sind deshalb aus didaktischen, nicht aus theologischen Gründen weggelassen worden.
Die angebotenen Lieder können die Beschäftigung mit der von Gott anvertrauten Zeit begleiten.

Lernziele

Die Schüler werden zu einem bewußten Erleben von Zeit und Zeitabschnitten angeleitet. Jedoch wird die Dimension der Zeit nicht nur als technisch erkannt, sondern durchaus Wertungen unterzogen. So versuchen die Schüler zwischen guter Zeit, die reich ist an Erfahrungen und Sinn, und schlechter Zeit, die voll Leid ist oder die leer ist, zu unterscheiden. Die Schüler erkennen im Blick auf leidvolle gegenwärtige Erfahrungen, daß die Gefahr, in Zeitnot und Hetze zu geraten, größer ist als die Sorge vor vertrödelter Zeit.
Zeit soll als regelmäßig verfügbare, aber doch in der Lebenszeit als begrenzte Vorgabe für die Menschen erkannt werden. Von hier aus gelangen die Schüler zu der christlichen Erkenntnis von der Zeit als Zeit Gottes. Die Zeitauffassung der Schüler wird vom absoluten Leistungsanpruch entkrampft (»Zeit ist Geld« oder »Keine Zeit!« oder »Zeit muß genutzt werden«) und auf das Annehmen der Zeit als von Gott geschenkte und anvertraute Lebensbedingung gerichtet.
Damit wird die Einsicht, daß die Zeitfrage während des ganzen Lebens zu stellen ist, nicht zu einer Dauer-Belastung, die Sorge vor einer Verfehlung der Zeit nicht zur Überforderung. Und die menschlichen Mächte, die uns zeitliche Bedingungen auferlegen, erhalten nicht den Rang des letzten Anspruches.

So fördert die Unterrichtseinheit die Empfindsamkeit der Schüler für eine gute Verwendung der Zeit, den verantwortungsvollen Umgang mit der Zeit und das dankbare Genießen und Hinnehmen der von Gott geschenkten und anvertrauten Zeit.

Unterrichtseinheit

I. Schritt (1 Unterrichtsstunde)

Keine Zeit

1. Vorlesen: Die Geschichte vom eiligen Mann (siehe Seite 184)

2. Gespräch
   Spontane Äußerungen
   Was die anderen Leute über den eiligen Mann dachten
   Warum es der eilige Mann so eilig hatte
   Kennen wir auch ähnliche eilige Menschen?
   Sind wir manchmal selbst auch so eilig?

> Zeitproblem von Kindern mit dem Schulbus:
> Mir ist der Bus eines Morgens vor der Nase weggefahren.
> Das frühe Aufstehen macht mir nie Freude.
> Man muß sich nach der letzten Stunde immer so beeilen, der Ranzen geht auf, die Filzer fallen heraus.
> Thilo, sag dem Busfahrer bescheid, daß er warten soll, weil ich meine Jacke noch holen muß!
> Aber oft müssen wir lange warten, bis der Bus kommt, das ist langweilig.
> Wer zu Fuß nach Hause gehen kann, ohne mit dem Bus zu fahren, hat es gut. Er kann gemütlich bummeln.

3. Spiel: vom Mann, der keine Zeit hat
   und vom Mann, der Zeit hat
   Jedes Kind denkt sich eine Situation, eine Beschäftigung o. ä. aus, die es spielend darstellen kann, z. B. ein Kind bei den Schularbeiten, ein Kind beim Einkauf im Warenhaus, ein Kind liegt krank im Bett. Ein Schüler spielt den Mann, der keine Zeit hat: er kommt in die Klasse gerannt, fragt das erste Kind kurz, was es hat, sagt schnell was, dreht eine Runde und rast zum nächsten Kind und so weiter. Nach dem 10. Kind schreit er »Ich kann nicht mehr« und bleibt erschöpft liegen.
   Ein anderer Schüler spielt den Mann, der Zeit hat: er geht auf das erste Kind zu (das kann jetzt ein anderes als beim eiligen Mann sein, es kann aber auch das gleiche Kind sein), fragt, was es hat, und geht dann in Ruhe auf das Kind ein. Schließlich wendet er sich dem nächsten Kind zu, usw. Nach dem 3. oder 4. Kind wird das Spiel abgebrochen.

4. Gespräch:
   Spontane Äußerungen, Bewertungen
   Bedingungen jeder Haltung, Vor- und Nachteile

> Bericht einer Lehrerin:
> Ich erfahre in dieser Stunde viel über Ängste und Ärger der Kinder. Die Geschichte von Ursula Wölfel hat bewirkt, daß viele Schüler sich der unangenehmen Seite der meist von außen erzwungenen Eile bewußt werden. Sehr viel seltener sind Geschichten, wo man sich freiwillig beeilt, um Wünschenswertes zu erreichen. Auf die Frage nach eiligen Menschen in ihrer Umgebung antwortet nur ein Schüler: »Wenn mein Vater (Landwirt) sich beeilen will, dann geht noch mehr kaputt.« Ein etwas nervöser Schüler am Schluß des Gesprächs mehr zu sich: »Ich habe fast nie Zeit. Nur abends hab ich dann Zeit, dann bastel ich was.«
> Das anschließende Gespräch vom eiligen/nicht-eiligen Mann macht den Kindern Spaß. Als es klingelt, hätten einige gern noch weiter den Mann gespielt, der für andere Zeit hat.

II. Schritt (1 Unterrichtsstunde)

Zeit erfahren

1. Zeit bewußt erleben
   Die Schüler erleben bewußter Zeit, kurze Zeitabstände, das Warten auf einen Zeitpunkt, oder auch, wie die Zeit wegläuft. Dafür werden verschiedene alternative Methoden vorgeschlagen, die für sich genommen oder auch kombiniert werden können. Selbstverständlich können diese Vorschläge durch eigene Ideen des Lehrers oder der Schüler ergänzt werden. Nach jeder Zeit-Erprobung wird über die guten und schlechten Erfahrungen mit der Zeit gesprochen.
   a) Erleben, was eine Minute ist
      Der Lehrer stellt das Mikrofon eines Kassettenrekorders ein und schlägt einen Gong. Die Schüler sollen ohne auf die Uhr zu sehen, ihren Namen laut sagen, wenn sie meinen, daß eine Minute um ist. Nach 2 Minuten wird das Band abgestellt und zurückgedreht. Jetzt hört man sich das Band mit den gesprochenen Namen an. Der Lehrer schlägt genau eine Minute nach dem auf dem Band gehörten Gong den Gong zum zweiten Mal an. Wessen Name war am dichtesten dran?

> Bericht einer Lehrerin:
> Das erste Kind sagte seinen Namen bereits nach 10 Sekunden, andere nach 30 und 40 Sekunden. Einige Schüler wiederholten ihre Namen. Als ich dann nach einer Minute den Gong anschlug, war ein großes Erstaunen: »Jetzt erst eine Minute?«
> Wir haben das Spiel wiederholt. Diesmal habe ich nicht gleich den Gong angeschlagen, sondern – wie im Vorschlag – das Band nach 2 Minuten angehalten, zurücklaufen lassen und noch einmal abgespielt. Man kann das Zeitbewußtsein üben!

- eine Minute lang die Augen schließen und schweigen

> Bericht einer Lehrerin:
> Der Vorschlag, eine Minute die Augen zu schließen und zu schweigen, wird allen Kindern ungewohnt sein, vielleicht auch Angst machen, weil es schwer ist, eine Minute mit sich allein zu sein, obwohl doch alle da sind. Ich leite die Übung daher mit Worten ein, die die Angst abbauen sollen; etwa: »Die Stille wird uns ungewohnt sein. Wir werden die Geräusche draußen viel lauter wahrnehmen. Auch wenn es ganz sill ist und lange dauert, brauchst du keine Angst zu haben.« Meines Erachtens sollte nach dem Schweigen unbedingt ein Gespräch über die Erfahrungen der Kinder folgen. In meiner Klasse können zwei Kinder die Augen nicht geschlossen halten. Ein sehr gestörter Junge gibt fast ununterbrochen Geräusche von sich, steht auf, setzt sich wieder. Solche Kinder müssen vor dem Vorwurf der Klasse, sich nicht an die Regeln zu halten, geschützt werden, damit sie vielleicht in der nächsten Übung konzentrierter sein können.

- mehrere Schüler erhalten den Auftrag, je eine Minute lang aus einem gut bekannten Lesestück vorzulesen. Wenn der jeweilige Leser meint, die Minute sei um, hört er auf und läßt den nächsten lesen. Andere Schüler stoppen die Zeiten, notieren sie und sagen hinterher, wer die Minute am genauesten eingeschätzt hat.

b) Warten

Eine Tafel Schokolade wird herumgereicht, von der sich jeder ein Stück nehmen kann. Einzige Bedingung: die Tafel wird erst nach 30 Sekunden zum nächsten weitergegeben. Die Wartenden dürfen nichts tun außer warten. Das Spiel wird abgebrochen und die Schokolade unverzüglich weitergegeben, wenn man das Warten nicht mehr aushalten kann.

c) Zeitverfremdung durch Zeitlupe und Zeitraffer

- Ausprobieren, was man alles in Zeitlupe machen kann, z. B. an die Tafel schreiben, Jacke anziehen, Bleistift spitzen. Manches geht nicht, z. B. Blumen gießen.
- Tätigkeiten im Zeitraffer spielen, ohne etwas dabei auszulassen, z. B. Waschen – Zähne putzen, Unterrichtsstunde, einkaufen

d) Wettlauf mit der Zeit

- Ein Labyrinthspiel oder ein Fehler-Suchspiel (zwei sehr ähnliche, aber nicht völlig gleiche Bilder) aus der Kinderseite von Zeitungen oder Zeitschriften an jeden Schüler verteilen mit der Anweisung, daß nur derjenige einen Punkt (eine kleine Belohnung) bekommt, der innerhalb bestimmter Zeit (vorher ausprobieren!) den Weg bzw. alle Fehler gefunden hat.
- Gangster haben 30 Sekunden Zeit, einen zu fesseln (leeren Stuhl am Tisch festknoten, *keinen* Schüler fesseln!), ehe der Sheriff kommt. Der Sheriff und sein Helfer haben 30 Sekunden Zeit, die Fesseln zu lösen, ehe die Bombe hochgeht.

e) Gleichmäßiger Takt der Zeit

- Eine allen sichtbare Pappuhr mit verstellbaren Zeigern wird 45 Minuten lang jeweils nach 1 Minute durch jeweils einen anderen Schülern weitergestellt. Die Reihenfolge muß vorher genau gestgelegt werden. Reihenfolge nach dem Alphabet ist schwieriger als nach der Sitzordnung. Der Unterricht läuft normal weiter (Unterrichtsfach ist beliebig). Wer vergißt den Auftrag? Die Schüler müssen natürlich Uhren haben.

- Das gleiche Spiel kann auch mit einem Gong o. ä. gespielt werden, der jede Minute angeschlagen werden soll.

f) Verfremdung des Zeittaktes der Schule

- Nach Abschluß von 45 Minuten bleibt die Klasse mit dem Lehrer zusammen trotz des Klingelzeichens still im Klassenraum. Anfragen von anderen Schülern oder Lehrern werden höflich aber bestimmt abgewiesen. Hält die Klasse, die Schule dieses Verhalten eine Pause lang aus?
- Die Klasse versucht einen anderen als den vorgegebenen Zeittakt der Schule einen Vormittag lang durchzuhalten, ohne daß es zu Störungen kommt, z. B. einen 30-Minuten- oder 60-Minuten-Takt.

> Weitere Tips:
> Klassenräume mit sonnigen Fenstern können auch Gelegenheit zu Zeit-Beobachtungen anhand des langsam wandernden Schattens bieten.
> Man kann auch eine Sanduhr mit in die Klasse bringen, deren Symbolgehalt die Schüler anschaulich erfassen können: Zeit geht immer gleichmäßig weiter – Zeit macht keine Pause – wenn der Sand durchgelaufen ist, ist es zu Ende – die Sanduhr kann man dann umdrehen, aber beim Leben geht das nicht –

III. Schritt (1 Unterrichtsstunde)

Zeit gebrauchen

1. Zusammenstellung einer Tabelle: Wie Zeit gebraucht wird.
   In Gruppen werden verschiedene Tabellen zusammengestellt. Jede Gruppe erhält andere Kategorien zur Bewertung von Zeitgebrauch. Die Tabellen werden auf großes Papier geschrieben und nach Fertigstellung zum Besprechen angeheftet.

a)

Gute Zeit	schlechte Zeit	Weder gute noch schlechte Zeit
Spielen Baden	Schularbeiten Geschwister hüten	Schlafen Schulweg .....

b)

Zeit für immer das gleiche	Zeit für immer was anderes	tote Zeit	wunderschöne Zeit
Schulweg einkaufen Fahrstuhl fahren	essen Schule Platten hören	warten Langeweile	Ferien Ausflug ....

c)

Zeit für das, was ich gern tue	Zeit für das, was ich nicht gern tue	Zeit für das, wo es mir egal ist

d)	Zeit, die ich mir länger wünsche	Zeit, die ich mir kürzer wünsche	Zeit, die ich mir überhaupt nicht wünsche	Zeit, die ich mir nicht wünsche, die aber doch nötig ist
e)	Freizeit	Arbeitszeit	Weder Freizeit noch Arbeitszeit	

2. Gespräch
   Die Gruppen stellen ihre Ergebnisse vor und erläutern sie. Kritische Bewertung der Gruppenergebnisse.
   Vergleich, Übereinstimmung, Widersprüche, Korrekturen. Gibt es weitere, bisher noch nicht genannte Kategorien, wie der Gebrauch von Zeit unterschieden werden kann?

> Bericht einer Lehrerin:
> Die Erfahrungen der Schüler in den verschiedenen Tabellen stimmten weitgehend überein. Mit dem Lehrerimpuls »Man kann die Zeit mit Angenehmem oder Unangenehmem verbringen«, gab ich den Anstoß, noch einmal die wichtigsten Eindrücke zu diesem Thema zu wiederholen. Am stärksten ist bei den Kindern die Einsicht, daß Zeit einem manchmal ganz lang vorkommt, und daß sie ein andermal so kurz ist. Dieser Unterschied in der Wertung (»obwohl eine Stunde doch eine Stunde ist«) beschäftigt die Kinder am meisten.

IV. Schritt (1–2 Unterrichtsstunden)

Lebenszeit – Gottes Zeit

1. Bilder anschauen und besprechen: Menschen in verschiedenen Altersstufen. Es werden eine Reihe von Bildern gezeigt (Papierfotos, Dias, Bildmappen, Poster oder Bilder aus Illustrierten sind möglich), die zunächst Kinder, dann Jugendliche, Erwachsene, alte Menschen zeigen. Es können auch persönliche Bilder aus der Familie des Lehrers sein. Die Bilder werden angeschaut, geordnet und besprochen.
   Gesichtspunkte des Gesprächs:
   Das Alter der Menschen, evtl. ordnen,
   was sie in ihrem Leben durchgemacht haben,
   wie es wohl mit ihnen weitergeht,
   wie neue Generationen heranwachsen

Bilderbücher und Photomappen mit Menschen verschiedenen Alters, z. B.:
Inge Behr, Mit Staunen fängt es an, Vandenkoek & Ruprecht, Göttingen 1977
Mit offenen Augen, Fotomappen zur religiösen Erziehung, Gütersloher Verlagshaus Gütersloh 1976
Manfred Quiran, Impulse 1+2, Fotomappen.
Amt für Religionspädagogik,
Klostergang 66, 3300 Braunschweig

2. Vorlesen: Psalm 90 (siehe Seite 172)
   Lehrer: Ich will euch ein Gedicht vorlesen, das vom Leben der Menschen handelt.

3. Gemeinsames Lesen: Psalm 90
   Die einzelnen neun Abschnitte des Psalmes werden mehrfach von einzelnen Schülern, von Gruppen, im Sprechchor von der ganzen Klasse laut gelesen, nicht als Leseübung, sondern um den Wortklang des Psalmes zu erarbeiten und mitzuerfassen.

4. Gespräch: Zuordnung
   Zu den einzelnen Abschnitten des Psalmes werden passende Bilder aus den vorher betrachteten Fotos gesucht.

5. Meditation
   Zusammenfassend werden die Abschnitte des Psalmes noch einmal laut gelesen, dazu die ausgewählten Bilder gezeigt (kleine Bilder durch einen Projektor vergrößern). Die Zuordnung kann auch an der Stecktafel erfolgen, wenn die Psalm-Abschnitte auf einzelne Blätter geschrieben werden und die Fotos dazu geheftet werden.

V. Schritt (1 Unterrichtsstunde)

Probleme mit der Zeit

1. Einführung: Zeitprobleme
   Der Lehrer stellt den Schülern die zu diskutierenden Probleme vor. Sie werden nur ganz kurz besprochen. Beispiele für Zeitprobleme, die für die Gruppenarbeit einzeln aufgeschrieben sind:
   a) Ein Mann muß Tag für Tag 8 Stunden lang Kartons verpacken, obwohl er ein begeisterter Modell-Eisenbahn-Fan ist und lieber in der Zeit zu Hause an der Eisenbahn herumbasteln würde.
   b) Ein Schüler kriegt stundenlang Nachhilfe und muß seine Schularbeiten unter Aufsicht der Mutter machen, weil er unbedingt zum Gymnasium soll, um das Abitur zu machen.
   c) Eine alleinstehende Sekretärin in einer Großhandelsfirma für Blumen kann sich so wenig um ihr Kind kümmern, weil sie der Chef über ihre Arbeitszeit hinaus immer mit neuen, schwierigen Aufgaben betreut. Er möchte, daß sie auf besser bezahlte Posten kommt. Aber die Frau möchte lieber mehr Zeit für ihr Kind haben.

d) Eine Friseuse wird von ihren Nachbarinnen so oft um Schwarzarbeit gebeten, daß sie kaum noch freie Wochenenden hat. Das Geld kann sie gut gebrauchen, aber der Mann und die Kinder sind unzufrieden.

e) Ein Maler wird arbeitslos. Er sitzt zu Hause herum, langweilt sich, nörgelt mit Frau und Kindern herum. Die Frau überlegt, ob sie versuchen soll, eine Stelle als Bürokraft zu erhalten, während der Mann die Wohnung und die Kinder versorgt.

2. Gruppenarbeit
Die Gruppen wählen sich ein Problem aus, diskutieren es, stellen Rückfragen an den Lehrer.

3. Vorstellung und Gespräch
Die Gruppen stellen ihr Problem vor und wie sie es bewerten und ob sie Lösungen sehen. Vielleicht können die Gruppen auch kurze Spielszenen zu ihrem Problem darstellen. In das Gespräch wird die ganze Klasse einbezogen.

> Alternative zum V. Schritt:
> 1. Wer die Diskussion von Zeitproblemen nicht der selbständigen Gruppenarbeit von Schülern anvertrauen kann – die Schüler suchen gern utopische, kurzschlüssige oder irreale Lösungen –, behandelt mit der ganzen Klasse gemeinsam *ein* Zeitproblem.
> 2. Wer nach dem Psalm 90 mehr den heiter-ernsten Impuls zum Nachdenken über Zeitprobleme verstärken will, lese und spiele mit den Schülern die Geschichte von Helga Höfle »Peter sammelt Zeit« aus dem Lesebuch TP 3, Schroedel Verlag Hannover 1978

VI. Schritt (1 Unterrichtsstunde)

Auf dem Wunschzettel: Zeit

1. Vorlesen: Der kleine Prinz (siehe Seite 184)

2. Spiele: Zeit schenken
Gruppen von Schülern denken sich eine Person aus, die auf einen Wunschzettel zum Geburtstag schreibt: Ich wünsche mir im neuen Lebensjahr viel Zeit für ...
Die Gruppe denkt sich ein entsprechendes kurzes Spiel aus, wie der Wunsch erfüllt werden könnte. Nach Möglichkeit sollen nicht nur die Wünsche von Kindern, sondern auch von Erwachsenen, auch von alten Menschen bedacht werden. Unerfüllbare, aber sinnvolle Wünsche sind erlaubt! Erst wird das Spiel vorgespielt, dann raten die anderen, was auf dem Wunschzettel gestanden haben mag.
Beispiele:
- Die berufstätige Mutter wünscht sich Zeit, um mit ihren Kindern schwimmen zu gehen
- Ein Mädchen wünscht sich statt der Arbeit als Friseuse mehr Zeit, um Schallplatten zu hören
- Ein alter Mann wünscht sich, daß seine Kinder mehr Zeit haben, ihn zu besuchen und ihn im Rollstuhl spazieren zu fahren

3. Wiederholung: Psalm 90
Die Meditation des Psalmes und der dazugeordneten Bilder (siehe 5. Punkt des IV. Schrittes) wird abschließend wiederholt.

Text: Ursula Wölfel, Die Geschichte vom eiligen Mann

Die Geschichte vom eiligen Mann

Einmal war ein Mann so eilig, daß er am liebsten gar keine Zeit für irgend etwas brauchen wollte. Morgens ist er aus dem Haus gerannt und in den Autobus gestiegen. Aber der Autobus ist ihm viel zu langsam gefahren. An der nächsten Haltestelle ist der Mann wieder auf die Straße gesprungen und vor dem Autobus hergerannt. An der Kreuzung war gerade die Ampel rot, aber der Mann hatte gar keine Zeit, irgend etwas zu merken. Er ist weitergerannt. Die Autos haben gehupt, die Leute haben geschrien. Aber das hat der Mann nicht mehr gehört. Er war schon an der nächsten Straßenkurve, und vor Eile ist er einfach geradeaus gelaufen, mitten durch ein Haus! Eine Familie wollte gerade frühstücken, und der Mann ist über den Tisch gesprungen und hat die Tassen und Teller hinuntergeworfen, und schon war er wieder zur Tür hinaus. Eine andere Familie hat noch geschlafen, da ist der eilige Mann über die Betten getrampelt, und schon war er wieder zum Fenster hinaus. Er hatte auch gar keine Zeit: »Entschuldigen Sie bitte!« zu sagen. Jetzt war er in einem Hof, der hatte ringsum hohe Mauern, und der Mann hatte vor Eile das Tor nicht gesehen. Er ist mit dem Kopf gegen die Mauer gerannt. Aber er hatte ja keine Zeit, über irgend etwas nachzudenken, darum hat er sich einfach nur umgedreht und ist wieder zurückgerannt: durch das Haus, über die Kreuzung und die Straße entlang, bis er auf einmal zu Hause war. Da hat er sich gewundert!

Aus: Ursula Wölfel, Achtundzwanzig Lachgeschichten. Hoch-Verlag GmbH Düsseldorf

Text: Saint-Exupéry, Der kleine Prinz

(Karl Rauch Verlag, Düsseldorf 1982)

»Guten Tag«, sagte der kleine Prinz.
»Guten Tag«, sagte der Händler.
Er handelte mit höchst wirksamen, durststillenden Pillen. Man schluckt jede Woche eine und spürt überhaupt kein Bedürfnis mehr, zu trinken.
»Warum verkaufst du das?« sagte er kleine Prinz.
»Das ist eine große Zeitersparnis«, sagte der Händler.
»Die Sachverständigen haben Berechnungen angestellt. Man erspart dreiundfünzig Minuten in der Woche«.
»Und was macht man mit diesen dreiundfünfzig Minuten?«
»Man macht damit, was man will ...«
»Wenn ich dreiundfünfzig Minuten übrig hätte«, sagte der kleine Prinz, »würde ich ganz gemächlich zu einem Brunnen laufen ...«

He du, mich drückt der Schuh

2. Ich hab Krach mit meinem Freund, hab große Wut auf ihn.
Nanu, nanu ...
3. Eine Fünf hab ich geschrieben, ist meine zweite schon.
Nanu, nanu ...

Text: Hans-Jürgen Netz
Melodie: Peter Janssens
Aus: He du mich drückt der Schuh, 1975

> Man kann auch den Kehrvers »Tut mir leid, hab keine Zeit« zum Hoffnungsvolleren hin verändern:
> »Ja, komm her, ich habe Zeit und hör dir gerne zu!«

Meine Zeit steht in Gottes Hand

Text und Melodie: Josef Monter
Aus: DAS LIEDERNEST, Fidula-Verlag Boppard/Rhein

Literatur

Blank, Josef, Es geht um Leben und Tod, in: Publik-Forum 17/1983

Ell, Ernst, Alter als Aufgabe, in: Unsere Jugend 2/1984

Grünewald, Reinhard, Zum Wort Jesu von den Vögeln unter dem Himmel, in: Schöneberger Hefte 2/1984

Günther, Wolf, Mein Leben – ein Leben in Fülle, Elemente für eine Unterrichtseinheit in der Grundschule, in: Schule und Mission 3/1981

Herzog, Roman, Christliche Erziehung für eine lebenswerte Zukunft, in: Christ und Bildung 6/1980

Kaufmann, Beate, Unser Leben ist Geschenk und Aufgabe, in: Schweizer Schule 1/1983

Leben in der Zeit, Themaheft, in: Das missionarische Wort 6/1983

Seeber, D. A., Zeit umzudenken, in: Herder Korrespondenz 8/1983

Staudinger, Hugo, Raum, Zeit und Geschichtlichkeit. Über die Problematik der Zeit, in: ibw-Journal 11/1981

Stetter, Gertrud, Ein Teufelskreis unserer Zeit: Rastlose Langeweile – langeweilige Rastlosigkeit, in: Christ und Bildung 7–8/1981

Suche nach der verlorenen Zeit, Themaheft, in: Diakonie 4/1982

Teriel, Bernhard, Die Zeit als kostbarster Rohstoff, in: Erwachsenenbildung 2/1983

Zink, Jörg, Vielleicht ist es noch nicht zu spät, Kreuz Verlag Stuttgart 1983

Übersicht über die Bibelstellen in den Unterrichtseinheiten

1. Mose 1,1–2,4a	Priesterliche Schöpfungserzählung	Schöpfung	142, 147, 151
1. Mose 2,4b–3,24	Jahwistische Schöpfungserzählung	Schöpfung	142, 147, 150, 152
1. Mose 4,1–16	Kain und Abel	Schöpfung	142
1. Mose 6–8	Arche Noah	Schöpfung	142
1. Mose 11,1–9	Turmbau zu Babel	Schöpfung	142
5. Mose 14,22f.	Abgabe des zehnten von Getreide usw.	Gleichnisse	53
1. Könige 22,1–40	Der Prophet Micha	Frieden	13, 20
1. Könige 11,42–12,42	Der Prophet Semaja	Frieden	21, 26
2. Könige 5	Vom aussätzigen Hauptmann Naemann	Gesunde und Behinderte	39
Jesaja 2,4	Schwerter zu Pflugscharen	Frieden	23
Psalm 32	Von Schuld und Vergebung	Religionsunterricht	133, 135
Psalm 90	Unser Leben dauert 70 Jahre	Zeit	172, 182
Psalm 104	Lob der Schöpfung	Schöpfung	139, 144
Matthäus 4, 17	Tut Buße	Reich Gottes	107
Matthäus 11,2–6	Jesu messianische Vollmacht	Leben und Tod	82, 107
Matthäus 13,31–32	Vom Senfkorn	Gleichnisse	54, 63
Matthäus 13,33	Vom Sauerteig	Gleichnisse	63
Matthäus 14,13–21	Speisung der 5000	Reich Gottes	116, 121
Matthäus 18,23–35	Vom Schalksknecht	Gleichnisse	54
Markus 1,15	Die Zeit ist erfüllt	Reich Gottes	107, 175
Markus 2,1–12	Heilung eines Gelähmten	Gesunde und Behinderte	40
Markus 2,23–28	Ährenausraufen am Sabbat	Frieden	25, 30
Markus 4,2–9	Das Gleichnis vom Sämann	Religionsunterricht	125, 130
Markus 5,21–43	Die Tochter des Jairus	Leben und Tod	69, 72, 75, 80
Markus 10,14	Laßt die Kinder zu mir kommen	Reich Gottes	108
Lukas 6,20–22	Seligpreisungen	Reich Gottes	107, 118
Lukas 10,27	Gebot der Nächstenliebe	Gesunde und Behinderte	39
Lukas 12,13–21	Vom reichen Kornbauer	Gleichnisse	54
		Sinn des Lebens	157, 163
Lukas 14,1 u. 12–15	Jesus beim Essen	Reich Gottes	116
Lukas 14,16–24	Das große Gastmahl	Reich Gottes	104,116
Lukas 15,1–7	Vom verlorenen Schaf	Gleichnisse	54, 57
Lukas 15,24	Verlorener Sohn	Leben und Tod	70, 76
Lukas 18,10–14	Pharisäer und Zöllner	Gleichnisse	51, 60
Johannes 5,1–9	Heilung eines Behinderten am Teich Betesda	Gesunde und Behinderte	37, 38, 44
Apostelgeschichte 9,1–9	Die Belehrung des Saulus	Paulus	84
Apostelgeschichte 14,8–10	Heilung eines Lahmen	Paulus	87
1. Korinther 6,9 u. 11	Ihr seid gerecht geworden	Reich Gottes	119
1. Korinther 15	Von der Auferstehung der Toten	Leben und Tod	68, 70
1. Korinther	Läufer und Prediger	Paulus	93, 102
Philipper 1	Paulus in der Gefangenschaft	Paulus	93, 101
Galater 1	Paulus beschreibt seine Bekehrung	Paulus	96